国家社科基金项目"中国青少年足球精英培训机构全面质量管理与绩效双评估研究"（项目批准号：17BTY101）

青少年足球培训机构
全面质量管理与绩效评估

赵　刚　著

北京体育大学出版社

策划编辑：王英峰

责任编辑：王英峰

责任校对：林小燕

版式设计：久书鑫

图书在版编目（CIP）数据

青少年足球培训机构全面质量管理与绩效评估 ／ 赵

刚著. -- 北京 ： 北京体育大学出版社，2024. 8.

ISBN 978-7-5644-4170-8

Ⅰ. G843.2

中国国家版本馆 CIP 数据核字第 2024DZ0557 号

青少年足球培训机构全面质量管理与绩效评估 　　　　　　　赵　刚　著

QINGSHAONIAN ZUQIU PEIXUN JIGOU QUANMIAN ZHILIANG GUANLI YU JIXIAO PINGGU

出版发行：北京体育大学出版社

地　　址：北京市海淀区农大南路 1 号院 2 号楼 2 层办公 B-212

邮　　编：100084

网　　址：http://cbs.bsu.edu.cn

发 行 部：010-62989320

邮 购 部：北京体育大学出版社读者服务部 010-62989432

印　　刷：唐山玺诚印务有限公司

开　　本：710mm×1000mm　　　1/16

成品尺寸：170mm×240mm

印　　张：15.75

字　　数：267 千字

版　　次：2024 年 8 月第 1 版

印　　次：2024 年 8 月第 1 次印刷

定　　价：118.00 元

前言

作为一名足球专业科研人员，我亲身经历了中国国家男子足球队参加的2006年世界杯亚洲区外围赛和2008年奥运会男足小组赛，尽管结果令人遗憾，但我们的球员在那时还能表现出亚洲强队的水准。10多年过去了，当年的队员依然是国家队的中流砥柱，但与亚洲强队水准渐行渐远。而这期间，韩国、日本的新生代球员则越来越多地站在世界顶级联赛的舞台上，其竞技水平不断提高。这些都促使我们不断反思：我国青少年足球训练（以下简称"青训"）体系为什么不能培养出高水平的足球后备人才？

每一届中国足球协会（以下简称"中国足协"）主管领导都把"为青训找问题、想办法"作为一项重要工作：为解决足球基础薄弱问题，推动校园足球的发展；为解决训练水平不高问题，吸纳国外高水平青少年训练总监和青少年国家队教练员；为营造高水平的训练环境，建立了国外训练基地并多次派队员出国留学；为提高各省的青训工作水平，建立了国家青训中心，划拨了专项经费；为完善机制和加强保障，制订了《中国足球青训体系建设"165"行动计划》。但这些措施成效并不大。当办法用尽，我们不禁思考：做好青训，还需要开展哪些工作？

对此，许多专家和领导都发表了他们的见解，这些见解都是基于知识与经验层面对青训的理解，并没有形成对青训规律的系统性认识。当将这些见解落实到实践中时，由于各种因素的制约而难以达到理想的效果。

近年来，全面质量管理理论与方法有效地提高了德、英等足球强国的青训水平。我们想认真学习、充分吸收国外的先进经验，探索青训的普遍性规律，在此基础上构建科学的、具有中国特色的青训体系，所以编写了本书。本书通过对青训全面质量管理理论的剖析，探索国外青训质量管理内容体系与绩效指标，为我国青训质量管理体系的构建提供有益的借鉴。同时也希望相关专家、学者能关注青训质量管理领域的研究，共同推进我国青训质量管理的研究进程。

2024 年 6 月

目录

第一章

绪论

第一节　足球青训质量管理与绩效评估的背景

中国足球协会（以下简称"中国足协"）在《中国足球青训体系建设"165"行动计划》中提出"大力推进校园足球俱乐部建设发展、大力推动青少年足球训练（以下简称"青训"）中心建设"的主要任务，在 2017 年青少年足球十项重点工作中进一步明确："继续细化各级青训中心建设标准、审核办法、管理规定等，在建设和发展中明确主体责任，为青少年在黄金年龄段能够接受专业培训打造有效载体。"教育部也把青训中心作为提高足球运动水平的平台，要求"有条件地方的体育、教育部门联合创建青少年足球训练中心，为提高学生足球运动水平提供综合服务"。

中国足球职业化改革后，由于青少年足球人才培养体系在由体校主体向俱乐部主体转变的过程中缺少有效的监管，我国青少年足球训练水平和国际竞争力持续下滑。近年来，随着校园足球的发展，有发展潜力的青少年球员逐渐涌现，青少年足球培训机构数量快速增长。这就需要我国制定青少年足球培训机构的质量标准和绩效评估制度，以提高足球后备人才的培养质量和竞技水平。

2017 年，全球超过 10 个国家的 500 家足球俱乐部采用了比利时双向传递（Double Pass）公司的关键绩效指标（key performance indicator，KPI）的评估工具——足球青训质量认证系统（Foot Pass）。经过德国、比利时和英国多年的实践证明，KPI 绩效评估对促进青少年足球培训机构的规范化发展和青少年足球培训水平的提高都有着显著的效果。

我国长期以来虽然多次修订《中国足球协会青少年训练大纲》，但是在具体的实施过程中难以落实。缺少明确的青少年训练发展理念、目标可操作性差和缺少评估考核的手段是训练大纲难以得到实施的重要原因。结合我国青训的实际情况确立青少年训练发展战略目标，制订切实可行的操作方案，形成从青少年到成人的系统的培养体系已经成为完善青少年训练体系的过程中急需解决的难题。采用 KPI 目标管理方法可以将青少年训练大纲的目标分解成可操作和可测量的指标体系，使管理层可以清晰地了解青少年训练大纲的实施情况；能有效地反映影响青少年训练的关键因素的变化程度，使管理者及时诊断青少年训练体系运行中的问题并采取措施；区分定性、定量两大指标，能有力推动青少年训练大纲的执行；有利于足协与青少年足球培训机构达成共识，为目标管理和上下级的交流沟通打下坚实的基础，从而有效地保障青少年训练战略目标的实现。

第二节 青训质量管理与绩效评估的意义

青少年足球人口和后备人才是中国足球持续发展的根本，《中国足球改革发展总体方案》明确提出了加大培养力度，完善选用机制，多渠道造就优秀足球运动员的要求。目前，我国足球后备人才培养采用的是足球学校、俱乐部后备梯队和校园足球三种模式。从竞技人才培养的全过程来看，校园足球与足球学校的培训对象主要是基础阶段和发展阶段的球员；职业足球俱乐部建立的U13—U19梯队体系应用于球员发展与职业阶段，此阶段也是球员提高竞技水平和成才的最重要阶段。2019年，中国足协在《中国足球协会职业俱乐部准入规程》中规定了中超和中甲球队必须有U19、U17、U15、U14和U13这五支不同年龄层次的青少年梯队，中乙球队必须有U17、U15、U14、U13四支不同年龄层次的青少年梯队，每支球队至少注册球员18名。随着校园足球、足球学校及俱乐部后备梯队规模的扩张，建立青少年培训的质量标准和绩效评估体系，加强管理部门对校园足球、足球学校和俱乐部后备梯队的监管，促进青少年训练可持续化发展成为高水平青少年足球人才的关键。

我国青少年足球培训机构全面质量管理标准与绩效指标体系，是以全面质量管理理论为依据制定的职业足球俱乐部青少年培训的具体工作内容及各项工作标准，并运用数据化管理工具将青少年培训工作流程量化与质化，以保障标准的实施和工作效果的优化，以及高水平青少年球员培养目标的实现。本研究在深入分析国外体育协会的质量管理理论、质量管理系统的演进、Foot Pass青少年足球培训评估体系的构成、数据化管理工具指标体系和评估程序的基础上，构建我国青少年足球培训机构全面质量管理标准与绩效评估体系，以期为管理部门的监管以及青少年足球培训机构提高青少年足球人才培养质量提供参考与借鉴。

第三节　国内外青训质量管理与绩效研究的现状

近几十年体育政策的导向由数量扩张向质量提高转变，要求和鼓励体育组织提高其工作效率，这推动了体育组织工作质量标准的制定进程，同时用评估来促进绩效提高的方式已经被众多体育组织所接受与采用（Van Hoecke et al. 2009）。但由于体育组织的差异性和复杂性，质量标准的制定是一个长期与困难的工作（Hoye et al. 2006）。

荷兰足协第一个在青少年足球培训体系中引入质量评估体系，随后比利时成立专门的足球训练质量标准与评估公司（Double Pass）从事俱乐部青少年训练体系的内部质量、性能评估和管理服务。Double Pass 公司的 Foot Pass 是欧洲应用最广的青少年足球培训质量和绩效管理的评估工具（Van Hoecke et al. 2009）。研究人员认为青少年足球培训质量评估体系具有时效性的特征，机构和认证周期的不同、评估时间的差异和实施过程环境的变化，都会导致评估结果的一致性差（Martinez et al. 2000）。因此，在评估时，评估方应在评估基本理论框架下，根据评估对象的实际情况对评估方案与程序进行调整和完善。在利用 Foot Pass 进行评估前，需要先充分了解被评估者的背景和需求，进而制订个性化的评估方案。

青少年足球培训质量的评估理论整合了全面质量管理（total quality management，TQM）和绩效管理（performance management，PM）理论，体现了持续改进的核心理念，其主要目标是促进组织不断改善绩效和扩大成果。TQM 评估分为组织的技术层面与社会层面，也有人将其分为执行层面与策略层面。PM 评估通常是一种定性的描述，一般是针对组织资源的使用情况以及在某些领域特殊目标的实现情况。Foot Pass 将青少年足球培训机构评估内容分成八个模块，即战略和财务规划（strategic planning & financial planning，STRA）、组织结构与决策（organizational structure & decision making，ORG）、天才识别与培养（talent identification & development system，DEV）、运动与社会支持（athletic & social support，SUP）、学院工作人员（academy staff，STAF）、沟通与合作（communication & co-operation，COM）、设施与器材（facilities & equipment，FAC）、效果（effectiveness，EFF），通过文献分析、观察、访谈等方法对青少年足球培训机构的八个方面内容的 600 个指标进行分析，最终形成青少年足球培训机构质量得分以及优势与障碍的分析报告。瑞典精英足球的质量认证体系八个方面的核心内容与 Foot Pass 基本一致。英格兰足球总会（The Football Association，也叫 FA）把绩效评估纳入"精英球员培养计划"，设置了青少年足球培训机构的十个关键绩效指标，并引入独立的评估机构，对俱乐部的青少年训练实施 TQM。

国内学者们对于 TQM 与企业绩效之间关系的研究，无论是在理论方面还是在实证方面的成果和著述都相对缺乏。2002 年，龙勇和李军锋在综述了国外部分学者关于 TQM 与企业绩效之间关系的实证研究的基础上，对质量管理活动的要素进行了归纳，他们认为我国企业应着力做好质量管理的基础活动与核心活动，在基础活动方面，主要是做好四个方面的工作：完善与顾客的关系、强化与供应商的关系、做好员工的管理工作、加大企业高层的支持。

唐晓芬、王仁鹏等建立了企业管理模型，并分析了各因素的关系。有的研究者还从不同角度建立了组织的绩效指标体系，如王智慧、陈刚于 2011 年构建了一套包含环境维度、财务维度、顾客维度、内部流程维度、创新和学习维度、政府维度、竞争维度和沟通维度的八维度绩效评估指标体系，并验证了该指标体系的合理性和可操作性。

2008 年，张培莉、张爱民等分析了绩效评估的框架，提出了基于利益相关者的非营利组织绩效评估层次。该绩效评估层次共分为三层：第一层为影响，即评估组织使命的影响；第二层为结果，即衡量作业的结果；第三层为动因，即衡量组织的能力。

2007 年，许金叶等将平衡计分卡（balanced scorecard，BSC）应用到职业体育俱乐部绩效评估中，从财务、顾客、内部运营、学习与创新四个方面建立了俱乐部绩效评估指标。2009 年，李培等分析了国内体育组织绩效评估现状，并对我国体育组织绩效评估未来的研究提出思考。2015 年，韦伟等依照"资源利用－效益"的逻辑框架，建立了我国公共体育服务绩效评估标准体系和等级划分标准，对我国 31 个省、自治区、直辖市的公共体育服务绩效情况进行了评估以及等级划分。2010 年，唐立成等分析了公共体育场馆服务管理的绩效评估的模式及对策。

这些成果为本研究或是提供了理论借鉴，或是给出了逻辑起点，无疑是重要和必需的。我国目前还没有建立青少年培训机构质量标准，绩效评估的理论与方法的研究还是空白。国外的评估理论与方法必须基于中国足球的现实背景才具有可靠性和有效性，才能促进青少年足球训练质量的提高。因此，本研究从中国足球的现实背景出发，构建青少年足球训练质量标准和绩效评估理论体系，建立绩效评估模型与指标体系，并对中国青少年足球培训机构的绩效进行评估，为青少年足球培训机构的建设与发展提供理论与方法。

第四节　研究路线与研究方法

本研究以全面质量管理为依据，广泛挖掘和科学吸收、利用已有理论资源，以适用的研究成果为起点，在充分认识我国青少年足球发展问题的基础上，将青少年培养置于中国足球改革的大环境中，从历史与现实、微观与宏观、理论与实证相结合的视角，深入剖析基本理论，构建中国青少年足球培训机构的全面质量管理和绩效考核体系，并进一步借鉴青少年足球培训机构质量管理的国际经验，完善与检验评估体系。在此基础上，本研究对中国青少年足球培训机构进行绩效考核，分析其现实表现、优势和问题，并依此建立中国青少年足球培训机构的目标绩效体系，从战略与目标两个层次，提出操作性的机构建设与评估标准。

本研究是基于现实背景和实证分析，以中国青少年足球培训机构建设与青少年足球培训体系的现实问题为出发点，以提高中国青少年足球训练质量为目的，将规范研究和实证研究相结合的应用性理论研究。规范研究，即对青少年足球培训机构的全面质量管理与绩效评估展开理论分析；实证研究在规范研究的基础上展开，将定性分析和定量分析相结合，其中定性分析注重制度和历史分析法的运用，定量分析强调数据可靠、方法实用、手段先进。

本研究是全面质量管理与 KPI 绩效评估理论在中国青少年足球培训机构管理与评估领域的发展与创新，所研发的青少年足球培训机构绩效评估体系填补了我国该领域研究的空白，实现了对青少年足球培训机构的全方位质量管理，为青少年足球培训机构的建设与发展提供了全面而具体的目标绩效体系。

第二章
体育组织的全面质量管理理论研究

第一节　全面质量管理理论的形成与发展

美国的质量管理大师 A.V.费根鲍姆（A.V. Feigenbaum）早在 20 世纪 60 年代就率先定义了 TQM 的核心概念：在充分考虑到用户或消费者需求的同时，在最经济的基础上进行市场调研、产品设计、产品生产和提供与之相关的一系列服务。威廉·爱德华兹·戴明（William Edwards Deming）认为，TQM 是持续的质量改进过程，为达到预测的一致性和可靠性，他提出了 14 条质量管理原则以提高组织的生产力和绩效。约瑟夫·M. 朱兰（Joseph M. Juran）认为组织中的每一个人都必须参与到提高产品或服务质量的工作中。克罗斯比（Crosby）将质量定义为符合要求的质量，主要关注零缺陷。石川馨（Ishikawa Kaoru）强调了全面质量控制对提高组织绩效的重要性，认为全面质量管理不仅包括产品的质量，还包括售后服务、质量管理、公司自身和人的生活。

1994 年，《美国管理学会评论》（*Academy of Management Review*）推出，它是一个以 TQM 为主题的专刊。专刊主编克里莫斯基（Klimoski）指出，全面质量管理概念由来已久，但优秀的研究团队对这个领域关注还不够。专刊推出的目的是加强研究者对 TQM 领域的聚焦，确定其学科研究范围，明确研究的前沿问题。专刊推出后，TQM 逐渐得到研究人员的关注，迪安（Dean）和鲍恩（Bowen）对 TQM 和管理理论进行了比较分析，并确定了两者提高绩效表现目标的一致性。TQM 理论的薄弱之处：一是过度依赖对信息数据的分析，在复杂的环境中难以实施；二是基于客户期望制定战略，没有对组织的优势和劣势进行评估；三是对客户与供应商的关系、员工参与、授权等管理手段的研究都是基于个案，不具有普遍指导意义。

TQM 虽然已成为一个理论体系，但是事实上仍处于发展阶段。哈内尔德（Haneld）和梅尔尼克斯（Melnyks）认为，"TQM 仍然处于变量之间关系的理论构建阶段"。哈克曼（Hackman）和瓦格曼（Wageman）也认为，虽然 TQM 已经通过了有效性检验，但是它仍然需要通过实践来检验研究结论。从这些研究中可以看出，全面质量管理理论还有待完善。

蔡斯（Chase）认为，"TQM 理论的形成与发展是运营管理领域以及一般管理实践的重大进展"。迪安和鲍恩认为，"全面质量管理是一种普遍存在的组织现象，很少受到研究关注"。戴尔（Dale）指出，越来越多的管理者和学者意识到了 TQM 的重要性，并投入了大量的智力和资源推动 TQM 理论的发展，但是目前其研究成果还没有得到管理层的足够重视。西特金（Sitkin）等人指出，"许多 TQM 的研究过于侧重对实践的描述，而不是理论层面的发展"，他们认为 TQM 理论研究是由实践者而不是学术研究人员引导的，并提出了未来 TQM 研究的三种方法：

（1）在现有理论指导下进行实证研究。

（2）借鉴现有的组织理论，发展 TQM 理论。

（3）从 TQM 实践中发展理论。

上述研究者进行了多方面的实证研究，以填补 TQM 知识体系中的理论空白。这些研究推进了 TQM 理论的发展，对确定变量、工具和研究框架以及揭示在不同的环境和发展阶段 TQM 理论需要解决的问题大有裨益。学术研究工作促进了理论的发展。目前，TQM 研究在不同研究对象的研究方法的确定、研究的新领域、收集有关数据的途径、研究与实践相结合、研究的推进、对个案的归纳、建立通用模型和框架、探索 TQM 在不同环境和文化中是否具有普遍性等方面仍面临着诸多问题。

2001 年，戴尔解释了早期 TQM 研究是如何由工业、技术、生产和运营管理领域扩展到其他领域（如市场营销、人力资源管理、社会学、会计学和经济学）的。戴尔认为，TQM 的深入研究面临七项挑战：

（1）建立跨学科研究模式。

（2）TQM 与营销学相互整合与借鉴。

（3）与管理人员合作，推动理论向实践转化。

（4）TQM 理论与管理理论整合。

（5）TQM 研究范围的确定。

（6）不同文化对 TQM 的影响。

（7）TQM 的纵向理论研究。

迪安和鲍恩对 TQM 和管理理论进行了比较研究，认为 TQM 与管理理论要进行整合。他们认为 TQM 与管理理论具有如下关系：

（1）TQM 与管理理论具有共同的特征。TQM 基本理论在很大程度上是基于管理理论发展起来的，如管理领导力和人力资源实践。

（2）TQM 以管理理论为指导。TQM 理论体系尚不完善，仍需要管理理论的支撑。

（3）TQM 为管理理论的发展提供了新的方向，提出了管理实践中面临的新问题，如质量在竞争战略中的作用是什么？策略制定过程是否可以改善？如何改善？人员和系统因素对绩效的相对贡献是什么？

第二节　全面质量管理理论框架

19 世纪 80 年代在戴明、朱兰、石川馨等人提出的质量管理理论的基础上，TQM 作为管理工具被普遍接受。早期国内关于 TQM 理论的研究，主要是在国外质量管理理论框架的基础上发展起来的。陈吉宁和李军认为 TQM 在我国经过多年的发展，在实践中形成了"三全"与多样化的特点，即是一种全过程、全员、全企业、多方法的质量管理模式。现在 TQM 已经从生产制造部门扩展到服务部门，再到公共组织。随着 TQM 的普及，什么是 TQM，它的组成部分是什么，TQM 是否与管理理论一致以及绩效表现的哪些方面受 TQM 影响，等等。这些问题都需要有一个明确的解释。

一、什么是 TQM

TQM 是以产品质量为核心，建立起一套科学严密高效的质量体系，以提供满足用户需要的产品或服务的全部活动。其中，T（total）指的是与公司有关联的所有人员都参与到质量的持续改进过程中，Q（quality）指的是全面满足顾客明确或隐含的要求，M（management）指的是各级管理人员要充分地协调。

ISO 9000 将 TQM 定义为一个组织以质量为中心，以全员参与为基础，目的在于通过让顾客满意和组织内所有成员以及社会受益而达到长期成功的管理途径。由此可见，TQM 的全过程应该包括产品质量的产生、形成和实现。

一般认为，影响质量的因素主要有五个，即人员、机器、材料、方法和环境（简称人、机、料、法和环）。为了保证和提高产品质量，组织既要管理好生产过程，也要管理好设计和使用过程，要控制所有影响质量的环节和因素，形成综合性的质量管理体系。因此，TQM 不仅要求有全面的质量概念，还要求进行全过程的质量管理，并强调全员参与。朱兰的"质量三部曲"认为，质量管理由质量计划、质量控制和质量改进组成。组织要提高质量，就必须详细计划所有质量改进措施。

朱兰认为全面质量管理有三个基本原则：以客户为导向、过程定位和持续改进、在组织范围内实施。戴明和克罗斯比对全面质量管理的基本原则进行了深入分析，认为全面质量管理是一种哲学，并认为全面质量管理应体现在其原则、实践和技术上。他们确定了三项原则——以客户为中心、持续改进和团队合作，并指出这些原则是对隐含质量管理的解释。戴明和克罗斯比认为每项原则都是以客户为中心，通过一系列实践来实施的，如收集客户信息或分析组织流程。这三个 TQM 原则对于公共管理研究人员来说也非常重要。

管理理论和 TQM 的差异在于后者强调实现更高绩效的一系列过程。表 2-1 列出了戴明、朱兰和克罗斯比给出的 TQM 关键变量，表 2-2 列出了 1999 年鲍德里奇国家质量奖的评奖标准。这些模型涵盖了多种技术和组织方法，包括以客户为中心、信息和数据的使用、持续改进的机制、质量承诺、员工参与度、领导力等。表 2-1 所示 TQM 的各种流行观点说明：学者们尽管对于 TQM 概念的内涵与外延尚未达成共识，但对于 TQM 的核心要素已经达成了共识。

表 2-1　TQM 的流行观点

戴明的 14 点	朱兰的"质量三部曲"	克罗斯比的 14 个步骤
1. 目标的稳定性	1. 质量规划	1. 管理承诺
2. 意见采纳系统	设定目标	2. 质量改进小组
3. 随机检验	确定客户及其要求	3. 质量测量
4. 质量评估	开发产品和流程	4. 质量评估费用
5. 持续改进	2. 质量控制	5. 质量意识
6. 培训	评估业绩	6. 纠正行动
7. 进行领导	比较目标并调整	7. 零缺陷委员会
8. 消除恐惧	3. 质量改进	8. 主管培训
9. 打破障碍	建立基础设施	9. "质量日"
10. 避免出现压迫员工生产力的口号和指示	确定项目和团队	10. 设定目标
11. 取消配额	提供资源和培训	11. 消除错误原因
12. 质量自豪	建立控制措施	12. 认可
13. 教育和再培训	—	13. 质量委员会
14. 行动计划	—	14. 重复

表2-2　1999年鲍德里奇国家质量奖的评奖标准（总分1000分）

1. 领导能力（125分）	5. 人力资源重点（85分）
（1）组织领导	（1）工作系统
（2）公共责任和公民身份	（2）雇员教育、培训和发展
2. 战略计划（85分）	（3）雇员福利和满意度
（1）战略发展	6. 过程管理（85分）
（2）战略部署	（1）生产和服务过程
3. 客户价值、市场重点（85分）	（2）支持过程
（1）客户和市场知识	（3）供应商和合作过程
（2）客户和市场关系	7. 营销业绩（450分）
4. 信息与分析（85分）	（1）客户满意度成果
（1）组织绩效的衡量	（2）财务和市场成果
（2）组织绩效的分析	（3）人力资源成果
—	（4）供应商和伙伴成果
—	（5）组织特定成果

二、TQM 的构成

TQM 方法分为硬技术方法和软技术方法。硬技术方法类似于生产和运营管理，如设定绩效标准并使用统计程序来评估质量的定量方法；软技术方法包括针对客户、团队合作、培训和员工参与的定性方法。

TQM 被视为一种整体管理方法，一种全面的管理实践，从已建立的组织中收集信息，并根据信息提供质量问题解决方法的管理实践。

迪安和鲍恩确定了 TQM 的三个原则：以客户为中心、持续改进（作为过程而不是结果）和团队合作。以客户为中心是组织长期成功的重要因素之一，并且要求整个组织都将重点放在客户的需求上。持续改进意味着对技术和工作流程进行不断检查以寻找更好的方法。这个原则的基础是组织作为相互联系的系统，通过改善流程，可以继续满足客户的期望。团队合作包括确定所有小组的需求以及参与决策的组织，试图找到解决方案，使每个参与人员受益，并共同承担责任和信誉。持续改进质量，不断提高客户满意度是 TQM 的核心，由于流程具有目标性，为了整合不同层次、功能，实现持续改进，团队合作是必不可少的。三个原则之间是相互促进的关系，每个原则都有一套实践和技术支撑的方法，而所有工作都围绕着满足客户的需求，都反映了 TQM 的工作目标。迪安和鲍恩认为，每个原则都是通过一系列实践工作来实施的，如收集客户信息和分析组织过程等，反过来，实践则需要各种技术的支持，如客户调查和团队建设活动等。有关 TQM 的原则、实践和技术，详见表 2－3。

表 2－3　TQM 的原则、实践和技术

内容	维度		
	以客户为中心	持续改进	团队合作
原则	提供满足客户需求的产品和服务至关重要	不断创造、改进产品和服务，获得良好的客户满意度	以客户为中心，持续改进组织，加强与客户和供应商的交流与协作
实践	与客户直接接触，收集客户需要的信息，根据客观需要改进产品和服务	过程分析、重组，解决问题，计划、检查、行动	组建各类工作团队，开展团队技能培训，以确保质量工作的高效实施
技术	客户调查和焦点小组，质量工作措施（将客户信息转化为服务规范）	流程图、帕累托图分析、统计过程控制、鱼骨图分析	组织发展方法，团队建设方法

　　TQM 是通过提高生产力、效率、科学性、有效性和组织能力以及集中杰出人才来取得成效的一种质量管理体系。TQM 的核心价值观在于为客户创造价值、创造可持续发展的未来和持续地创新。TQM 注重长期目标，审视整个组织，将组织视为系统的一部分，认为通过不断学习和改进可以实现可持续发展。TQM 强调基于事实的决策，使用绩效指标监测战略进度和业务成果，并假设领导力、人员和过程在系统内相互联系。因此，TQM 需要设计过程、制造过程、辅助过程、使用过程四个相互关联领域的领导的全面参与，工作内容主要有系统评估和知识更新。

　　TQM 的内容包括人力资源规划、员工参与、员工教育和培训、员工绩效和评估、员工的幸福感和满意度。TQM 通过遵循一套通用的管理原则（"取悦客户"、以人为本的管理、持续改进、事实管理）而不断发展。"取悦客户"是指让客户满意，这是 TQM 不可或缺的一部分。TQM 是以人为本的管理，通过让员工知道该做什么、该怎么做，并获得绩效反馈，以鼓励员工对自己的工作质量承担责任。团队合作为员工提供了合作的机会，通过合作以提高整体质量；领导者为其组织设定并传达了明确的目标，通过定义任务和分配资源来团结和激励员工。同时，TQM 重视事实管理，了解客户手中的产品或服务以及所有员工当前的绩效水平是改进质量的第一步。如果我们知道从哪里开始，我们就可以衡量我们的进步。

第三节　全面质量管理的实施

一、PDCA 循环

PDCA 循环 [P（plan）是计划、D（do）是执行、C（check）是检查、A（act）是处理]，也称为戴明环。这是由美国质量管理专家沃特·A·休哈特（Walter A. Shewhart）首先提出后经戴明采纳、宣传而获得普及。TQM 的思想基础和方法依据就是 PDCA 循环。这种循环是能使任何一项活动有效进行的合乎逻辑的工作程序，在企业的质量管理中得到了广泛的应用。

PDCA 循环是质量保证体系运行的基本方式，它反映了不断提高质量水平应遵循的科学程序。TQM 在 PDCA 循环的规范下，形成了四个阶段和八个步骤，如图 2-1 和图 2-2 所示。

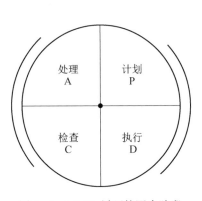

图 2-1　PDCA 循环的四个阶段

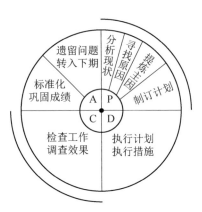

图 2-2　PDCA 循环的八个步骤

（一）P

持续质量改进工作的第一阶段是计划，包括确定质量目标，制订活动计划、管理项目和措施方案。计划阶段需要检讨企业目前的工作效率、追踪目前的运行效果和收集流程中出现的问题，然后对收集到的资料进行分析，并制订初步的解决方案，提交企业高层批准。

计划阶段包括四项工作内容。

1. 分析现状

通过对现状的分析，找出存在的主要质量问题，并尽可能以数据说明。

2. 寻找原因

在所收集到的资料的基础上，分析产生质量问题的各种原因或影响因素。

3. 提炼主因

从各种原因中找出影响质量的主要原因。

4. 制订计划

针对影响质量的主要原因，制订措施、方案，并具体落实给执行者。

（二）D

持续质量改进工作的第二阶段是执行，就是组织执行制订的计划和措施。将初步解决方案提交给企业高层进行讨论，在得到企业高层的批准之后，由企业提供必要的资金和资源来支持计划的实施。

在实施阶段需要注意的是，不能全面推行初步解决方案，而应该对局部进行试验，即通过试验的形式，检验解决方案是否可行。这样，即使解决方案存在较大的缺陷，也可以将损失降到最低。

（三）C

持续质量改进工作的第三阶段是检查，就是将执行的结果与预定目标进行对比，检查计划执行情况，看是否达到了预期的效果。也就是通过检查的结果验证执行过程是否按照原来的标准规范进行，或者原来的标准规范是否合理。

在按照标准规范运作后，分析所得到的检查数据，寻找所制订的实践方案本身是否存在偏移。如果发生偏移现象，则重新策划，重新执行。通过局部的方案实施来检验整体方案的有效性，进而保留有效的部分。检查阶段可以使用的工具主要有排列图、直方图和控制图。

（四）A

持续质量改进工作的第四阶段是处理，就是对检查结果进行处理。对于成功的经验要加以肯定，并予以标准化或制定工作手册，便于在以后的工作中遵循；对于失败的教训也要总结，以免重现；对于没有解决的问题要放到下一个 PDCA 循环中去解决。

随着市场经济的不断发展，产品质量已经走出了产品本身的范围，逐渐延伸到服务之中，TQM 也从单纯的质量控制上升到企业经营的层面。对于企业来说，TQM 是企业经营的核心。解决产品质量问题的关键是开展好 TQM 工作，鼓励全体员工都参与质量管理工作。

从发展的角度来看，TQM 永远没有尽头。在经济统计系统中，每年都进行统计的八大经济指标是产量、品种、质量、消耗、劳动生产率、成本、利润、流动资金占用，其中质量一直占据着主导地位。

在世界范围内，TQM 在 PDCA 循环的基础上又有了新的发展。取得辉煌成就的六西格玛管理法（the six sigma management）实际上就是基于统计的质量管理过程，这种方法始终都没有摆脱 TQM 的影子，它将 TQM 提升到了一个更高的层次。

二、服务蓝图

TQM 实施的五个主要障碍分别是资源管理与开发人员不足、缺乏质量计划、缺乏领导、对全面质量管理资源短缺缺乏关注和对客户缺乏关注。生产和消费的不断发展变化导致 TQM 的定量工具和技术的适用性更加复杂。TQM 实施方面的障碍导致服务生产率低、竞争力弱，使得服务公司没有动力实施 TQM 计划。良好的服务设计应有利于提高服务水平、提升客户满意度和提高员工敬业度，在此基础上，TQM 提出了一种设计和表示服务流程的技术，即服务蓝图（service blueprinting，SB）。有研究表明，服务蓝图通过图形化设计技术可以较好地实施 TQM。

1982 年，肖斯塔克（Shostack）在《如何设计一项服务》中画出了世界上第一幅服务蓝图，并最早提出了"服务蓝图"的概念，到目前为止服务蓝图已历经 40 多年的演变。服务蓝图是一种可视化的描述服务实施全过程的服务设计工具，它可以按时间节点多层面呈现各服务要素间的协调活动及相互关系，从而发现服务问题发生的具体环节，然后采取有针对性的措施来改进，其本质是为了提高服务的效率，提升用户体验，如省时、感官体验和情感体验等。服务蓝图基本模型第一部分为有形展示，主要内容为店铺环境、布局、内容、风格以及整体设计和实施系统；第二部分为用户行为，涵盖售前、售中和售后的全部过程，具体包括浏览信息、挑选品类、下单、付款、收货、消费使用、评估；第三部分为前台行为，主要是售中环节中与用户直接接触的相关行为，对用户的直接购买行为影响较大；第四部分为后台行为，主要指后台员工在售前和售后环节发生的、与用户间接接触的相关行为，对用户的购买欲望和售后的满意度有较大的影响；第五部分为支持系统，主要是企业内外部各类资源的整合，重点是建立企业员工行为支持系统，是实现前面四部分功能的有力保障。

服务蓝图主要描绘了服务过程中各个相关主体、资源和服务的传递步骤，其基本形式类似于流程图，有助于 TQM 的良好实施。

综上，服务蓝图是一种以图形方式设计或表示服务流程的技术，它总结了旨在有效服务客户的主要服务活动，支持员工熟悉公司的业务流程，以稳步提高服务质量。与质量标准或图形表示标准不同，服务蓝图执行起来非常容易，无须任何专业技能或大量工时即可完成。因此，它可以广泛应用于展示服务流程。为了设计服务蓝图，有必要检测客户的行为、员工的行为以及二者的相互作用。此外，服务蓝图支持检测组织问题，它允许就服务和焦点达成共识。

三、TQM 实施分析

（一）人格塑造质量管理

员工作为生产过程的主体，是生产得以持续进行的根本保证。以让员工形成自检、互检、专检三个意识为前提，组织通过对员工进行文化熏陶、榜样带动，实现对员工人格的塑造。

（二）过程控制质量管理

过程控制以生产过程为抓手，要求对产品制作工序的全过程进行控制，从首检控制，即对原材料及机器进行控制到巡检控制，即在制作过程中进行抽检，再到终检控制，即对产品的组装与包装进行控制，在提高产品质量的同时，节约了成本与时间。

（三）制度制定质量管理

企业通常会在管理上制定一系列制度，主要包括信息明确、小会制度、质量红旗、工作手册和合理化建议五个方面，实现品质管理的"长治久安"。

（四）科技助力质量管理

企业在长期的发展过程中，会不断引进现代先进技术来发展和创新传统工艺，对设备进行改造并进行程序监控，实现机械化、自动化生产，使其工艺更加规范化、产品更加标准化。

（五）服务完善质量管理

服务质量是指服务能够满足规定和潜在需求的特征的总和，是指服务工作能够满足被服务者需求的程度。不论线上经营还是线下经营，员工都应以高质量服务面向客户，了解客户需求，解决客户问题，提高客户满意度。

四、TQM 创新分析

企业以 TQM 理论为基础，通过自身不断摸索创新，形成了独具特色的全面质量发展观。其两大实践创新成果分别是生产质量金字塔和服务质量效果反馈环，两者之间相互衔接、互相反馈，使企业对产品质量的控制不仅体现在生产过程中，还延伸到服务环节，从而使生产和服务两个部分共同作用于企业质量发展。

（一）生产质量金字塔

生产质量金字塔原则是生产质量控制的基本原则。在企业的生产质量金字塔中，管理质量和员工人格塑造质量是企业形成全面质量发展观的基础，二者共同作用，实现了产品质量控制。

员工作为生产过程的主体，其工作质量是影响产品质量的直接因素，企业通过对员工进行质量文化培训、文化渗透、工作环境和榜样带动等方式培养其质量意识。

管理质量首先强调过程管理，在生产过程中全面把握质量，提高产品质量和减少原材料损耗；同时通过制度奖惩员工，明确责任归属，以保障生产过程的有序开展。

此外，科技创新也助力生产质量金字塔的搭建，通过数据化、可视化的生产监测系统，更精确、更直观地展现产品质量的提升，在弥补员工的感知偏差的同时，为新产品、新技术的研发等创造了有利条件。

（二）服务质量效果反馈环

在这个服务精致化、服务细致化的时代，企业号召员工把服务的理念放在日常工作的首要位置，为企业的品牌发展和业绩提升奠定坚实的基础。企业服务质量可分为服务技能质量、服务标准质量和服务反馈质量，三者之间相互依赖、相互作用。

服务技能质量：就是如何提高服务，把质量服务的手段传授给员工。

服务标准质量：制定服务标准是企业的质量保障。

服务反馈质量：在服务时收集信息，反馈给生产环节。信息反馈是连接生产和服务的重要纽带，也决定着生产质量。

（三）全面质量发展观

全面质量发展观是企业在实践探索中将 TQM 与自身实际结合起来所产

生的生产经营理念。全面质量发展观的内涵是：企业将员工人格塑造作为质量管理核心，将生产和服务作为质量管理的两个重点，将制度、过程、科技和服务作为质量管理的四大合力，从而打造出一流的企业产品质量和口碑。

1. 将员工人格塑造作为质量管理核心

在企业全面质量发展观中，员工人格塑造处于核心地位。全面质量发展观打破了以往的领导制质量管理，主张以员工人格塑造为质量管理的核心。全面质量发展观认为每一个关乎质量的环节都需要员工具备一定的人格以实现质量的控制，强调每一个环节的员工都应成为自己所负责环节的"管理者"，承担质量控制的责任。

2. 将生产和服务作为质量管理的两个重点

在企业领导者看来，生产和服务同时发力才能达到提高质量的目的。质量在生产过程中产生，员工人格塑造的成功与否也能够通过生产环节来体现。全面质量发展观同样重视服务质量。生产以客户需求为核心，企业通过服务可以获得客户对产品的反馈从而指导生产。

3. 将制度、过程、科技和服务作为质量管理的四大合力

在践行全面质量发展观的过程中，企业将制度和过程作为质量管理的基础，将科技和服务作为提升和完善质量管理的助推剂，形成质量管理的四大合力。员工的质量标准需要管理者制定，员工的人格培养也需要管理者安排培训。企业在制定规章制度的过程中对质量进行控制，包括生产过程的质量和服务过程的质量。严格控制生产过程的质量，可以尽可能减少质量问题；重视服务过程的质量，有助于提高生产力。同时，科技的创新为质量管理提供了数据化的保障。

全面质量发展观的内在特色体现为围绕产品质量管理，实施人格塑造质量管理、过程控制质量管理、制度制定质量管理、科技助力质量管理和服务完善质量管理，从而实现产品质量的全面综合提升。全面质量发展观突出强调以人为本，以质量为核心，是从产品质量、服务质量、管理质量、员工人格塑造质量上诠释企业的发展。以人为本的全面质量发展观更加注重人格塑造质量和过程控制质量，这有利于从根源上发现问题并解决问题，提高了员工在企业中工作的满意度和管理人员的管理能力及效率。因此以全面质量发展观为指导的企业能把产品做到极致，满足客户需要，从而获取更大的经济效益和社会效益。

全面质量发展观的质量理念将产品质量和服务质量置于同等重要的地

位。质量是产品质量，也是服务质量，服务构成了客户对产品质量要求和评估的一个重要方面，所以全面质量发展观的核心是生产质量金字塔和服务质量效果反馈环两个方面。在生产质量金字塔中，质量的具体表现是产品质量；在服务质量效果反馈环中，质量体现在企业的软文化上，它不仅是顾客对产品的满意度的体现，还是员工对企业的归属感的体现。

第四节　体育组织的全面质量管理

一、含义

体育组织的 TQM 理论框架由系统技术方法、社会动态方法两类方法以及战略层面、操作层面两个层次构成（表 2-4）。系统技术方法是指通过量化指标的方法实现监控，并具有评估工具和标准化程序；社会动态方法是强调组织的人性化，包括人力资源管理的功能和组织文化。战略层面包括组织及其成员实现更高目标的全部因素与过程，采用系统技术方法评估的内容包括目标制订、战略规划、策略部署和组织结构，采用社会动态方法评估的内容有领导力、企业文化、人员管理和沟通；操作层面的服务系统是要提供客户预期的所有服务，采用系统技术方法评估的内容有检查、统计技术、程序说明、问题解决技巧，采用社会动态方法评估的内容包括协调、信息、团队合作和交流技巧。

表 2-4　体育组织的 TQM 理论框架

层次	方法	
	系统技术方法	社会动态方法
战略层面	目标制订 战略规划 策略部署 组织结构	领导力 企业文化 人员管理 沟通
操作层面	检查 统计技术 程序说明 问题解决技巧	协调 信息 团队合作 交流技巧

二、体育组织全面质量管理与绩效评估认证体系的形成与普及

（一）IK Gym 认证体系：第一个体育组织全面质量管理与绩效评估工具

在体育组织全面质量管理领域中，最早采用的管理系统是 IK Gym（体操俱乐部全面质量管理系统），是由比利时的佛兰芒体操协会（Flemish Gymnastics Association）根据政府的体育发展计划创建的。IK Gym 评估系统的目标是建立一个适用于体操俱乐部的全面质量管理体系，分为宏观、中观和微观三个层次。宏观层次主要是指市场营销决策的监控体系，为协会的决策者提供有关俱乐部决策的准确信息；中观层次是指利用评估标准进行俱乐部管理、促进俱乐部优化工作流程和增强客户吸引力的方法；微观层次是指通过线上及线下信息系统提供服务，向客户提供相关信息并扩大客户群的方法。IK Gym 评估指标体系模型见表 2-5。

表 2-5 IK Gym 评估指标体系模型

评估层次	维度	指标
战略层次 （管理系统）	组织管理与战略规划 内部沟通与程序 对外沟通与形象建设 组织文化 组织结构 人力资源管理 组织效能	俱乐部主要目标 1. 成就导向 2. 参与导向 3. 其他目标 会员数量 （组织规模）
运行层次 （运动服务系统）	教练员 教练组构成与训练过程 训练环境 竞赛表现和成绩	活动类型 表现水平 主要目标

其中，组织管理与战略规划是俱乐部的使命和目标，明确规定了俱乐部的长期与短期目标、预算以及绩效评估方法；内部沟通与程序包括成员、行政和内部程序三方面内容；对外沟通与形象建设包括公共关系以及俱乐部与外部组织的沟通联系，如联合会、市政当局、其他体育俱乐部、赞助商和媒体等；组织文化的主要作用是营造俱乐部良好的工作氛围和培养团队合作精神，同时践行对俱乐部会员的承诺，使其保持对俱乐部的忠诚度；组织结构按其职能分为行政、任务、权力和责任等不同的管理部门；人力资源管理的

主要职能是满足组织内部的需求和提升俱乐部会员的满意度；组织效能主要是对俱乐部的工作、绩效进行评估与分析。

IK Gym 实现了对体育单项组织的全面质量与绩效管理，经过多年的发展与改进，IK Gym 认证体系被认为是现代体育组织质量管理工具的范本，多个体育组织依据 IK Gym 相继研发出了适合自己项目特征的质量管理工具。

（二）IK Sport 评估体系：体育组织的全面质量管理与绩效评估方法

IK Sport 基于 TQM 理论框架，由比利时体育管理部门参考 IK Gym 设计而成，以实现对青少年体育组织的全面质量管理。IK Sport 忽略了运动成绩方面的目标，而是通过组织层面的优势与劣势分析，提出改进措施，以提高组织工作效率、客户满意度和员工忠诚度。该体系普遍适用于各种体育俱乐部的质量管理，为体育组织提升管理质量奠定了基础。IK Sport 评估体系在理论、实践和方法三方面逻辑演绎的基础上，首先选定运动项目所涉及的各个俱乐部，然后对现有相关文献资料进行逻辑分析，最后通过定量和定性相结合的方法确定评估模型、维度与指标体系。评估模型的维度包括战略规划与市场管理、内部沟通与程序、对外交流与形象建设、组织文化与氛围、管理与结构、人力资源管理、组织效能等（表 2-6）。从评估指标体系来看，IK Sport 的评估维度与 IK Gym 战略层次评估维度相似，但 IK Sport 评估体系将体育项目分为个人项目与集体项目。

表 2-6　IK Sport 评估体系指标构架表

维度	指标
战略规划与市场管理 内部沟通与程序 对外交流与形象建设 组织文化与氛围 管理与结构 人力资源管理 组织效能	俱乐部目标 　1. 成就导向 　2. 参与导向 　3. 其他目标 主要目标群体 　1. 青少年 　2. 成人 　3. 青少年和成人 运动类型 　1. 个人项目 　2. 集体项目

（三）IK Sport 审核中各个重点领域的指标及其所有改进点

IK Sport 审核中各个重点领域的指标及其所有改进点见表 2-7。

表 2-7　IK Sport 审核中各个重点领域的指标及其所有改进点

指标	解释及要求	所有改进点
战略规划与营销管理	1. 每年制定一次预算，每年检查两次,并有一次年终审计与年度余额的比较 2. 每个人（无论性别、国籍、残疾与否）都可以进入俱乐部进行交流与沟通 3. 为新成员准备一个会员手册 4. 及时发布信息 5. 有一个信息丰富的网站 6. 能自动进行会员注册 7. 重要文件由主要人员共同审阅	1. 制订书面长期战略计划/制定政策文件 2. 制订书面短期计划 3. 会员的意愿、期望和满意度的内部调查 4. 对俱乐部运作情况的年度评估 5. 颁发公共文件，列出俱乐部目标、团队及其成员的目标、服务群体、培训和协会目前具备的水平 6. 张贴意见或投诉
对外沟通	1. 俱乐部名称使用一致，有自己的徽标和自己的形象和标识 2. 有一名公关人员 3. 与学校和其他俱乐部进行合作 4. 网站及时更新	1. 赞助者档案完善 2. 定期组织开放日
俱乐部氛围和文化	1. 每年组织一次俱乐部团建活动、一次重要赛事和一次训练营 2. 有印有俱乐部标识的服装	1. 制定有关（改善）俱乐部氛围的政策、创建俱乐部档案 2. 拥有俱乐部杂志 3. 在特殊情况下，制定相应的政策和公关规定 4. 组织更多的年度体育赛事和其他活动
治理、管理结构	1. 召开年度会员大会 2. 定期举行董事会会议 3. 有会议报告，并集中分发和存档 4. 董事长、CEO 和秘书的学历符合要求 5. 购买运动员责任保险和驾驶员责任保险	1. 明确董事会及各委员会的组织结构图和成员的职务说明 2. 董事会成员在其职位上应有专业经验 3. 任命质量管理负责人 4. 任命活动委员 5. 任命保密顾问 6. 任命志愿者协调员

续表

指标	解释及要求	所有改进点
人力资源管理	1. 负责培训人员和其他雇员的工作津贴的发放和报销 2. 课程、进修和评估的费用由俱乐部支付 3. 培训人员参与政策执行 4. 所有教练员都会收到俱乐部装备 5. 董事会评估培训人员的意愿、需求和满意度	1. 进行健康和安全检查 2. 制订书面总体培训计划
关联过程的有效性	1. 短期内稳定的成员数量 2. 长期(5年)的成员数量进展(＞5%) 3. 所有的主教练都有官方的体育专业资格证书 4. 与成员人数适应的足够的雇员 5. 俱乐部财务状况良好(年度账目清晰,偿付能力和流动性良好)	1. 明确有关培训的时间、地点和培训师 2. 定期公布信息 3. 向培训师和会员邮寄材料 4. 给出培训师的地址清单 5. 任命一名保密顾问 6. 确保会员收到准确的时间计划表、相关文件和活动日历
食宿	1. 周末和节假日也提供食宿 2. 食宿便利 3. 有足够的(带照明的)自行车和汽车停车位 4. 急救箱始终可用并且易于使用 5. 有单独的更衣室,设有淋浴装置	—
食堂	1. 播放音乐 2. 提供/准备食物和饮料 3. 每周至少清洁一次 4. 与训练场地的距离适宜 5. 具有社会卫生专业的员工 6. 根据卫生部门的相关规定进行工作	—

本章小结

本章主要介绍了 TQM 理论及其在体育组织中的应用,以四小节分别阐述了 TQM 理论的形成与发展、框架、具体实施以及体育组织全面质量管理与绩效评估认证体系的形成与普及。

　　本章通过追溯 TQM 的发展历史、综述前人研究成果，总结了 TQM 理论、变量、工具与研究框架以及在不同的环境和阶段该理论需要解决的问题，并介绍了目前广泛应用的两种全面质量管理方法——PDCA 循环、服务蓝图。随后，本章对 TQM 的实施（包括人格塑造质量管理、过程控制质量管理、制度制定质量管理、科技助力质量管理、服务完善质量管理）进行了详尽的创新分析。在体育组织应用方面，本章节确定了由系统技术方法、社会动态方法两类方法以及操作层面、战略层面两个层次构成的体育组织全面质量管理框架，以第一个体育组织全面质量管理与绩效评估工具——IK Gym 认证体系为例，论述了体育组织全面质量管理与绩效评估认证体系的形成与普及；其中，重点解释了 IK Gym 评估指标体系模型表，分析了 IK Sport 评估体系的指标构架，对 IK Sport 审核中各个重点领域的指标进行了一些本土化的修订。

　　当前研究显示，TQM 在多年的理论发展与实践应用过程中不断发展变化，结合各个领域的质量需求形成了多种体系与方法，并仍在不断改进。而 IK Gym 评估系统包含宏观、中观和微观三个层次，并因其严谨性成为现代体育组织质量管理工具的范本，可为未来体育组织全面质量管理体系的研究与应用提供一些参考。

第三章
体育组织的绩效评估

第一节　绩效评估理论

一、绩效评估的含义

"绩效"一词最早出现在管理学领域。贝茨（Bates）和霍尔顿（Holton）将其界定为"一个多维建构，测量的因素不同，其结果也会不同"。因此，要给绩效一个准确的定义，首先就要按其研究对象进行界定，这样才能给出较为确切的概念内涵。墨菲（Murphy）认为："绩效是行为的同义词，它是人们实际的行为表现，并且是能观察得到的。"就定义而言，绩效只包括与组织目标有关的行动或行为，能够依据个人的贡献水平确定等级。绩效是组织聘任指定的专业人员并提出明确的工作职责，它不是行为后果或结果，而是行为本身。

绩效有静态与动态两个视角维度。静态视角认为绩效就是业绩、结果。伯纳丁（Bernardin）提出，绩效是在某一个时间段里，通过开展指定的工作、活动和行为所产生的结果。德尼西（Denisi）、墨菲总结了 100 年来对绩效的研究，提到部分学者认为绩效是个体执行某项任务后取得的成果，虽然是基于目标的实现，但是个人绩效是每个员工工作后产生的结果。以结果评估绩效可以使评估变得简单、易于操作，能节省大量的时间及人力、物力成本，但会导致员工对短期绩效结果过度关注，甚至有些员工会采取牺牲相关方长远利益的行为来促成短期内绩效，这种行为会使组织逐渐走向衰败。动态视角——行为论认为，绩效并非产出或结果。卡茨（Katz）和卡恩（Kahn）提出行为绩效的三维分类法和五种行为绩效类型。奥根（Organ）提出组织公民行为（organizational citizenship behavior，OCB），布里夫（Brief）和莫托维德洛（Motowidlo）提出正向组织行为（positive organizational behavior，POB），这两种理论都强调自发性的行为会影响工作结果。比阿姆奇（Biamchi）认为绩效是动态集合，是员工行为与所在组织的战略目标或者与所在部门的目标高度统一的一系列工作或行为。行为论的缺陷在于，对员工行为的判断包含过多的主观因素，缺少科学的可量化的指标，这会使员工对组织绩效考核的公正合理性产生怀疑，对行为进行限制会束缚员工的能动性，并且与绩效管理激励员工为公司创造利益的初衷背道而驰。

此外，有学者对单纯的"结果论"或单纯的"行为论"提出质疑，认为单纯将绩效定义为"成绩和产出"或"过程和控制"都是片面的。所以无论是静态论还是动态论，都具有共同的局限性：将行为与结果割裂开。行为最终要指向结果，而结果是完成一系列行为后的回报，因此一部分学者将二者整合起来。1988 年，布朗比（Brumbyaeh）认为绩效行为与结果相结合，个体为实现目标会采取一系列行动，同时，行动是为了达成目标而投入的体力与智力的结果。从这个层面上分析，行为也是结果，能够与工作结果区别判断，更加注重组织员工的自身素质和个人职业发展规划。奥特利（Otley）的绩效观点不仅反映了整个工作过程，还反映了最终成果。目前，越来越多的学者认为绩效包含行为过程及成果的内容，评估是全面、系统的。

近年来，能力绩效理论成为研究重点，即把绩效看作胜任特征或胜任力，强调员工潜能与绩效的关系，关注员工的素质和未来发展。这种观点更加倾向于认为个人因素对组织绩效有影响，知识、技能和动机被看作与工作绩效直接相关的因素，而性格和能力也是重要的潜在因素；对绩效的研究不再仅仅关注历史发生的行为，而是更加关注员工的潜在能力，更加重视素质和绩效之间的关系。

综上，无论是从静态视角或动态视角还是以综合论或能力论来定义绩效，均有其侧重点（表 3-1）。我们应该根据不同企业、不同发展时期进行具体问题具体分析。

表 3-1　不同绩效观的特点

绩效观	对于绩效的定义描述	优点	缺点	适用生命周期
静态（结果论）	绩效="工作结果"或"产出"	结果为导向，重产出，形成竞争氛围，提高员工工作积极性	员工行为控制减弱，急于求成	创业期成长期
动态（行为论）	绩效=与组织目标相关，与个体的贡献程度相关，与结果、产出相关的"行为"或"行动"	过程为导向，重行为，提高员工素质	打击高产人员积极性，形式主义，忽视投入产出	衰退期
综合论	绩效="做了什么"（结果）+"如何做"（与结果、产出相关的行为）	兼顾成果和过程发展	所需精力大，投入多	成熟期
能力论	绩效="做了什么"（实际收益）+"能做什么"（预期收益）	近年研究热点	—	—

绩效评估（performance evaluation，PE）作为人力资源管理实践中最重要的部分，是上下级之间定期进行的一种正式的互动。在这一过程中，上司检查下属的过往绩效，指出下属在完成绩效目标过程中表现出的优缺点，进而探讨如何提升能力，改进绩效，并设定未来的绩效目标。它是指应用特定的指标体系，依据统一的评估标准，通过定量、定性对比分析，对组织业绩和企业效益做出客观、标准的综合分析，真实反映组织绩效状况，预测企业未来发展前景的管理控制系统。

二、绩效理论的发展

（一）绩效管理的发展

在竞争激烈的市场中，对质量的需求成为企业在不断扩大的全球市场中生存的关键因素，而质量是决定成败的关键。企业对质量的追求产生了绩效管理，它通过对企业战略的制定、目标分解、业绩评估，将业绩成效用于企业日常管理活动中，以激励员工持续改进并最终实现组织战略目标。严格地讲，完整的绩效管理过程包括绩效目标的确定、绩效的产生、绩效的评估、绩效的提升与新的绩效目标的确定，构成一个循环。绩效评估仅仅是以实现组织目标为目的的绩效管理过程的一个重要环节。但因为社会上普遍用"绩效评估"这个词来指所有跟绩效管理有关的工作，所以我们有时也将其内涵扩充至整个绩效管理范围。

通过对当前相关文献的系统回顾发现，绩效管理理论的发展集中在两个方面：①管理控制理论。管理控制系统的研究应当以绩效管理的主要实践问题为基本框架，绩效管理体系中的 PDCA 循环可以看作管理控制理论直接应用的结果。由于任何管理控制都以信息为基础，建立完善的绩效评估体系也是在进行管理控制，是结果控制的必然要求。②组织行为相关理论。绩效管理实践是以组织中人的行为为基础的。由于管理者运用相关信息的主要目的是影响下属人员的行为，管理者必须对组织中的人性和行为有清楚的认识，这说明绩效管理体系的成功运行要求以组织行为相关理论为指导。

（二）绩效评估的发展

绩效评估起源于英国的文官（公务员）制度。它摒弃不分优劣、一起晋级加薪的西方文官制度，打破文官冗员、态度散漫、效率低下的窘境，谱写具有辅助决策、提供方法论、驱动功能三大工具属性的治理新篇章。19 世纪末期，美国实行功绩制，加官进禄均以文官考核为据，实行按劳分配、论功行赏。之后其他国家纷纷借鉴与效仿，形成各具特色的文官考核制度。因此，最早引入绩效评估的组织应是政府组织。

随着"审计社会"的兴起，从业人员和决策者对衡量和监管日益重视，从而推动对质量量化评估的需要。海斯（Hayes）和阿伯内西（Abernathy）认为，不适当的绩效指标和设计不当的激励机制在一定程度上应归咎于美国的短期商业文化，这种文化损害了美国的竞争力和经济前景。约翰逊（Johnson）和卡普兰（Kaplan）扩展了这些理论并指出，目前许多公司使用的度量系统都不够科学，不良的度量系统会导致严重的后果。艾尔弗雷德·钱德勒（Alfred Chandler）也提出了类似的观点，强调自从20世纪20年代杜邦兄弟（Dupont brothers）和唐纳森·布朗（Donaldson Brown）首次提出绩效评估制度以来，许多绩效评估的基本原理一直未改变，已经不能适应时代发展的需要。

为提高量化效率，1954年德鲁克（Drucker）提出"重新发现"的观点来进一步发展绩效评估的测量系统。20世纪80年代和90年代初期，许多学者提出了适宜的绩效评估框架——绩效金字塔、结果决定因素框架、绩效度量矩阵和平衡计分卡等。在此期间，各项研究主要讨论绩效计量系统的问题，这些系统往往着眼于研究短期功能失调影响组织竞争力的原因。从本质上讲，这一阶段涉及"问题识别"的过程——识别和讨论测量系统的弱点及其对组织的影响。20世纪90年代中期，研究者在绩效管理中提出"平衡表现测量系统"的概念，重点研究"平衡"如何实现，绩效计量系统如何优化的问题，如衡量框架——平衡计分卡的提出。这一阶段的特点是寻找"框架"，即为解决先前确定的问题提供有用的方法。20世纪90年代后期，研究者和从业人员更注重讨论和制定广泛适用于绩效评估的框架和方法，并开始对绩效计量框架和方法进行更深入的经验和理论分析。

随着越来越多的组织采用衡量框架（平衡计分卡）收集有关质量管理的经验数据，而在这一阶段的"实践调查"中收集到的证据导致人们对测量评估框架和方法的理论的有效性提出疑问，从而产生了绩效评估新的实践调查和理论验证过程。平衡计分卡打破了传统的只注重财务指标的业绩管理方法，但在实践到理论、理论到实践的过程中也暴露出一些弊端：组织设计和适用该方法的前提是其绩效维度之间的逻辑、因果关系是静态和线性的，但是在现实中这些关系都是递归和动态的。此外，实施平衡计分卡的组织有可能过于重视绩效衡量，而忽视绩效管理。这些实际问题使得组织开始关注开发动态而不是静态的评估系统，需要进行绩效管理，而不是简单的绩效测量。

第二节　绩效评估模型与方法

国内外对绩效评估的研究方法主要有定性分析法（理论分析法）、定量分析法（数据分析法）、矩阵实验室原理（matrix laboratory，MATLAB）、平均主义、变更管理、社会网络、切拉杜赖（Chelladurai）的多维度领导系统观、宏观层次理论、企业社会责任、产权理论以及对比分析法等。

其中，定量分析法（数据分析法）包括数据包络分析法（data envelopment analysis，DEA）、结构方程模型（structural equation modeling，SEM）、平衡计分卡、资源利用模型、高绩效组织（high performance organization，HPO）框架、五因素模型、绩效管理框架法、方差分析法、固定与随机效应模型、多准则决策方法、优劣解距离法（technique for order preference by similarity to an ideal solution，TOPSIS）、库尔特法、质量管理体系、主动动机模式、系统动力学方法、绩效与任期模型、工具变量法（instrumental variables，Ⅳ）、因子分析法、回归分析法、满意度法、问卷调查法和抽样在线调查法等。

近年来国内外研究运用较多的绩效评估模型有杜邦方程式、经济增加值（economic value added，EVA）、平衡记分卡、KPI、360 度绩效评估（360 degree performance appraisal）、绩效三棱柱（performance prism，PP）、卓越绩效模型（performance excellence model，PEM）和 CORPS〔这是 5 个英文字母的缩写，C（clients）是服务对象、O（operations）是业务运作、R（resources）是财力和物力资源、P（participants）是人力资源、S（services）是组织服务〕等。

一、杜邦方程式与 EVA

杜邦方程式，即净资产收益率=销售净利率×总资产周转率×权益乘数。该方程式综合了企业的各种财务指标，通过各个财务指标间的内在联系，对净资产收益率进行了层层分解，将净资产收益率用企业所熟悉的财务指标表示，构成了著名的杜邦分析模型。20 世纪 90 年代初，为了实现企业与其所处经营环境的协调发展，美国思腾思特（Stern Steward）咨询公司提出了一套新的绩效评估体系，它以 EVA 为基础，从财务的角度衡量企业绩效。

1982 年，EVA 的创始人 G. 本内特·斯图尔特（G. Bennett Stewart）将 EVA 定义为经济利润扣除所有资本成本的值，包括股权资本成本。因此，EVA 和传统财务指标的最大不同就是它考虑了全部资本成本，即投入资本的机会成本。机会成本的理念已经被理论界广泛接受，但在业绩评估的实务中却长期得不到体现，EVA 的出现则弥补了这一空白。

二、平衡计分卡

平衡计分卡是从财务、客户、内部运营、学习与成长四个角度（图 3-1），将组织的战略落实为可操作的衡量指标和目标值的一种新型绩效管理体系，其考核指标既包括对过去业绩的考核，也包括对未来业绩的考核。

平衡计分卡通常被认为是加强企业战略执行力的最有效的战略管理工具，它从企业财务、客户、业务管理、人员培养开发四个方面来建立衡量体系，这四个方面是相互联系、相互影响的，最终保证财务指标的实现。

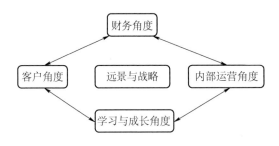

图 3-1　平衡计分卡的基本框架

三、绩效三棱柱

绩效三棱柱是一种典型的利益相关者价值评估模式，其逻辑结构（图 3-2）为：企业要实现可持续发展，首先必须清楚地知道企业的利益相关者及其需求是什么（三棱柱上底 1）；然后据此制定战略，通过战略实施将价值及信息传递给利益相关者（三棱柱侧面 2）；为了实施战略，必须建立有效、合理的流程（三棱柱侧面 3）；为了保证流程的顺利实施，必须具备适当的能力（三棱柱侧面 4）；在为利益相关者创造价值的同时，需要获取利益相关者对企业的贡献（三棱柱下底 5）。

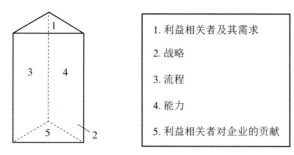

	1. 利益相关者及其需求
	2. 战略
	3. 流程
	4. 能力
	5. 利益相关者对企业的贡献

图3-2 绩效三棱柱逻辑结构图

四、卓越绩效

卓越绩效（图3-3）是通过综合的组织绩效管理方法，使组织和个人得到进步和发展，提高组织的整体绩效和能力，为顾客和其他相关方创造价值，并使组织持续获得成功的一种管理模式。它反映了现代企业管理的先进思想，为企业提高绩效提供了评估标准，此外，卓越绩效质量奖的设置，还为一些寻求学习和发展机会的企业树立了标杆。卓越绩效模型可以为组织改进业绩和能力提供指导，鼓励组织改进质量、提高生产率，从而获得竞争优势，增加利润，起到促进组织重视和加强质量管理、提升核心竞争力、追求卓越的绩效等作用。

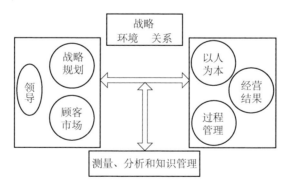

图3-3 卓越绩效

五、360度绩效评估

360度绩效评估是绩效考核方法之一，其特点是评估维度多元化（通常是4个或4个以上），适用于对组织中中层以上的人员进行考核。360度绩效评估又可称为"多元评估"或"多评价者评估"，它不同于自上而下的由上级主管评定下属的传统方式。

360 度绩效评估的价值主要为：可以帮助人们提高自我洞察力，更加清楚自己的强项以及需要改进的地方，进而制订下一步能力发展计划；可以激励人们不断改进自己的行为，尤其是当 360 度绩效评估和反馈与个人发展计划的制订结合起来时效果更明显。360 度绩效评估方法正是通过将差距明确地呈现给受评人，激发他们积极向上的动力。

六、CORPS

由中国台湾管理学大师司徒达贤提出的 CORPS 模式是将服务对象、业务运作、财力和物力资源、人力资源、组织服务五大要素融合而成的管理概念，被广泛应用在非营利组织的研究中。

CORPS 模式五大要素的具体含义如下：服务对象指非营利组织的目标受众；业务运作指非营利组织创造价值、提供服务的过程；财力和物力资源指非营利组织拥有的内外部资源的总和；人力资源指非营利组织的专职人员及志愿者；组织服务指非营利组织为服务对象创造或提供的服务。CORPS 模式认为，非营利组织的管理层决策核心负责对服务对象、业务运作、财力和物力资源、人力资源、组织服务进行统一的计划、安排及管理。虽然不同类别的非营利组织的经营服务内容有着显著差异，但是总体来说，管理层的决策计划是否顺畅直接决定整个组织的运转效率。

第三节　KPI 绩效管理理论与方法

KPI 绩效考核法，又称关键绩效指标考核法，是企业绩效考核的方法之一。这种方法的优点是标准比较鲜明，易于做出评估。它的缺点是制订有关简单的工作的标准难度较大、缺乏一定的定量性，绩效指标只是一些关键的指标，对于其他内容缺少一定的评估。

一、绩效管理

（一）意义

企业的生产过程是劳动者运用劳动工具改变劳动对象的过程。在企业生产的三个基本要素（劳动力、劳动资料、劳动对象）中，劳动力是最重要的，正确地统计、分析、预测劳动力指标，对于企业有序地组织生产，充分开发、合理利用人力资源有着重要意义。

KPI 绩效考核法符合一个重要的管理原理——"二八原理"。在一个企业的价值创造过程中，存在着"20/80"的规律，即 20%的骨干人员创造企业80%的价值。对于每一位员工来说，"二八原理"同样适用，即80%的工作任务是由20%的关键行为完成的。因此，管理者必须抓住员工20%的关键行为，并对其进行分析和衡量，这样就能抓住业绩评估的重心。

（二）方法

KPI 是通过对组织内部流程的输入端、输出端的关键参数进行设置、取样、计算、分析，衡量流程绩效的一种目标式量化管理指标，是把企业的战略目标分解为可操作的工作目标的工具，是企业绩效管理的基础。建立明确、切实可行的 KPI 体系，是做好绩效管理的关键。

确定 KPI 有一个重要的 SMART 原则。SMART 是 5 个英文单词首字母的缩写。

（1）S 代表具体的（specific），指绩效考核要切中特定的工作指标，不能笼统。

（2）M 代表可度量（measurable），指绩效指标是数量化或者行为化的，验证这些绩效指标的数据或者信息是可以获得的。

（3）A 代表可实现（attainable），指绩效指标在付出努力的情况下可以实现，避免设立过高或过低的目标。

（4）R 代表相关性（relevant），指年度经营目标的设定必须与预算责任单位的职责紧密相关。年度经营目标是预算管理部门、预算执行部门和公司管理层经过反复分析、研究、协商的结果，必须经过他们的共同认可和承诺。

（5）T 代表有时限（time-bound），指注重完成绩效指标的特定期限。

（三）流程

KPI 绩效考核法是现代企业中受到普遍重视的业绩考评方法。KPI 可以使部门主管明确部门的主要责任，并以此为基础，确定部门人员的业绩衡量指标，使业绩考评建立在量化的基础之上。

KPI 应该指明各项工作内容所应产生的结果或所应达到的标准，以量化指标为最好。最常见的 KPI 有以下三种：

（1）效益类指标，如资产盈利效率、盈利水平等。

（2）营运类指标，如部门管理费用控制、市场份额等。

（3）组织类指标，如满意度水平、服务效率等。

确立 KPI 指标的要点在于流程性、计划性和系统性，其具体的操作流程如下。

（1）确定业务重点。首先明确企业的战略目标，在企业会议上利用头脑风暴法和鱼骨图分析法找出企业的业务重点，也就是企业价值评估重点；然后用头脑风暴法找出这些业务重点的关键业绩指标，即企业级 KPI。

（2）分解出部门级 KPI。各部门的主管需要将企业级 KPI 分解为相应部门的 KPI，确定相关的要素目标，分析绩效驱动因素（技术、组织、人），确定实现目标的流程，以便确定评估指标体系。

（3）分解出个人的 KPI。各部门 KPI 人员一起将部门级 KPI 进一步分解为更细的 KPI 及各职位的业绩衡量指标。这些业绩衡量指标就是员工考核的要素和依据。这种 KPI 体系的建立和测评过程本身，就是统一全体员工朝着企业战略目标努力的过程，也必将对各部门管理者的绩效管理工作起到很大的促进作用。

（4）设定评估标准。评估指标指的是从哪些方面衡量或评估工作，解决"评估什么"的问题；而评估标准指的是在各个指标上分别应该达到什么样的水平，解决"被评估者怎样做，做多少"的问题。

（5）审核 KPI。审核 KPI 主要是跟踪和监控这些 KPI 是否可以操作等。审核主要是为了确保这些 KPI 能够全面、客观地反映被评估对象的绩效，而且易于操作。

每一个职位都会影响某项业务流程，或影响流程中的某个点。在制定绩效指标及进行绩效考核时，应考虑任职者是否能控制该项指标的结果，如果任职者不能控制，则该项指标就不能作为任职者的业绩衡量指标。比如，跨部门的指标就不能作为基层员工的考核指标，而应作为部门主管或更高层主管的考核指标。

绩效管理是管理者和下属双方就目标及如何实现目标达成共识的过程，是促进员工实现目标的管理方法。管理者给下属制订工作目标的依据来自部门的 KPI，部门的 KPI 来自上级部门的 KPI，上级部门的 KPI 来自企业级 KPI。只有这样，才能保证每个职位都按照企业要求的方向去努力。善用 KPI 考评企业，将有助于企业组织结构集成化，提高企业效率，精简不必要的机构、不必要的流程和不必要的系统。

二、KPI 的七个基本特征

通过长期的研究分析，以及在 KPI 研讨会上先后与 3000 多名来自不同类型企业的与会者展开讨论，总结出 KPI 的七个基本特征（表 3-2）。

表 3-2　KPI 的七个基本特征

基本特征	内容
非财务评估指标	采用非财务评估指标（如不以美元、日元、英镑、欧元等货币单位进行计量的指标）
及时性	频繁地开展评估（如每周 7 天、每天 24 小时实行评估，或者每天评估和每周评估）
首席执行官重点关注	由首席执行官和高级管理团队亲自组织实施
简单易懂	公司全体员工能够理解该评估指标，并知道如何调整工作
团队责任明确	责任可追溯到某个具体的团队或者某几个密切合作的团队
产生重大影响	会对公司产生重大影响（如影响多个关键成功因素和多个平衡计分）
有限的阴暗面	支持采用适当的行动（如已经被验证的 KPI 会以积极的方式影响绩效，而未经深思熟虑的 KPI 则会导致失效行为）

非财务评估指标：当你将美元的符号烙印在一种评估指标上时，你已经将它转化为一个成果指标（如销售行为的结果产生了日销售量）。此时，KPI 隐藏在背后不容易被发现。KPI 可能与企业访问的关键客户数量有关，这些关键顾客带来的盈利构成了企业的主要利润来源。

及时性：KPI 应该按照每天一次的频率进行评估，对某些企业的一些指标按照每周 1 次的频率进行评估。戴维·帕门特（David Parmenter）认为每月评估一次指标能够提高绩效的想法是一个误区，一个按照每月、每季度甚至每年一次的频率进行评估的指标不是 KPI，因为不能及时提供有效的信息，对企业的业务起不到关键的促进作用。

首席执行官重点关注：所有的 KPI 都会产生影响，依据这些 KPI，首席执行官每天都要与相关的员工进行沟通，因此这些指标能够得到首席执行官持久的关注。毫无疑问，员工都不愿意因为一些"可能限制其职业发展的问题"被首席执行官约谈。

简单易懂：KPI 能够明确地告诉我们应该采取什么样的行动。例如，英国航空公司"飞机晚点事件"的 KPI，清楚地向其每一个工作人员传达信息：关注如何能够将延误的时间赶回来，包括清洁工、准备食品的员工、地面上的行李搬运工、空中的乘务员以及办公室联络员和交通控制员，都将投入紧张的工作中。按照这个 KPI 的明确要求，他们尽量在各个环节上节省时间，同时保持并不断提高服务水平。

团队责任明确：有些时候，企业有一个 KPI 就足够了，但这一个 KPI 必须与具体的某个团队挂钩，能有效地对其工作情况进行评估。换言之，首席执行官可以给某一个 KPI 的评估对象打电话，询问他"为什么会是这样"，该员工也能够做出合理的回答。我们从来不把"已投入资本回报率"看作 KPI，因为我们无法将它与某一个管理人员的行为效果联系在一起——已投入资本回报率是多位管理者采取不同行动的结果。

产生重大影响：一个 KPI 会影响一个或多个关键成功因素。当首席执行官、管理者、员工都关注 KPI 时，说明企业的 KPI 已经步入正轨了。

有限的阴暗面：一个 KPI 在产生之前需要通过验证，以保证它能够创造期望的行为结果（如帮助团队调整他们的行为，使他们团结一致为企业创造利益）。但是也有很多的实例表明绩效评估指标可以导致失效行为。

三、执行 KPI 的基本条件

我们需要先确定 KPI 的 7 个基本条件，然后才能在工作场所成功制定并运用 KPI。与建筑房屋道理类似，首先需要确保地基牢固，这样才能开展建筑工程。7 个基本条件决定了 KPI 项目的成败。戴维·帕门特曾指出，彼得·F. 德鲁克（Peter F.Drucker）、托马斯·J.彼得斯（Thomas J.Peters）、罗伯特·H. 沃特曼（Robert H.Waterman）以及加里·哈默尔（Gary Hamel），他们动机虽然很好，也很有管理天赋，但是由于在一些基本条件上的妥协退让，往往导致最后的 KPI 项目平台无法发挥重要的作用。

（一）企业同员工、工会和第三方建立合作关系

为了提升绩效水平，企业需要在管理层、工会、员工、关键的供应商和关键的客户之间建立一种有效的合作伙伴关系。"企业同员工、工会和第三方建立合作关系"这一基本条件主要包含以下内容：

（1）所有利益相关者达成这样的共识：重大的组织变革和文化变革需要互相理解，大家应该接受变革的必要性，并需要了解实施这些变革的具体方法。

（2）承诺建立并且维护与工会、员工代表以及员工之间有效的沟通机制。

（3）引入最佳的企业实践活动与 KPI 的最佳发展战略。

（4）拓宽最重要的企业实践活动与 KPI 的最佳发展战略。

（5）如果希望提高关键客户的满意度，可以询问其意见："你认为我们应该如何去做以提高为贵方供货的效率和服务的质量？"如果想提高关键供应商的绩效，可以讨论所期望的或重要的事项以及想要的评估内容。

（二）将权力转移至基层

绩效改善的成功与否取决于企业中的员工，特别是工作在第一线的基层员工。因此，管理者需要向企业的员工授予权力，尤其是那些工作在第一线的员工。许多管理学者都讨论过这个内容，包括德鲁克、彼德斯、沃特曼以及哈默尔。"将权力转移至基层"的主要内容见表 3-3。

表 3-3 "将权力转移至基层"的主要内容

内容	解释
有效的双向沟通	实施行之有效的自下而上的沟通，鼓励坦诚的态度，使员工能够质疑并大胆地说出自己的评估，尽管有些评估可能是坏消息（例如，不再"击毙"坏消息的传递者，而是鼓励）
授权	应该向员工授权，使他们具备调整对 KPI 有消极影响的活动的权利，并且授予他们立即采取纠正行动的权利
下放职责	将职责下放给各个团队，让他们制定并选择自己的绩效评估指标，有更多的决策权
培训	提供多方面的培训，包括授权、决策、KPI、企业关键成功因素等
精益而灵活的方法	让员工了解精益而灵活的方法
认识学习困难	对有读写困难、计算困难或者其他学习困难的员工，要给予额外的帮助和支持

（三）仅评估和汇报关键事务

企业管理者必须制定综合的框架，以保证对绩效进行评估和汇报的方式能够引发行动。企业应该根据事件的重要性的不同，按照每天、每周或者每月的频率进行汇报，相关报告应该包含关键成功因素。"仅评估和汇报关键事务"的主要内容见表 3-4。

表3-4 "仅评估和汇报关键事务"的主要内容

内容	解释
放弃无效的报告	每份报告都应与一个成功因素或关键成功因素相联系，某项报告存在的原因绝不应该仅仅是上个月或者上上个月进行了该项汇报，应该遵循德鲁克的放弃原则
评估指标存在的理由	应该仅评估需要评估的内容。每一个评估指标都应该有其存在的理由，与成功因素或者关键成功因素相联系
引发行动	汇报的事务应该引发行动
精益汇报	需要按照精益的原则对报告进行不断的修正，使报告的制作更加高效，汇报形式更加简洁精练，提供的信息更加及时，而且制作报告时要关注决策
数据可视化	要根据数据可视化的原则来准备报表
自下而上	应该根据团队层级制定的绩效评估指标来修正企业的绩效评估指标，如采取自下而上的流程

（四）KPI 来源于关键成功因素

KPI 应该来源于关键成功因素。关键成功因素将企业的日常活动与企业战略联系在一起，会对企业业务产生实时的影响。因此，管理层必须评估企业员工如何协调自己的日常活动，使之与企业的关键成功因素方向一致。戴维·帕门特相信，绩效评估指标的主要目的是确保企业员工的工作时间，关注企业的成功因素，而传统的平衡计分卡方法认为，评估指标的目的是帮助监测企业战略举措的实施。由于秉承不同的理念，主导性 KPI 与传统的平衡计分卡在制定评估指标方面有很大的区别。"KPI 来源于关键成功因素"的主要内容见表 3-5。

表3-5 "KPI 来源于关键成功因素"的主要内容

内容	解释
关键成功因素比战略举措更加重要	对企业而言，关键成功因素比战略举措更加重要。许多企业没有精心设计的战略，但仍然能够取得成功
绩效评估指标的主要作用	绩效评估指标的主要作用是帮助企业员工每天关注企业的关键成功因素，其他方法则认为绩效评估指标的主要作用是监测企业战略举措的实施
首先确定关键成功因素	如果一个评估指标与关键成功因素毫不相关，它就不可能是 KPI，也不可能对企业产生重要的作用。因此，管理层可以将这样的评估指标筛选出来，考虑放弃
与关键成功因素的相关性	一个企业所使用的 KPI 与企业成功的关键因素密切相关。企业的评估指标数据库应该记录这种相关性

（五）放弃那些无法交付成果的流程

在德鲁克的众多睿智思想中，"放弃"是一个核心的观点。德鲁克认为，放弃是一股重要的力量，是创新的源泉。对企业而言，放弃的行动表明管理层已经认识到某些项目永远无法实现预期的成果，因此早晚都要面对现实。管理层必须给关键绩效项目团队充足的时间，并为平衡计分卡投入适当的时间和精力。"放弃那些无法交付成果的流程"的主要内容见表3-6。

表3-6 "放弃那些无法交付成果的流程"的主要内容

内容	解释
每个月的放弃日	每一个月确定一天为放弃日，在这一天里，团队向企业汇报团队成员一致同意放弃的内容
评估放弃率	评估放弃率对首席执行官非常重要
放弃设有实效的绩效评估指标	在某些情况下，有必要放弃目前使用的全部评估指标，然后以关键成功因素为基础，重新确定评估指标。毫无疑问，一些评估指标将继续使用，而许多与关键成功因素不一致的评估指标则会被放弃
放弃报告	放弃那些与企业关键成功因素和企业战略不相关的绩效报告。完成这些报告的方式与上个月、上上个月的报告完全相同，而且根本没人阅读这些报告。每个报告的首页都应该有一个简短的说明，解释该报告与企业关键成功因素的相关性
放弃会议	要放弃那些例行公事的会议。召开这些会议的原因仅仅是上周、上个月也召开了同样的会议，而会议的行动要点并不清晰。随着时间的流逝，召开这些会议成了企业必做的事情。每一场会议都必须清晰地说明其目的以及决定采取的行动
放弃失效的平衡计分卡	如果平衡计分卡无法发挥作用，则要放弃使用平衡计分卡。KPI项目团队可以重新确立平衡计分卡
放弃项目	审核目前的项目计划，放弃那些不合适或者不需要的项目
放弃与年度目标挂钩的绩效工资	年度目标的确定不符合实际，太容易达到，或者太不容易达到都该放弃
放弃年度规划	目前的年度规划仅仅是一个无意义的年度政治活动则应该放弃
放弃绩效评估	放弃每年一次或者每年两次的绩效评估。员工不喜欢收到这些评估，管理层也不喜欢准备这些与他们的薪酬无关的评估。无论如何，管理层应该定期（至少每月一次）给员工提供反馈意见

（六）任命一位企业内部的首席评估师

企业需要一种新的评估方法，该方法需要广泛征求意见，促进员工和管理层之间的合作关系，最终使员工的行为活动与企业关键成功因素和战略方向相一致——这需要由一名经过专业培训的员工来实施。企业内部必须有一位评估指标专家，这位专家被称为首席评估师。"任命一位企业内部的首席评估师"的主要内容见表 3-7。

表 3-7 "任命一位企业内部的首席评估师"的主要内容

内容	解释
全职责任	建议企业任命一位 KPI 项目领导者，并尽可能使他成为全职领导者。然而，大多数企业在实施 KPI 项目时，由于工作负荷过大，并没有完全采纳这样的建议。这往往会使项目延误，甚至使 KPI 项目处于劣势。对于全职员工超过 250 人的企业而言，这个职位应该且必须是全职的。而在小型的企业中，至少要将该职位一半的工作量分配给他人完成，以保证任职者有机会关注 KPI 项目，创造新的动力
机构内部任命	德鲁克曾经提出，绝对不要把新的工作任务分配给新员工，并称其为"寡妇制造机"，他认为这样的任职者没有机会取得成功。企业实施新体系时，由于企业内部担忧变革的员工会尽力扰乱项目的实施，往往希望被聘请的人难以取得成功。相反，如果在企业内部任命一位适合这个职位的人，此人在企业中德高望重，人缘较好，则当实施新举措需要支持时，许多人都乐意提供帮助
汇报程序	该职位直接向企业首席评估师汇报，首席评估师需具备广博的知识和各种所需的专门技能

每个企业在从平庸走向杰出的过程中，都应该对绩效评估指标给予更多的关注。首席评估师应该兼任心理学家、教师、销售人员、项目经理等多重角色。只有当企业内部任命的首席评估师达到这样的专业水平时，才能使企业的评估制度从混乱评估转变为清晰评估。首席评估师应该负责的工作见表 3-8。

表 3-8 首席评估师应该负责的工作

工作	内容
测试评估指标	对每个新的评估指标进行测试，确保其阴暗面最小化
	对企业所有评估指标进行审核，淘汰那些重复的、无价值的、成本效益为负的指标
	咨询企业员工，了解一些评估指标可能产生的没有预计到的后果
	试点绩效评估指标，以提高成功率

续表

工作	内容
监督评估指标	领导 KPI 团队和任何平衡计分卡举措
	制定并完善企业中的绩效评估指标
	放弃队伍小的评估指标
常驻专家	学习绩效评估指标领域的最新理论
	担任绩效评估指标行为专家
	用季度滚动规划取代年度规划
	以完善的基本条件为基础，提高绩效工资

（七）让全体企业员工理解主导性 KPI 的定义

20 多年来，戴维·帕门特一直致力于关键绩效指标如何在企业中发挥作用的研究。他意识到，如果一个企业没有真正理解 KPI 的定义，无法正确区分哪个是 KPI，哪个不是 KPI，那么企业的进步空间将十分有限。他发现，许多员工在参与了企业为期两天的关键成功因素的研讨会后，不久就将所有评估指标都称作 KPI。

首席执行官领导下的高级管理团队必须将 KPI 的新意义传达给企业每一位员工，对不符合 KPI 定义的评估指标予以及时修正。"让全体企业员工理解主导性 KPI 的定义"的主要内容见表 3-9。

表 3-9 "让全体企业员工理解主导性 KPI 的定义"的主要内容

内容	解释
KPI 的定义	KPI 关注的是对企业目前和未来成功至关重要的企业绩效的各个方面
KPI 以企业为关键	KPI 对企业而言至关重要，各团队应确立自己的 KPI
KPI 关注企业内部运营	团队使用的大多数评估指标是绩效指标和成果指标。总公司的团队，如金融团队和信息技术团队不可能有 KPI，因为 KPI 主要是企业内部的运营指标
两组评估指标	应该在培训课程上向全体管理者传达两组评估指标（成果指标和绩效指标）的含义

第四节　量化绩效评估方法

一、量化绩效评估方法的种类

（一）BP神经网络

BP神经网络（back propagation，BP）是1986年由鲁梅尔哈特（Rumelhart）和麦凯兰（McClelland）为首的科学家小组提出的，是一种按误差逆传播算法训练的多层前馈网络，是应用广泛的神经网络模型之一。这是模拟生物过程、反映人脑某些特性的一种计算机结构和系统神经网络之一，它是对人脑神经系统的抽象、简化和模拟。BP神经网络模型拓扑结构包括输入层（input）、隐层（hide layer）和输出层（output layer）。

（二）数据包络分析法

数据包络分析法（data envelopment analysis，DEA）是一种效率评估方法，1978年由美国运筹学家查恩斯（Charnes）等人提出。该方法只需初始数据与最终数据，不考虑中间环节，可以对决策单元进行相对有效的评估。该方法是一种非参数评估方法，无须人为赋权，在减少主观误差等方面具有较强的优越性（Banker-Charnes-Cooper）。与生产函数方法相比，数据包络分析法具有更多的优势。

目前，数据包络分析法从最早提出发展至今已经有150多种新的模型，如BCC模型（Banker-Charnes-Cooper）、CCGSS模型［指的是查恩斯（Charnes）、库伯（Cooper）、戈兰尼（Golany）、塞福德（Seiford）和斯图茨（Stutz）的首字母缩写，这些作者是在数据包络法领域做出重要贡献的学者］等。

（三）熵权法

熵权理论认为，对于某一个指标的样本观测值，数据差别越大，则该指标对系统的比较作用就越大，即该项指标包含和传递的信息越大，因此赋予的权重越高。它的计算基础是样本观测值，是站在客观数据的角度为研究对象赋权的。熵权法评估标准主要依据客观资料，这样可以在很大程度上避免人为因素的干扰。在具体使用过程中，熵权法根据各指标的变异程度，利用信息熵计算出各指标的熵权，再通过熵权对各指标的权重进行修正，从而得出较为客观的指标权重。研究显示，熵权法是一种可以用于多对象、多指标的综合评估方法，几乎不受主观因素的影响，但它不能很好地反映因素与结果以及因素之间的复杂模糊关系。

（四）GEEWM 模型

GEEWM 模型是一种结合灰色评估和熵权法的绩效评价模型。它的独特之处在于它融合了灰色系统理论和熵权法两种不同的量化评估方法。在绩效评价中，该模型通过灰色评估来分析各因素之间的不确定性关系，并利用熵权法对各因素的重要性进行客观赋值。这种方法的综合运用，使得 GEEWM 模型在处理复杂问题时具有较高的精确度和可靠性。

灰色系统的概念源于白色系统和黑色系统。信息完全确定即为白色系统，信息完全不确定即为黑色系统。灰色系统介于二者之间，即"部分信息已知，部分信息未知"。灰色系统理论和概率统计理论、模糊数学理论不同，主要是针对"小样本不确定性"问题提出来的。目前，灰色系统理论经过多年发展逐渐成熟，已建立起一套以系统分析、评估、建模预测、决策、控制、优化为主体的技术体系。

（五）项目管理成熟度模型

成熟度理论最初源于质量管理大师克罗斯比，他于 1979 年首先提出"质量管理成熟度"概念，并提出了质量管理成熟度的方格理论，来描述企业的质量管理从不成熟走向成熟的过程。在克罗斯比成熟度方格理论提出后，美国卡耐基梅隆大学软件工程研究所将成熟度框架引入软件供应商的能力评估领域，并增加了成熟度等级的概念，提出了软件能力成熟度模型（capability maturity model，CMM）。此后，诸多学者和组织在借鉴和参考 CMM 的基础上提出了各种成熟度模型，并在项目管理领域得到了广泛的应用。常用的项目管理成熟度模型有 CMM 模型、科兹纳的项目成熟度模型（kerzner project management maturity model，K-PMMM）、项目管理解决方案及项目管理成熟度模型（pm solutions project management maturity model，PMS-PMMM）、项目管理方法（project management methodology，PM2）、组织项目管理成熟度模型（organizational project management maturity model，OPM3）等。

质量管理成熟度模型就是将成熟度模型应用到项目管理的子领域——质量管理中，用来反映企业质量管理实施的程度和水平。将质量管理划分为不同的成熟度等级，利用成熟度模型进行评估，有助于项目管理方清晰地了解当前项目质量管理的水平，然后通过分析找到质量管理的薄弱环节和存在的缺陷，以更高等级的成熟度水平为标杆，进而采取相应的改进措施，最后通过动态的评估和持续改进，稳步提高项目的质量管理水平，达到管理改进的目的。

（六）模糊综合评估理论

模糊综合评估理论由美国自动控制专家 L.A.扎德（L.A.Zadeh）创立。这是一种以模糊数学为理论基础，应用模糊关系合成原理，针对整体属性易受多因素影响的评估对象，通过设计评估指标并赋予权重的方式，对无法定量的评估因素进行量化考查的评估方法。

在实践中，评估操作者一般会设计三级评估指标。其中，一级指标是目标层，指评估的最终目标；二级指标是准则层，指评估体系针对评估目标设定的不同评估维度；三级指标是指标层，是对二级指标的分解，指评估工作中的具体考查点。在"金字塔式"的评估指标体系构建完毕后，采用层次分析法（analytic hierarchy process，AHP）将指标模型中各要素进行两两比较，按照一定的标度建立判断矩阵，计算得出各指标因素的相对重要度，即指标权重集。

（七）评估方法的鲁棒性

鲁棒性（Robustness）就是稳健性、稳定性。依据系统论和鲁棒性理论的观点，系统的鲁棒性就是指当一个系统遇到了特定的干扰或扰动时所表现出来的特征，是在参数发生变化时该系统保持基本结构稳定性的能力。绩效评估方法的鲁棒性分析（Robustness analysis）如图 3-4 所示，是通过寻找影响方法稳定性的各种参数，并描述绩效评估在特定参数变化下的结果波动情况和输出差异性，以追求绩效评估结果的最优和稳定为目标，对绩效评估方法的稳定性、可靠性进行探讨，为决策者提供指导性的科学建议。

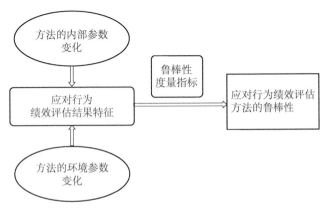

图 3-4　绩效评估方法的鲁棒性分析

二、绩效评估模型与方法对比

（一）绩效评估模型比较分析

杜邦方程式以财务指标为主，其计算简单并且能直观地反映企业绩效情况，曾对降低成本和提高劳动生产率起到过积极促进作用，但随着企业经营的复杂化，企业的业绩仅靠财务指标来衡量存在着片面性，需要融入其他指标全面综合衡量企业绩效。

EVA 模型相对于传统的财务模式来说，考虑了企业的价值增值，但也表现出了一定的局限性：只适用于上市企业和大型股份制企业，对于小型企业则显得代价过高；在经济增加值计算过程中，所采用的数据仍然是财务数据，不能全面衡量企业业绩。

平衡计分卡是企业绩效评估研究领域的里程碑。它整合了战略管理思想，在企业的业绩评估中引入三个非财务指标，能更全面地评估企业业绩并确定需要优先改进的方面，从而对需要改进的问题或其他相关方面做出合理的安排，但没有考虑到债权人、供应商、政府等其他利益相关者的利益。

绩效三棱柱考虑了所有的利益相关者，在考虑了利益相关者需求的同时，又考虑了利益相关者为企业做出的贡献。

360 度绩效评估模式的优点在于：360 度绩效评估实际上是员工参与管理的方式，在一定程度上增强了他们的自主性和对工作的控制，员工的积极性会更高，对组织会更忠诚，提高了员工的工作满意度。其缺点在于：考核成本高；员工存在发泄私愤，利用考核机会"公报私仇"的现象；考核培训工作难度大。组织要对所有员工进行考核制度的培训，因为所有员工都既是考核者，又是被考核者。

KPI 绩效考核法的优势在于其指标的选取直接影响考核结果的准确性，并且 KPI 考核体系的有效性直接受到 KPI 选取的影响。选取 KPI 的基本方法有关键成功因素法、头脑风暴法及鱼骨图分析法等。

（二）定量绩效评估方法对比

常见定量绩效评估方法对比见表 3-10。

表 3 – 10　常见定量绩效评估方法对比

评估方法	特点
模糊综合评估理论	优点是针对一些难以用精确数量表达的评估量，可用模糊概念去描述，能做到系统性强，结果清晰。它适合各种非确定性问题的解决，能较好地解决量化问题。缺点是该过程本身并不能解决评估指标间的相关性造成的信息重复问题，其隶属函数的确定还没有系统的方法
层次分析法	定性信息定量化，具有系统性、简单实用的特点
加权评估法	优点是计算简单、实用，能反映方案的某些特征及性能；缺点是不能较好地解决定性指标的量化问题，指标的排序由决策者主观确定，权重值需要进行多次调整，很难把握调整的合理尺度
数据包络分析法	对数据要求较高，能处理大量信息的输入；不用确定指标权重，受主观因素影响小；只能判断决策单元是否是 DEA 有效，易出现大量甚至是全部决策都有效的情况
逻辑框架法	在项目准备阶段，能使项目的目的和目标明确，可根据目标确定项目结果考核的主要指标，分析项目实施和运营中的主要风险，加强项目的实施和监督管理；需要详尽的数据；可能会因强调对照原定目标和目的而忽视实际可能发生的变化
功效系数法	充分反映指标完成值的非均衡性；不易操作，易受极值端的影响
BP 神经网络算法	类型分类、识别方面出色；网络难构建，机械处理和模拟耗费时间
平衡计分卡法	有助于衡量、培植和提升组织核心力，是长期的、可持续发展的评估制度；指标的选择和权重的分配较难，实施成本高，多应用于企业的绩效评估
熵权法	用于多对象、多指标的综合评估，几乎不受主观因素的影响，但不能很好地反映因素与结果以及因素之间的复杂模糊关系

第五节　绩效评估指标体系构建

一、绩效评估指标体系

构建一个科学有效且易于操作的评估指标体系是整个绩效评估工作的核心，指标体系构建的优劣直接决定评估结果指导性的强弱。在整个指标体系的制定过程中必须合理考量评估对象的性质特点，并严格遵循绩效指标选取的相应原则，通过筛选出的指标，全面、客观、准确地反映组织绩效的实际水平，这样才能有较高的信度和效度。

评估指标体系是指由相互联系但分属不同层级的若干个指标共同构建的

有机整体，是按照评估对象自身特性及结构构成来制定的系统化具体指标集合，由评估目标、评估指标和指标权重构成。

评估目标：依据评估要求，对评估对象的各层面价值进行判断。由于评估目标往往非常抽象和笼统，所以在评估指标体系的构建中一般将其具象化，表现为评估指标。

评估指标：在评估计划中规定需要达到的目标。评估指标是由评估目标决定的，同时评估指标又反向决定了评估目标能否得到具体落实。评估指标体系则是指由若干层评估指标集合而成的树状结构。

指标权重：因为不同的评估目标在整体评估需求中的重要程度不同，所以对应评估指标的重要程度也不尽相同。为了保证指标的科学性以及评估结果的正确性，要对评估体系中的每个指标赋予权重，指标权重反映了该指标在指标集合中的重要程度。指标和权重一一对应，共同构成指标权重体系。

二、组织绩效评估综述

组织绩效评估，是指通过评估组织的初始投入（如可用资源）、过程投入（如运营处理）和产出（如目标实现）来评估一个组织的绩效。组织绩效通常被看作组织运行效益和效率的结合体，具有重要的理论、实证和实践意义。效益是指以最小的投入获得最大的效果，而效率则是指单位时间的工作量，二者对于界定组织绩效意义重大。

英国管理学家 T. G. 罗斯（T. G. Ross）在 1932 年提出了对部门进行绩效评估的设想，并运用访谈的方式，对组织的绩效评估进行信息收集和考察判断。后经过不断发展，直至 1950 年，才由美国管理学家杰克逊·马丁德尔（Jackson Martindell）设计出一套较为完整的管理能力绩效评估指标体系，并成功地将其推广到了各种公共组织。但这个绩效评估指标体系内容较多，且大部分指标只能采用访谈的方式进行定性收集，受考评者自身因素影响较大，容易导致评估结果失真。同时代的管理学家彼得·F.德鲁克（Peter F. Drucker）在此基础上提出了目标管理法，进而将评估体系的指标缩减为 8 个，大大提升了评估结果的客观性。

阿灵顿（Arrington）等人揭示了实现高组织绩效的三个关键点：①吸引必要的投入；②在过程投入期间有效使用；③达到相关的目标产出。这三个关键点反映出已用于衡量组织绩效的三个主要模型：①系统资源模型；②过程模型；③目标模型。除了这些主要模型，一些学者还强调了成员或利益相关者视角的两个模型：多成分构成模型和竞争价值模型。

在我国，有这样的相关研究。邓国胜曾在 2004 年结合 "3E 评估" 和 "3D 评估""顾客满意度" 理论提出了适合我国社会组织发展的 "APC" 评估理论，即对非营利组织问责（Accountability）、绩效（Performance）和组织能力（Capacity）三方面进行评估。2009 年，马作宽、王黎认为，社会组织的绩效考核内容包括财务实力评估、运营绩效评估、风险评估和可持续发展能力评估。2011 年，刘亮从政府责任、资源投入、服务效能、社会回应、价值目标五个维度构建了武汉城市圈体育公共服务绩效评估指标体系。2012 年，程林林、余志萍、张永韬基于平衡记分卡的视角，从财务、顾客、内部流程、创新与学习四个方面来评估体育社团绩效。2013 年，王春婷认为政府购买公共服务绩效由政府成本、效率、社会公正度和公众满意度四个变量构成。2013 年，罗蓉从服务内容、服务方式、服务质量、服务经费、体育文化氛围五个维度构建了我国基层体育社团的绩效评估指标体系。2015 年，张学研、楚继军按照"投入—过程—产出（结果）"的逻辑框架设计了政府购买公共体育服务绩效评估指标体系。

通过对国内外组织绩效评估的实证研究进行回顾，我们发现不同的绩效评估指标对不同组织的绩效评估存在差异。大多数研究确定了用于衡量组织绩效的不同变量，如普拉约戈（Projogo）和苏哈尔（Sohal）从质量绩效（如可靠性、绩效、耐用性和对规格的符合性）和创新绩效（如产品和流程创新）中衡量了组织绩效，并且在这项研究中，组织绩效被分为两类，即满意度和企业绩效。此外，组织绩效中定义的满意度级别也包括两个项目：员工满意度和客户满意度。组织绩效中定义的企业绩效包括四个项目：生产率、成功新产品的数量、成本绩效和盈利能力。另有研究将绩效评估分为三个维度来衡量组织绩效的不同变量（表 3-11）。

表 3-11　绩效评估的三个维度

维度	解释
组织绩效 Organizational performance	满意程度 绩效结果
	质量业绩 创新业绩
	财务业绩 业务业绩 产品质量

维度	解释
人力资源绩效 Human resource performance	员工满意度 员工忠诚度
绩效计量 Performance measure	组织效率 财务总量 市场结果

第六节　绩效评估在体育组织中的应用

一、体育组织绩效评估

1992 年，美国会计学家卡普兰（Kaplan）和诺顿（Norton）将财务比例指标纳入了绩效评估指标体系中，通过多层次的复杂要素指标的有机整合，确立了一套以财务、组织流程、满意度、学习成长四个维度为主要评估依据的指标体系。这套绩效评估指标体系也成为西方非营利组织行业通用的评估依据。

国外体育组织绩效评估研究主要关注政府性体育组织与社会性（营利性与非营利性）体育组织两大领域。反观国内，直至 20 世纪 80 年代末，有关学者才逐渐关注到体育组织绩效评估这一主题，研究领域尚存局限，所用方法也较为落后，与国外研究水平具有较大差距。

（一）政府性体育组织绩效评估指标构建

1. 政府性体育组织绩效评估研究方法

近年来的文献显示，平衡计分卡、绩效三棱柱及组织开发工具（ophone development toolkit，ODT）在政府性体育组织绩效评估中具有较强的应用性，并且欧洲质量管理基金会（European Foundation for Quality Management，EFQM）业务卓越模型与结构方程模型探讨的知识共享对体育组织绩效也具有适用性，能较好地为管理者提高体育组织绩效提供建议。普拉克巴（Pourakbar）等运用数据包络分析法，从公共体育、锦标赛、教育和发展部门选择投入与产出指标，对 21 所体育教育部门的绩效展开分析。米拉尔（Millar）等运用定量研究方法进行干预实验设计，从三个时间度量（培训前、培训中、培训后）中选取三个结果变量（学习、个人绩效、组织绩效）和三个中介变量（迁移动机、培训设计、组织气氛）。彼得斯（Pieters）等借助社会网络理论方法与有序 Logit 模型（order logit models），估计出三个层次的有序模型：模型 1 只包含控制变量，并设置了可以对其他模型进行评估的基线；模型 2 包含控制变量以及衡量体育组织数量的纽带；模型 3 中包含以往讨论过的所有控制变量和网络嵌入措施。

2. 政府性体育组织绩效评估影响因素

奥博伊尔（O'Boyle）认为复杂的治理结构、各种利益相关者以及合作伙伴的能力与意愿影响着政府性体育组织绩效管理。阿拉梅（Allameh）指出知识共享（显性与隐性）对体育组织绩效有显著影响。费尔南德斯（Fernández）等研究发现训练实践、奖励、沟通和选择与组织绩效间呈正相关。帕派约安努（Papaioannou）等以影响组织绩效的政府资助与奥林匹克两大基础变量的分析为依据，考查人力资源授权在希腊体育联合会的影响程度。米拉尔等通过分析培训迁移对国家体育组织绩效的影响，认为学习是培训迁移的主要结果，个人表现是培训迁移的次要结果，组织绩效是培训转移的三级结果。彼得斯等测试了网络嵌入数量与质量对运动赞助的影响，发现资金引入决定着体育组织的规模，并指出网络嵌入有利于提高体育组织商业绩效。

3. 政府性体育组织绩效评估指标维度

维南德（Winand）等通过优先权与组织（奥林匹克体育管理机构）绩效的比较，确定了维持组织、改进组织、保持组织、无法维持组织四个战略方向。阿诺德（Arnold）等构建的国家体育组织领导者与管理者的领导力评估维度包括理解团队中的角色、发展情境意识、提高个人技能和加强人际关系四个方面。米拉尔等认为培训迁移理论能够提高国家体育组织绩效，并指出投资对国家体育组织人力资源起到至关重要的作用。埃马纽埃尔·贝勒（Emmanuel Bayle）等提出国家体育管理机构绩效评估需要厘清战略、管理与经营业绩之间的关系，在确立指标体系时需要更清晰地理解国家体育管理机构的战略、管理与实践部署。

（二）营利性社会性体育组织绩效评估指标构建

1. 营利性社会性体育组织绩效评估研究方法

费尔南德斯等采用演绎与归纳两种方法从不同角度（周转效率和组织维护）研究了曼彻斯特联合足球俱乐部离职人员与组织效率之间的关系。萨金克（Sakinc）等运用 TOPSIS 法和斯皮尔曼等级相关系数检定法（spearman's correlation coefficient for rankel data），分析了 22 家欧洲股票市场上的足球俱乐部的财务绩效。弗罗斯特（Frost）等运用库尔特法，以俱乐部的现场表现作为因变量、以赢得比赛的百分比作为独立变量，旨在找出维多利亚足球联赛（VFL）俱乐部中劳动力市场监管（球员流失）与团队绩效之间的关系。布赖特巴思（Breitbarth）等运用平衡计分卡，构建出五个维度（政治、经济、法律、伦理及情感）的欧洲职业足球俱乐部企业社会责任（CSR）测量模型。埃斯皮提亚·埃斯库尔（Espitia Escuer）等采用数据包络分析法，评估了1998—2005 年西班牙职业足球联赛中每支队的潜力，指出其投入与产出指标来源于进攻与防守动作。杰拉德（Gerrard）运用资源利用模型，分析了影响球队当前体育资源禀赋的因素，并评估了团队利用运动资源的效率。博舍尔（Bosscher）等认为评估竞技体育学校的有效性需要量身定制的运动方法。

2. 营利性社会性体育组织绩效评估影响因素

费尔南德斯等认为在一定条件下，人事变更率（周转过程）与团队绩效（群体效率）呈倒 U 形关系，离职率的降低对组织的效率有积极影响，并预测出营业额和绩效之间的倒 U 形关系。弗罗斯特等指出俱乐部在正规劳动力市场管理团队工资的方式（招聘和支付规则）不足以解释团队绩效的变化，并认为俱乐部发展替代球员的能力对球队表现影响更大。班森（Benson）等发现青年运动队的团队绩效与凝聚力之间缺乏双向关系，与群体凝聚力的社会形态和任务形成正相关关系。蒙代洛（Mondello）等指出影响足球队场上表现的因素为工资分散与薪酬激励。埃斯皮提亚·埃斯库尔（Espitia Escuer）等指出资源的有效利用率决定着球队的最终联赛地位。普林茨（Prinz）等发现教练员任期的多样性显著提高自行车团队绩效，技能多样性则降低自行车团队绩效，而年龄、国籍、语言、先前的参与及阶段性获胜对自行车团队绩效无显著性影响。莱西（Lacey）等指出客户的信任与忠诚影响 NBA 球队的社会责任（CSR）绩效。佩尔克（Perck）等认为质量保证系统影响体操俱乐部的专业化、同质化以及组织绩效。杰拉德（Gerrard）指出团队财务绩效显著影响足球队的地位与所有权。

3. 营利性社会性体育组织绩效评估指标维度

德瓦尔（De Waal）等运用 HPO 框架的五个因素（管理质量、开放与行动导向、长期取向、持续改进与更新、员工素质）来确立评估指标，以维持足球俱乐部的连续性。布赖特巴思等建议确定经济、政治、伦理情感三个维度作为评估标准：经济上风险机制的应用、与非体育产业的实质性合作、形象与声誉，政治上决策者的联系与影响、足球俱乐部的社会影响、建设与扶持足球俱乐部基础设施，伦理情感上体育运动促进作用、俱乐部职业足球活动的社会嵌入性、"情感"品牌效益。卡尔森·瓦尔（Carlsson Wall）等借助绩效评估体系（PMS）探讨足球组织中的制度逻辑问题。佩尔克等建议运用质量保证体系来改进地方性体育俱乐部组织绩效管理。

综上所述，在营利性社会性体育组织绩效评估研究方面，研究最多的是足球俱乐部或专业队。主要原因有：①足球在欧洲大部分国家广为流行，其英超联赛在世界足坛的地位举足轻重。另外，足球作为世界第一流行运动所产生的相关研究连锁效应也不容易忽视。②潜心做体育专业队方面相关研究的多为欧美等国的学者，其渊源离不开本土项目流行，进而牵动学者进行研究。在确定评估指标体系时，国外学者主要探讨了财务（政）与营利性社会性体育组织绩效之间的关系，所采用的 TOPSIS 法、资源利用模型、库尔特法和 HPO 框架等都是较为前卫的研究方法。这些研究方法在国内体育组织绩效评估领域尚未涉及，具有很重要的借鉴意义。

（三）非营利性社会性体育组织绩效评估指标构建

1. 非营利性社会性体育组织绩效评估研究方法

诺维（Nowy）等以产权理论为基础，从财务、产品、客户、战略四个维度构建了 22 个回归模型，用法律的形式分析非营利性组织与营利性组织绩效之间的差异。奥博伊尔等运用电子检索法，梳理互联网和其他学术数据库中非营利性体育组织绩效评估领域内的相关研究，发现多数研究集中于各种绩效衡量标准，只有少数研究从更全面的组织角度研究绩效管理。卡斯特里奥蒂斯（Karteroliotis）等运用五因素模型评定非营利性体育组织的有效性，其效用维度有五个，即董事会和外部联络的能力、运动员的兴趣、内部程序、长期规划以及体育科学的支持。维南德等通过切拉杜赖的多维度领导系统观整合分析了非营利性社会性体育组织绩效宏观维度，如财务资源获取、规模、内部氛围、组织工作、财务独立、获得竞技体育的成功、群众体育参与等。

2. 非营利性社会性体育组织绩效评估影响因素

马赫（Mach）等认为团队成员对不同焦点的信任会对团队绩效有直接和间接的影响，而团队信任和凝聚力则起着中介作用。蒂安（Tian）等发现领导成员技能距离（一种特殊类型的团队异质性）与团队绩效呈倒 U 形关系，并且团队合作可以增强领导成员技能距离对团队绩效的正向影响。杜安（Duan）等认为组织支持、货币激励及非货币激励影响着高校体育特长生的个人绩效。加西亚（García）等指出顾客满意度（ATS）不能很好地预测顾客行为，并认为未来新竞争者的进入将严重威胁公共体育服务组织的绩效，而且新的竞争环境将影响顾客数量。梅尔（Maier）等认为组织支持的两个变量（家庭与私人）对运动员工作满意度有显著的正向影响。

3. 非营利性社会性体育组织绩效评估指标维度

非营利性社会性体育组织不以获利为目的，较少涉及财务问题，其主要从组织信任、公众满意度、组织竞争力和自我效能感等方面表现非营利性体育组织特征的内容是构建相应指标体系的关键。在具体维度确定过程中，国外研究趋向中观、微观维度，摒弃以往以非营利性社会性体育组织为研究对象的宏观领域研究，转向"公共体育服务""体育专业学生""体育教育实习"乃至"各种团队"的中观或微观领域研究，研究点细微、针对性强、应用性强、价值性高。在应用上，国外学者采纳创新公共服务、增强团队合作、提升自我效能感及设立激励机制等建议，以改良、完善非营利性社会性体育组织的绩效评估。

二、体育组织绩效评估指标体系构建实例

（一）应用 EFQM 业务卓越模型构建体育协会绩效评估指标体系

EFQM 业务卓越模型共包含八个核心理念。这些理念以公共组织相关利益主体对组织的期望层面为开始，最后落实到理解并回应社会成员的需求和期望，其余层面的理念均以对组织运营不同阶段相关人员的考查为出发点。

表 3-12 EFQM 业务卓越模型核心理念

理念	对理念的诠释
实效导向	所取得的结果满足雇员和社会成员的需要和期望
顾客中心	持续性地创造以顾客为中心的价值观
领导和目标	有创造力、启发性的领导力和相对稳定的目标
过程和事实	在过程中依据实际情况进行调整
人力资源战略	开发人力资源潜能，实时参与管理
持续创新	应对现实挑战，不断学习创新，抓住机遇，改进和完善
发展合作	以价值观重叠为基础，保持并发展合作组织关系
社会责任	理解并回应社会成员的需求和期望

研究人员基于 EFQM 业务卓越模型的核心理念,构建了市级体育协会绩效评估指标体系,见表 3-13。

表 3-13 市级体育协会绩效评估指标体系

目标层	准则层	指标层
市级体育协会绩效评估指标体系	基础完善绩效	协会备案情况
		从业人员体育专业化
		协会体育文化构建
	资金管理绩效	资产负债率
		年收入增长率
		经费收入与支出比率
		非政府补贴收入增长
	内部治理绩效	内部制度及机构设置
		体育服务计划决策
		管理层离岗率
		各部门协调程度
	责任履行绩效	政府满意程度
		会员满意程度
		社会公众满意程度
	风险抵抗绩效	年存款净余额占年经费总支出的比例
		组织不良资产情况
		员工体育教育培训机会

(二)非营利性体育组织(NPSO)的组织绩效评估整合

弗里比(Friby)进行了第一项非营利性体育组织(nonprofit sports organizations,NPSO)绩效评估研究。通过整合目标和系统资源模型,在目标模型中,弗里比采用了世界排名标准来评估效益。研究表明,结构变量与目标实现和财政资源获取密切相关。但她的效益评估标准只适用于竞技体育和吸引资金方面的成功。而研究 NPSO 绩效评估,还应该考虑其他因素(如组织流程、社区目标实现和利益相关者满意度)。

1987 年,切拉杜赖(Chelladurai)发展了 NPSO 绩效评估理论,他提出,每个组织从其环境获得投入(系统资源模型),然后把这些投入变成所需的产出（过程模型），最后通过这个产出以实现目标（目标模型）。此外，在各种利益相关者的环境（多成分构成法）中，组织还需要满足他们的期望值。对组织的全面看法使他开发出一个组织绩效模型的开放性系统视图。切拉杜赖发展的模型是一个综合了不同模型的多维模型。他的构想是 NPSO 绩效评估理论的一个转变，是从应用基本模型转向应用更详尽的多维模型。

1995 年，科斯基（Koski）通过五个指标研究了芬兰体育俱乐部的组织绩效：①体育俱乐部获取资源的能力；②内部氛围；③过程投入效率；④目标实现（成就和参与度）；⑤活动总体水平。

2000 年，帕帕迪米特里奥（Papadimitriou）和泰勒（Taylor）分析了希腊国家体育组织（National Sport Organization，NSO）中各成员对效益的看法，通过使用效益的 33 项清单，调查了六个成员团体——全国教练员、优秀运动员、国际官员、科研人员、管理人员和董事会成员。调查结果显示，组织绩效的五个主要指标是董事会才干和外部联络、运动员兴趣、内部程序、长期规划和运动科学支持。

2002 年，沃尔夫（Wolfe）等人对比帕帕迪米特里奥、泰勒等人的研究结果发现，决定运动项目成功的六大因素是：①运动成绩；②学生运动员教育；③道德程序；④项目对大学形象的影响；⑤资源管理；⑥制度积极性。此外，访谈数据显示，虽然决定运动项目成功的因素经常相互作用（运动成绩、项目对大学形象的影响、资源管理和制度积极性），但是有些因素（道德程序和学生运动员教育）则主要影响成员自身对成功的看法。

2002 年，贝勒（Bayle）和马德拉（Madella）首次将混合数据用于评估 NPSO 年度组织绩效。通过评估不同来源（如政府、体育协会和媒体）的定量数据（如财务数据和组织测量的多维组织绩效模式的报告）和定性数据（如专家和利益相关者的看法和判断），他们构建了一个多维组织绩效模型。这个模型包括六个指标：①体制绩效（会员和竞技体育成绩）；②社会内部绩效；③社会外部绩效；④经济和财务绩效；⑤推广绩效；⑥组织绩效。

他们首次在不同的国家进行评估，研究了四个地中海国家的国家游泳组织；使用典型评估变量（如 GDP、体育参与、总人口），讨论不同国家的体育系统，来比较各个组织。但在评估过程中，他们并没有使用其他变量，如外部环境、政策影响、文化差异。他们认为，比较运营多年的同类个体组织绩效时，需要考虑体育协会的特性和绩效的不确定性（不断变化的目标、环境和生命周期），而非使用类似组织绩效的基准。该模型包含五个指标：①人力资源；②财务；③学术交流、合作关系和组织间关系；④服务数量和质量；⑤运动员国际竞技成绩。

综上，在众多研究中可以发现，对组织绩效评估的研究都与切拉杜赖开发的系统资源模型的主要维度建立了联系，即投入、过程投入、产出、利益相关者的看法与基础模型（系统资源模型、过程模型、目标模型、多成分构成法）相符合。因此，NPSO 绩效评估强调的 20 个宏观维度可分为四类：①投入；②过程投入；③产出；④反馈。

（三）教练员绩效评估

体育组织中最早建立的绩效评估体系就是体育教练员的绩效评估体系。第一个关于体育教练员的绩效评估体系是由麦克莱恩（MacLean）和切拉杜赖于 1995 年在麦克莱恩早期研究的基础上建立的，这个体系主要包括两个重要因素——（测量教练员的）行为结果和行为过程。行为结果是指进行一项工作取得的结果，这个因素是可以进行客观测量的。而行为过程包括直接任务行为（Direct task behaviors）、间接任务行为（Indirect task behaviors）、行政能力（Administrative capacity）和公共关系（Public relation）四个组成部分，这四个部分又是由各方面因素组成的。

乔治（George）和玛琳（Marlene）认为麦克莱恩和切拉杜赖的模型存在着缺陷。他们在分析和综合了前人的研究成果后基于综合多层次理论建立了一套"学院教练员绩效评估模型"（表 3-14），该模型包括六个因子——运动成绩、学业成绩、道德行为、财政任务、招募新成员质量和运动员满意度。

表 3-14　学院教练员绩效评估模型

目标层	准则层	指标层
教练员绩效	运动成绩	胜负之比
		上个赛季的提高
		下个赛季的表现
	学业成绩	毕业率
		队伍平均成绩
	道德行为	违反全国大学生体育协会的规定
		违反学校规定
		违反赛会规定

续表

目标层	准则层	指标层
教练员绩效	财政任务	预算协定
	招募新成员质量	专家评分
		自我评估
	运动员满意度	运动员满意度问卷

注：全国大学生体育协会（National Collegiate Athletic Association），简称 NCAA。

目前，西方国家在其他领域的绩效评估研究已经从个人层面向组织层面转移，而我国现在的体育组织绩效评估研究还较多地停留于个人层面，较少涉及组织层面。一般而言，一个完整的绩效评估体系应当兼容组织层面和个人层面。在这种情况下，绩效评估的目的既面向组织，又促进组织整体目标的实现和业绩的提升，也面向个人，同时实现对个人的合理奖惩。

（四）俱乐部绩效评估

有专家学者对中国男子篮球职业联赛（Chinese Basketball Association，CBA）俱乐部的成长进行了绩效评估，建立了中国男子篮球职业联赛俱乐部成长绩效评估指标体系（表3–15）。

表3–15 中国男子篮球职业联赛俱乐部成长绩效评估指标体系

目标层	准则层	标准层
CBA 俱乐部成长绩效	财务绩效	单赛季资金总投入
		利润总额
		投资回报率
	观众绩效	单赛季场均观众数
		单赛季门票总收入
		观众满意度
		球迷文化建设

续表

目标层	准则层	标准层
CBA 俱乐部成长绩效	内部业务流程绩效	俱乐部组织架构
		一线球员训练
		俱乐部日常管理
		市场开发与运营
		员工工资奖金保障
		赛区组织及安保
	学习与竞赛绩效	后备人才培养
		员工国外培训
		复合型训练团队建设
		商务运营团队建设
		球员入选国家队
		CBA 联赛名次

（五）体育社团绩效评估

有研究者基于平衡计分卡从财务、顾客、内部流程、创新与学习四个层面对四川省体育社团进行了绩效评估（表3-16）。

表3-16　四川省体育社团绩效评估

目标层	财务	顾客	内部流程	创新与学习
策略目标	合理降低经费	会员满意	实现组织使命	—
	降低行政成本		社团有效运作	建立最佳团队
	拓宽经费渠道	良好的社会效应	科学可持续发展	争做先进优秀社团
关键成功因素	健全财务制度	提高会员满意度	优化人力资源	培养体育管理人才
	经费来源多元化	提高社会公信度	稳定的基础设施	创新与改革
	控制好预算	创造良好的社会效应	业务活动的开展	信息化建设
	加快实体化进程	扩大宣传力度	完善机构设置	开发新的活动和赛事
绩效指标	财会制度健全	会员满意度	健全的各项制度	有员工培训计划
	有专业的会计人员	会员联系是否紧密	固定的办公活动场所	每年员工培训两次以上

续表

目标层	财务	顾客	内部流程	创新与学习
绩效指标	最低 3 万元注册资金	有无规范入会制度	具有规模、品牌的赛事	会员认同协会宗旨
	开展活动流动资金	会员年增长率	法人治理机制完善	员工考核和激励
	行政人员成本情况	参与社会公益活动	有运动员、教练员、裁判员、专家队伍及工作制度	反映协会文化的资料
	社会企业赞助资金	提高社团影响力	法律顾问及法律保障措施	有网站、刊物
	实体化的启动资金	会员咨询培训服务	中远期发展规划及方案	组织调研
	行政经费比例	加强与媒体合作	专业队伍及后备人才建设	近三年创办新赛事
	有独立银行账户	无负面新闻和报道	按时参加活动且年龄合格	引进管理和体育人才

三、绩效评估指标体系在足球领域中的应用

(一)足球教师胜任特征模式

我国职业足球俱乐部组织执行力评估指标体系是一个较为庞大的多方位、多层次的复杂系统。随着我国职业足球俱乐部内、外部环境的变化,该体系也会不断调整和完善。

专家学者运用 360 度绩效评估方法,对山东鲁能泰山足球学校(以下简称鲁能足校)教师进行绩效评估,以构建科学的教师绩效评估体系。专家学者根据足球教师胜任特征模型(表 3-17),结合足球教师岗位职责分析,再结合鲁能足校实际情况,确立评估指标。

表 3-17　足球教师胜任特征模型

胜任特征种类	胜任特征要素
职业道德	为人师表、以身作则,对教育教学工作认真负责,热爱足球,尊重、热爱学生,及时帮助、激励学困生进步,不收受学生金钱、礼品等
教学能力	讲课生动,作业布置合理,教学手段先进,学生成绩达标;教育教学展示具有创新性,教学过程体现鲁能足校"三主一导"指导思想
教学态度	遵守《教师日常行为规范》,积极、认真完成各项工作
知识水平	专业知识扎实,能承担多科教学任务,掌握课程标准,熟悉有关足球基本理论

续表

胜任特征种类	胜任特征要素
合作意识	与学生、同事、上司、家长、教练员及时沟通，合作意识强
教育观念	教育理念先进，善于激发学生的学习兴趣，强调学生自主学习

（二）体育教师360度绩效评估指标体系

将360度绩效评估方法用于体育教师管理具有如下作用：①有助于实现体育教学目标；②有助于体育组织文化的转变；③有助于教师的个人发展；④有助于提高体育教学团队的工作效率；⑤符合体育教师培训和人才选拔的需要。详情见表3-18。

表3-18 体育教师360度绩效评估指标体系

评估项目	评估内容
职业道德	为人师表、以身作则，对教育教学工作认真负责，热爱足球，尊重、热爱学生，不体罚、挖苦学生，及时帮助、激励学生进步，不收受学生金钱、礼品等
教学态度	遵守教学各项规章制度，不迟到、早退
	服从学校及教务部工作安排，不私自调换课
教学常规	教案编写各要素完备、流程清晰，有一定质量的资料收集，并附课后反思，教学过程体现鲁能足校"三主一导"教学思想
	作业设计合理、有新意，题量恰当，批改及时并注意对订正内容的反馈
	监考工作准时到位，服从安排，严格遵守监考守则
教学能力	课堂组织：教学目标明确，容量恰当；有一定的课堂控制能力，课堂秩序良好；讲究教学方法，注重师生互动
	命题能力：参加月考及期中、期末考试命题，命题有质量
	教学展示：参加教研组及学校公开课，公开课有质量、有创新；多媒体利用率高，课件制作精美、生动
	所任班级学生期中、期末考试及月考、抽考成绩"三率"达标
教研活动	准时参加市、区、校各级教研活动，不迟到、不早退
	在教研活动中有较高质量的发言或书面材料
学生反馈	通过问卷或座谈会等形式采集学生意见
合作意识	与学生、同事、上司、家长、教练员及时沟通，合作意识强，每学期与班主任、教练员交流记录不少于10次

（三）职业足球俱乐部运动员绩效评估指标体系

职业足球俱乐部是我国足球事业的主体，运动员是俱乐部的主体，运动员专业技能的提升直接影响着俱乐部运动员训练系统的完整性，同时间接影响着我国足球事业的发展和创新。对足球俱乐部运动员进行绩效评估可以对运动员的工作行为和成果做出有效的记录与判断。这既是组织绩效管理的内容，又是一种有效的组织管理方法与工具，是组织的一种度量尺度。研究者从比赛指标、训练指标和辅助指标三个一级指标出发，建立起职业足球俱乐部运动员绩效评估指标体系（表3-19）。

表3-19 职业足球俱乐部运动员绩效评估指标体系

一级指标	二级指标	三级指标
比赛指标（70%）	技战术评估（60%）	守门员：扑救威胁球的成功率（40%），失球率（40%），临场指挥协调能力（20%）；后卫线：防守成功率（40%），抢断成功率（20%），补位成功率（20%），边后卫助攻成功率（20%）；前卫线：传球成功率（40%），射门成功率（20%），拦截、抢断成功率（20%），跑动距离（20%）；前锋线：射门次数（20%），射门成功率（30%），拦截、抢断成功率（10%），跑动距离（10%），跑位准确性（10%），威胁性传球成功率（10%），创造和把握机会的能力（10%）
	比赛纪律表现评估（20%）	比赛中能否精力集中、敢打敢拼（30%），比赛中能否认真贯彻教练的作战意图（40%），比赛中是否有较强的团队协作意识（30%）
	球迷媒体综合评估（10%）	对球员个人技术（30%）、敬业表现（30%）、综合印象（40%）等指标的评估
	球员自评（10%）	比赛中个人技战术发挥的效果（25%），比赛中精力集中、敢打敢拼的程度（25%），比赛中认真贯彻教练作战意图的程度（25%），比赛中的团队协作意识（25%）
训练指标（30%）	技战术表现评估（20%）	技术表现（50%），战术意识（50%）
	体能表现评估（40%）	一次通过（指标分的100%），一次补测通过（指标分的60%），未通过（0分）
	纪律表现评估（40%）	出勤率
辅助指标	荣誉加分	入选国家队，入选联赛明星队，联赛当场最佳，俱乐部嘉奖
	违纪扣分	红牌次数，停赛次数，中国足协通报次数，训练缺勤次数，训练迟到次数
	出场时间比率	全队比赛指标得分均值×出场时间/比赛总时间
	停赛补偿	全队比赛指标得分最小值×80%（三场以内），以后每停赛一场，按10%递减，即70%、60%、50%……

（四）足球特色学校绩效评估指标体系

对广州市校园足球特色学校为例，其绩效评估的标准包括八个一级指标，即教育教学、训练比赛、条件保障、师资力量、大课间、组织领导、运动风险防控、足球文化。二级指标具体分为校本课程、教学计划、足球课、提升学生体质、立德树人、掌握足球技战术、每周一小时足球活动、保证体育活动时间、足球特长生的文化学习、足球嘉年华、成立各足球队、训练计划、组织训练、校内足球联赛等四十四个方面。通过专家问卷、访谈及多方考量，研究者最终确定了足球特色学校绩效评估指标体系（表3-20）。

表3-20 足球特色学校绩效评估指标体系

一级指标	二级指标
教育教学	校本课程、教学计划、足球课、提升学生体质、立德树人、掌握足球技战术、每周一小时足球活动、保证体育活动时间、足球特长生的文化学习、足球嘉年华
训练比赛	成立各足球队、训练计划、组织训练、校内足球联赛、校际比赛交流、全员参与比赛、奖励措施、学校年度获奖情况、输送情况、医务室与校医
条件保障	场地种类与质量、训练器材、长假期开放场地、器材维护与补充、提高体育教师待遇、运动意外险、学生穿戴装备、校园足球专项经费、资金来源渠道
师资力量	足球教师数量、体育教师足球专项培训、充实教师团队、教师科研水平、专家来校指导
大课间	大课间方案、大课间融入足球技战术、大课间实施效果
组织领导	领导小组、发展规划、规章制度
运动风险防控	运动损伤预防与处理、安全教育
足球文化	足球推广活动、微信公众号与宣传栏

本章小结

本章主要介绍了绩效评估理论、绩效评估模型与方法、绩效评估指标体系构建、绩效评估在体育组织中的应用等内容。

首先，通过对绩效评估的定义、四种不同绩效观的对比研究，梳理绩效管理、绩效评估的发展，总结绩效评估概念，进而对绩效评估内容与作用进行分析，为之后的研究奠定了完备的理论基础。其次，对国内外绩效评估的研究方法进行综述，对绩效评估模型与方法进行比较分析，以洞悉研究热点。再次，对绩效评估指标体系构建进行分析，确立指标要素（评估目标、评估指标、指标权重）、整理国内外文献中建议的绩效评估维度，并对体育组织绩效评估体系的构建提出建议。随后，将体育组织分为政府性、社会性（营利性、非营利性）两大类分别进行指标体系构建方法、影响因素、指标维度的研究综述与总结，选取"EFQM 业务卓越模型构建体育协会绩效评估指标体系""非营利性体育组织（NPSO）的组织绩效评估整合""学院教练员绩效评估模型""我国男子篮球职业联赛俱乐部成长绩效评估指标体系"和"四川省体育社团绩效评估"这五个具体实例进行介绍，提供参考。最后，以"山东鲁能泰山足球学校教师 360 度绩效评估体系""足球学校教师胜任特征模型绩效评估""职业足球俱乐部运动员绩效评估体系"为案例阐述了绩效评估指标体系在足球领域中的应用。

第四章
青少年足球培训产品质量特征

第一节 足球天才识别与研究范式

一、天才概念的演进

（一）天才概念演进：天才与专才

天才是一个复杂的概念，长期以来关于天才是"天生"还是"后天培养"的争论从未停息。国外常用 Giftedness（天才）和 Talent（专才）等词来表述天才。近年来，有一个比较清晰的发展变化，就是从天才到专才理念的视角转变。部分学者也开始对天才和专才的区别进行分析和研究。其中伦祖利（Renzulli）认为天才强调三种基本心理特征的互动关系。到 21 世纪初，加拿大教育学家弗兰克斯·加涅（Frangois Gagné）强调天才和专才的区别类似于潜能/才能和成就的区别。天才指的是至少在某一个能力领域拥有或运用没有经过培训的自发地表现出的天生的能力的人，其水平处于同龄人的前 10%的位置；而专才指的是至少在一个人类活动的领域内纯熟地掌握了经系统性发展的能力（或技能）和知识的人，其水平在已经或正在积极从事此领域的同龄人中处于前 10%的位置。"专才是作为学生学习过程的结果，是能力的产物。"加涅（Gagné）关于天才与专才的定义，以及他的天才发展模型在体育界获得了认可。瓦耶恩斯（Vaeyens）认为加涅的理论加深了人们对天才这个复杂概念的认识。詹森（Jenssen）认为教练在对青少年足球运动员进行观察的过程中，应该关注加涅理论中的潜力天才，而非因为提前发育而获得优势的球员。

（二）天才识别与发展关系演进：二元统一

以往快照式的天才识别决定着运动员能否延续随后更高的发展进程，然而这种模式遇到了诸多困难：首先，运动员自身的相对年龄优势和训练效应；其次，指标体系缺乏全面性和区分性；最后，研究方法中横向与纵向、实验室与现场研究结果的不确定性。因此，众多学者指出应强调天才发展的演变性，要求协同考虑天才识别和发展过程。瓦耶恩斯表示识别和发展不应是两个严格区分的过程，天才识别不是独立的点，而应该被视为一个动态过程，天才识别为天才发展提供全面的信息。这种识别与发展相统一的理念实质上强调学习和训练的核心是促进人的最优发展，这与国际教育学理念的当代发展趋势是一致的。教育界曾经也存在过以"资优教育"为特征的特殊教育，然而，随着人类社会的进步，这种传统"资优教育"实践受到了"适才教育"范式的挑战。在适才教育范式的指导下，资优生不再是那些在智力或其他特定领域具有较高能力的学生，而是在特定学科领域学习能力超前于同龄学生、学习需求未得到满足的学生。"资优"的识别从"判断学生是否为资优生"到"判断学生需要什么样的支持与服务可取得成功"。

（三）研究范式演进：从简单变量到复杂变量的识别体系

任何球员的天赋都不是静态的，而是随着发展不断演化的变量。另外，传统上天才识别和选拔多是由教练和球探依靠主观经验完成的。天才识别应该从运动员长远发展的角度来考虑，而不仅仅是单独的、短期的成绩。因此，天才识别不仅要关注现有的、横断面的成绩，还要关注与成绩相关的其他各种内在的（如动作能力、心理特点等）和外在的（如社会支持和训练特点）因素，更要对球员的各项指标进行长时间的跟踪观测。从 20 世纪 90 年代起，关于天才识别和发展的长期、动态和多学科范式的研究呼声持续不断。首先，学者开始尝试更多地采用动态的纵向研究方式，如艾尔弗林克（Elferink）进行了为期 10 年的青少年足球运动员有氧素质研究，强调长期有效监测的必要性。其次，学者关注多因素和多学科的足球选材方式。科布利（Cobley）采用长期、动态、多学科的研究范式，在两年的时间中对技术、心理和生理多个指标进行了跟踪研究，通过雷达图的形式描述了各个指标在天才的识别和发展中所具有的重要性。他提出，在长期的天才识别与发展动态进程中，只有长期监测生理学、心理学和个人技术能力发展等多学科的指标，才能实现对天才识别和发展的全景式描绘。

二、足球天才识别—发展理论模型

（一）足球天才识别—发展理论模型构建

1. 足球天才识别—发展理论模型的理论基础

过去的研究也提出过一些天才识别和才能发展相结合的模型，但它们通常只考虑如何确认才能的先天决定因素。由西蒙顿（Simonton）提出的实现和表现遗传模型（Emergenic and Epigeretic Model）在一定程度上克服了这个问题，但是该模型未能应用到具体的运动中。在体育领域，特别是在足球天才识别方面，相关的发展模型更少。威廉斯（Williams）和弗兰克斯（Franks）提出的体育天才识别模型强调心理、生理、社会和人体指标在选材中的综合运用，但是未能对因素之间的交互作用进行有效说明。欧罗斯（Orosz）提出的体育天才多因素动态模型对影响天才发展的各个因素进行了全面和系统的分析，但是该理论并未应用到关于天才概念和理论的最新研究中。阿尔伯特（Abbott）和柯林斯（Collins）提出的体育天才和发展模型，强调了天才识别和发展之间的统一性。但是，该模型针对的是整个体育领域，未能针对足球提出完整而具体的体系。2003年，陶金水对选材理论模型研究现状进行分析后认为：①关于运动员选材共性问题的理论研究很少，基础理论研究更少；②对选材理论体系缺乏深入的讨论和总结；③缺乏一种选育结合的选材理论导向。因此，选材理论亟须整合教育学、体育学、生理学和社会学等学科的相关理论。近几年，体育领域也开始借鉴教育学在天才理论的发展，如瓦耶恩斯等人特别指出加涅的天才模型能够帮助建立一个清晰和无争议的体育天才识别与发展模型。

2. 足球天才识别—发展理论模型的构成因素

足球天才识别—发展理论模型关注足球运动员能力发展的动态性、多维性和复杂性，承认遗传、环境和机遇等媒介对运动员成长过程的多重互动影响，强调天才识别和才能发展动态关联的互惠性。该模型对天才和专才的分化、遗传和环境的相互作用以及后天的学习等都进行了系统论述。为了清晰起见，下面将在图4-1进一步对该模型的各要素及其相互关系进行阐述。

首先，对于天才的界定，可以通过图4-1的左侧上部来表示。从统计学角度看，"足球天才能力"是指某能力达到前10%的水平，这部分能力更具天才性。其主要包括四个关键领域：第一，感觉运动领域，即平衡、协调和控制能力，有很好的身体意识和空间能力；第二，智力领域，包括记忆力、推理和解决问题的能力；第三，创造力领域，即运用既具有一定原创性，又具有适用性的方法来完成任务的能力；第四，社会情感领域，即优秀的情感沟通能力、良好的人际关系和领导能力。尽管体育人才的天才性主要体现在第一领域，即感觉运动领域，但是体育天才的多维性意味着他们的天才性绝不仅仅局限在这一个领域，而应该是涵盖其他三个领域的，如领导力和问题解决能力等天分。这些天分有可能在运动员很小的时候就体现出来，因为有些天分是不需要环境塑造和训练就能具备的。

其次，个体特征以及所处的环境都会影响天才最终能否发展其才能、真正有所成就。这些影响因素可以归结为三个媒介的作用：个人特征（图4-1右侧中）、环境（图4-1右侧上方）和机遇（图4-1左侧下方），这三个媒介都有可能成为促进或阻碍天才成长为专才的重要因素。个人特征始终对个人的发展起着决定性作用，主要包括生理和心理特点以及自我管理（个性）。环境因素也是多种多样的，包括地理位置、人际、条例和事件等。同时，足球天才识别—发展理论模型承认机遇对个人发展的重要性，尽管天分含有遗传方面的因素，但是一些不可控的因素（如伤病、家庭收入、教练水平和相对年龄优势）等都会让足球天才的发展成为一个很难预测的过程。

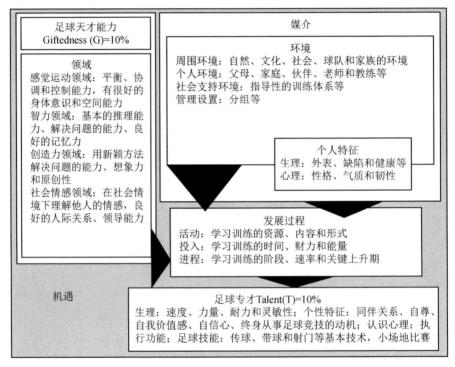

图4-1　足球天才识别—发展理论模型

　　无论是"足球天才能力"还是"三个媒介"，都是在球员"发展过程"（图4-1右侧中）中逐渐显现其作用的。"发展过程"实质是对球员成长进行有计划、有步骤和科学的干预的过程，其在足球天才识别—发展理论模型中居于核心地位，可以从"活动""投入"和"进程"三个层面来理解："活动"主要是青少年球的训练和比赛行为，这些活动的质量很大程度上取决于教练员。因为教练员直接决定着球员学习和训练的资源、内容及形式。优秀的学习训练安排、科学的学习训练方法和具有针对性的学习训练内容是将"潜在天赋"转化为"现有能力"的最重要基础。"投入"是在青少年球员发展过程中学习训练时间、财力和能量的投入,是良好的学习训练效果的保障因素。"进程"意味着要关注学习训练的各个阶段节点、速率变化点和关键上升期,从而为"活动"内容、"投入"的延续和调整提供更加关键的信息,使得"活动"和"投入"达到事半功倍的效果,实现球员从"天赋"到"才能"的转变。

在足球天才能力、媒介和发展过程的共同作用下,足球天才(处于前10%的位置)逐渐转化为足球专才(处于前10%的位置)(图4–1的右侧下方)。足球专才在生理(速度、力量、耐力和灵敏性)、个性特征(同伴关系、自尊、自我价值感、自信心、终身从事足球竞技的动机)、认知心理(执行功能)和足球技能(传球、带球和射门等基本技术,小场地比赛)等方面都具有优秀的表现。这是将天才从一种固定的、统计学意义上的概念发展为动态的、多维的、天赋和后天投入共同发挥作用的过程,是天赋和后天培养合力形成的结果。

3. 足球天才识别—发展理论模型的特征分析

首先,本模型对天才发展复杂性进行合理分解,化复杂为条理;将天才识别与发展过程中的天赋因素、影响因素、机遇因素和干预因素进行全面的层级性解析,并突出各种因素的互动,强调要在识别和发展结合的过程中使二者更好地平衡和互惠。其次,淡化天才的可预测性,强调天才的可塑性。郝宁和吴庆麟在2009年、刘为民和王健在2015年指出,受到遗传因素的不稳定性、选材变量的单一性、运动生涯发展的不稳定性等因素的影响,对体育天才的预测效率一直难以令人满意。基于此,足球天才识别—发展理论模型的目的是淡化预测选拔,强化监测和塑造。天才识别的主要作用也不再是为预测选拔服务,而是为球员发展服务,识别成为天才发展的起点和基点。最后,本模型具有较强的外延性,"识别"与"发展"的统一强调不断"监测"与相应"干预"的动态性,即针对运动员各个阶段不稳定的行为特征,实行全时段纵向监测,通过微观数据的客观信息,调整中观训练和学习方式、内容等,并修正宏观发展的政策和体系,最终实现每个足球运动员个体天赋潜能的最大化发展和专才能力的最优化组合。

第二节 足球天才识别—发展理论模型的应用体系

一、全时监测与全开放式选拔

以往的天才识别模式容易造成对天才运动员的误选和漏选。前者是指将早熟运动员选入，但是很多这种运动员缺乏发展前途，造成了极高的淘汰率。后者是指识别方式欠缺科学性导致与真正的天才失之交臂。根据足球天才识别—发展理论模型，从"天才"到"专才"的过程会受到先天遗传因素、后天媒介因素（环境和个人因素）、发展过程的师资和投入、机遇与意外等一系列可控和不可控因素的影响，会导致这一过程的轨迹绝非线性的。为了避免误选和漏选，天才识别与发展应该从判断青少年球员是否具备足球天赋转变为监测、诊断和保障青少年球员发展所需的支持与服务，从而让所有青少年球员的天赋得到充分发展，并在此基础上优中选优。因此，足球天才识别—发展理论模型的应用体系之一是实现青少年足球运动员发展过程的科学有效监测和诊断，促进他们在生理、心理和技能等方面获得最优化的发展。同时，在当前技术和体系下，即使不断提高天才识别的准确度，也无法避免误选和漏选的发生，只能最大限度地降低这种情况发生的概率。因此，足球天才识别—发展理论模型的应用体系之二是提供一个全开放式的选拔体系，为身体发育迟缓等原因未能入选更高级别训练体系的潜力型球员敞开一扇大门，保障天才识别与发展的二元统一。

二、足球天才识别与全开放式选拔体系

目前，体育领域的天才选材分为个体模式和集体模式。其中，个体模式是通过早期选拔运动员进行长期的投入，以期让运动员水平稳步提高，并最终获得职业成功。其运动员的选拔体系基本上是单向的层层选拔，落选很大程度上意味着无法获得更高层级的发展和成长机会。而集体模式是以从儿童到成年，覆盖全年龄段的多次重复选拔为主，是一种全开放式的选拔体系，这意味着入选运动员和被淘汰运动员存在着角色交换的可能性。

　　长期以来，个体模式是各国体育识别天才的主要方式，但是这种模式的结果无法令人满意。安德森（Anderson）和米勒（Miller）对 1228 名 16~18 岁英超俱乐部青训营球员的 15 年跟踪调查发现，大概 38.8% 的青训营球员有英超经历。在这些球员中，有 46.4% 累计登场次数不超过 10 次。与此形成鲜明对比的是，在 15 个赛季中，90% 左右在英超完成处子秀的球员没有任何青训营经历。同个体模式相比，集体模式可以在一定程度上避免由生长发育、相对年龄优势和发育不平衡等因素带来的天才误选和漏选。

　　居里希（Güllich）将集体和个体两种天才识别模式分别定义为"选择程序"和"拔尖程序"。前者基于"后验逻辑"，后者基于"前验逻辑"。显然，相比之下，"后验逻辑"更加适合天才识别与发展过程的复杂性，为大多数青少年运动员提供了全时段的上升通道，更加有利于"潜在天才"的最终涌现和成长，使"潜在天才"不会因为在生理、心理或技术等方面一时的劣势而永久失去发展空间。德国足球协会 2001 年开展的天才识别和发展计划，实质上是从个体模式向集体模式的转变。数据显示，德国 U10—U19 优秀青训球员的年更换率为 24.5%（U10/11：17.2%；U11/12：27.4%；U12/13：18.1%；U13/14：23.5%；U14/15：26.1%；U15/16：32.6%；U16/17：18.2%；U17/18：31.7%；U18/19：33.0%）。U15—U19 国家青年队球员的年平均更换率为 41.0%（U15/16：49.8%；U16/17：34.8%；U17/18：46.0%；U18/19：37.7%）。

　　模式的转变带来的效益之一是更多的青少年球员获得了在优秀青训营训练的机会，88.7% 的德国联赛球员都有至少一年的优秀青训营经历，其中德甲球员比例为 87.9%，德乙球员比例为 91.3%；效益之二是各级国家队获得了更多可选择的球员，有超过 30.6% 的球员为各级国家青少年队出场一次，其中德甲球员比例为 35.6%，德乙球员比例为 22.7%；效益之三是进入德国优秀足球训练营的青少年球员的年龄逐步提高，进入甲级足球俱乐部青训营的平均年龄为 14.3±3.8，进入乙级足球俱乐部青训营的平均年龄为 13.6±3.9。这意味着以往"伤仲永式"的早期选材和训练模式被摒弃，取而代之的是更为广泛的天才识别与发展整合模式。显而易见，德国足球在全开放式选拔体系方面进行了有效的探索，为德国足球从 20 世纪末的衰败中快速崛起提供了强大的基础保障，也为天才识别和发展提供了重要的应用路径。

三、足球天才识别与发展监测体系

（一）足球天才识别与发展监测体系框架

有效的监测是建立在全面准确的评估的基础之上的，然而要对竞技能力做出全面准确的评估是很困难的，必须对运动员进行包括身体形态、生理、心理、专项能力等方面的综合观察，而且这种观察必须长时间的、持续不断的。足球天才识别—发展理论模型的应用体系就是确定在监测过程中"测什么""何时测"和"如何测"的问题。

首先，"测什么"是应用路径的"支点"，即要确定对什么内容进行测试，从而实现科学准确的监测。监测将生理素质、个性特征、认知心理和专项技术作为一级指标。生理素质的二级指标包括灵敏性、速度、有氧耐力、力量等；个性特征的二级指标包括动机、同伴关系、自尊、自我价值感、自信心等；认知心理的二级指标为执行功能；专项技术的二级指标包括基本的技术环节，如传接球、头球等，也包括技术应用，如1V1攻防和不同人数的小场地比赛（small sided game，SSG）等。其次，"何时测"是应用路径的"节点"，即在球员发展过程中，如何在常规监测的同时选择重要的时间点来更准确地反映运动员现有状态。在应用体系中，将5～18岁分别划分为儿童中期（5～11岁）、青春中前期（12～15岁）和青春后期（16～18岁），根据不同一级指标的发展态势，在儿童中期、青春中前期和青春后期选择不同的监测重点，详情见表4-1。

表4-1　各年龄段足球天才识别的发展监测指标与敏感期

年龄阶段	生理素质	个性特征	专项技术
儿童中期 （5～11岁）	灵敏性、速度（7～8岁）、有氧耐力、爆发力（7～8岁）	从事足球的动机、同伴关系、自尊	传接球Ⅴ；盘带Ⅴ—Ⅲ；转身Ⅰ—Ⅴ；射门Ⅴ；控球Ⅱ—Ⅴ；头球（8～9岁开始）Ⅰ—Ⅲ；护球Ⅰ—Ⅲ；接球转身Ⅰ—Ⅱ；传中射门（8～9岁开始）Ⅰ—Ⅱ；1对1防守（9岁左右开始）Ⅰ—Ⅱ；SSG：从3V3逐渐增加人数至8V8或9V9
青春中前期 （12～15岁）	灵敏性、速度（13～15岁），有氧耐力、一般力量和爆发力（13～15岁）	从事足球的动机、同伴关系、自尊、自我价值感、自信心	传接球Ⅴ；盘带Ⅱ；转身Ⅴ；射门Ⅴ；控球Ⅴ—Ⅲ；头球Ⅳ—Ⅴ；1对1进攻Ⅳ—Ⅲ；护球Ⅱ；接球转身Ⅳ—Ⅴ；传中射门Ⅲ—Ⅳ；1对1防守Ⅰ—Ⅴ；SSG：8V8、9V9或11V11

续表

年龄阶段	生理素质	个性特征	专项技术
青春后期 （16～18岁）	灵敏性、速度、有氧耐力、一般力量和爆发力（16岁）	从事足球的动机、同伴关系、自尊、自我价值感、自信心	传接球Ⅴ；盘带Ⅱ；转身Ⅴ；射门Ⅴ；控球Ⅲ；头球Ⅲ；1对1进攻Ⅲ—Ⅱ；护球Ⅱ；接球转身Ⅳ；传中射门Ⅳ；1对1防守Ⅳ—Ⅲ；SSG：9V9或11V11

注：专项技术中Ⅰ、Ⅱ、Ⅲ、Ⅳ和Ⅴ代表训练投入程度，Ⅰ为轻度，Ⅴ为重点，SSG为小场地比赛。本表针对的主要为男性青少年足球运动员，女性青少年足球运动员可参考生理和心理发展特点进行适当调整。

最后，"如何测"是应用路径的"落点"，即通过具体化的操作和实践方法，获得监测结果。本模型针对所有二级指标，选择了国际青少年足球常用的测试方式和方法，实现了对足球天才识别与发展过程完整、准确和合理的监测，为运动员学习训练干预内容和方式的调整提供数据支撑。有关足球天才识别与发展监测指标常用测试方法，详见表4-2。

表4-2 足球天才识别与发展监测指标常用测试方法

方法	生理素质	个性特征	认知心理	专项技术
常用测试方法	灵敏性：93639，TT和S180；速度：采用30～40米单独冲刺、3～6（次）×20～30（米）重复性冲刺；有氧耐力：YYIRT（YO-YO间歇恢复测试），YYIET(YO-YO间歇耐力测试)、Hoff、MSFT、30—15IFT、LIST、Bangsbo IT；爆发力：纵跳、立定垂直跳、垂直跳、直立摸高；一般肌肉力量：腿部力量、上肢力量	成就动机：体育成就动机量表；定向：自我定向和任务定向（TEOSQ）；体育意志力：体育意志力问卷（VCS）；体育自我概念：体育自我概念问卷（PSC）；足球自我效能量表：足球专项量表（SSS）	流畅性测验；色彩干扰实验；连线实验；停止信号任务，视觉记忆广度实验	带球：直线和折线带球通过若干标志物组成的线路；射门：以球门不同部位为目标射门；短传：规定时间和次数限制内传球，或完成一定区域带球后将球传入目标区域；长传：完成一定次数长传（如30米）；控制球：在一定时间内完成各个部位的颠球

注：TT（Time Trial）为计时测验；YYIRT（(YO-YO Intermittent Recovery Test）为YO-YO间歇恢复测试；YYIET(YO-YO Intermittent Endurance Test)为YO-YO间歇耐力测试；Hoff（High-intensity Interval Training Test)为有氧高度训练的专项训练方法；MSFT（Multi-Stage Fitness Test)为多级体能测试；30—15IFT（30-15 Intermittent Fitness Test)为30—15秒间歇体能测试；LIST（Long-distance Slow Run Test)为拉夫堡间歇式测试；Bangsbo IT（Bangsbo Interval Training Test)为班斯伯间歇测试；TEOSQ（Task and Ego Orientations in Sport Questionnaire）为自我定向和任务定向；VCS（Volitional Control Scale）为体育意志力问卷；PSC(Physical Self-Concept Scale)为体育自我概念问卷；SSS(Soccer-Specific Scale)为足球专项量表。

（二）足球天才识别与发展监测内容

2004年，王金灿在总结国内外选材实践后认为，目前运动员的选材要素可归结为形态结构、生理机能、运动素质和心理素质四个方面。首先，足球天才识别—发展理论模型成为选择测试内容的重要切入点，根据该模型，天才能力中的感觉运动领域（形态结构、生理、认知心理等）、媒介中的社会因素和个人因素（社会和个性特征）、发展过程中的学习（足球专项技能等）是促进天赋最终转变为专才的重要因素。同时，威廉斯（Williams）和阿里（Ali）在对已有足球天才识别和发展的综述研究强调应该主要以形态结构、生理素质、个人特征、认知心理和专项技术等方面分析。最后，在实践上，当前各欧美足球强国在青少年训练方面都不再强调单一性因素，而是强调多元因素。例如，美国的青少年训练大纲明确提出以比赛为核心，技能、体能、社会和心理相辅相成的训练哲学。英国则提出了以球员长期发展为宗旨的四角模型，认为在选择和训练球员时应考虑球员的整体发展（生理、心理、社会和技术）。荷兰阿贾克斯足球俱乐部强调技术、体能、个性以及足球相关内容的发展。形态结构曾经是足球天才识别研究的重要指标，包括身高、体重、体脂和骨密度等，并且在早期天才识别研究中颇受重视。但是随着科学的深入发展，人体测量指标对天才识别作用的不确定性使其逐渐成为辅助性测量手段，因此本文不做过多说明。

（三）监测指标体系与操作化方法

1. 生理指标及操作化方法

（1）有氧能力

有氧能力、速度、力量和灵敏性是现今天才识别—发展理论与实践中关注的要素。首先职业足球运动员在比赛中的生理负荷水平是极高的，对有氧和无氧代谢系统的要求几乎达到极致。其中，有氧代谢在足球运动员的能量消耗中达到了 80%～90%，剩余的 10%～20% 是无氧活动。以往，血乳酸，特别是最大摄氧量，是受到足球界青睐的评估指标。近些年，间接性测试方法得到广泛的接受和应用，其中 YO-YO 间歇恢复测试和 YO-YO 间歇耐力测试尤受关注。但是，YOYO 间歇测试仍然无法满足足球测试的生态性效度要求。为了更加接近足球比赛的有氧功能特点，班斯博（Bangsbo）根据足球比赛中球员的各种跑动方式设计出了新的足球有氧能力测试方法，但是目前该方法使用较少，需要做进一步的信度和效度测试。

（2）无氧能力

当前，世界强队在高水平比赛中都呈现出一个突出的特点——"快"，这就要求足球运动员必须具备优秀的速度和耐力素质。单次冲刺测试在测试组中总是占有一席之地，特别是 30～40 米冲刺。但是，单独的冲刺在足球比赛中很少见。最近几年，重复性冲刺能力测试流行起来。这种测试流行的前提是在现实比赛中重复性的高强度能量消耗，模仿这种特点进行测试，目前多采用 3～6（次）×20～30（米）重复性冲刺测试方法。

（3）力量

力量素质在足球项目中非常重要，表现在各种力量（爆发力）或爆发动作，如冲刺、跳跃、抢断、踢球、专项、变速等都对足球比赛表现有着重要的影响。例如，高速冲刺虽然在儿童比赛中占比仅为 3%，但是关键时刻，如获得球权、射门和失球等行为都与之有关。跳跃是评定爆发力普遍采用的方法，对肌肉力量方面的测试还包括上肢力量。近年来引入的等速仪器可对关节和背部等区域肌肉力量进行更为精确的评定。

（4）灵敏性

足球运动员在一场比赛中每 2～4 秒完成一次转向，共完成 1200～1400 次转向。灵敏性被视为非常重要的足球专项素质。事实上，一些专家认为这项素质是区分高水平和低水平年轻技术球员的指标，比其他任何身体特征都重要。足球界对灵敏性素质的测试设计主要采取了结合比赛情境的无球的灵敏动作。

2. 技术指标及操作化方法

（1）专项技术

以往国外采用的方法与我国差异不大，主要集中在带球、传球、射门等基础技术上。但是，这些闭合式的测试模式并不符合测试的生态效度，无法贴近比赛真实性。同时，由于比赛强度，球员如何在疲劳状态下合理运用技术也非常重要。因此，研究者开始发展如拉夫堡传球测试和拉夫堡射门测试这样的比赛性和开放性的技术测试方法。这些新方法的主要特点为综合性、开放性和模拟性。其中，综合性是测试结果反映足球专项需要的多种运动素质，开放性是指测试需要根据具体情境做出决策，而模拟性则是测试的设计抽取了比赛中的典型情境。

（2）小场地比赛

当前天才识别的范式是采用简化主义方式，将各种成功足球表现的元素分解为独立的、离散性的成分来进行测量。但是，对于天才识别和发展来说，测试还应该对个体的各种表现因素在比赛中的综合体现，以及在比赛环境的各种因素影响下的运动表现进行评估。从 1V1 攻防直到 11V11 SSG，都有可能成为训练和比赛的主要内容与方式，也是评估技术、生理、心理和战术综合水平和比赛压力下的运动表现的工具。各个国家制定了各个年龄段倾向采用的不同的小场地比赛的方式，如英国青少年训练目前较为常用的形式为5V5、7V7、9V9 和 11V11。而德国天才球员发展大纲强调在训练中使用 4V4 和 8V8 比赛，特别是 4V4。尽管各国针对不同年龄段选择的 SSG 形式有所区别，但都明确指出青少年初期主要的目的是培养兴趣。因此，通过限定更少的比赛人数，可以让参与的青少年获得更多的触球、带球和射门机会，对于培养他们的兴趣是非常重要的。随着年龄的增长，SSG 的人数、强度和规则设置逐步与正规比赛一致，从而实现了 SSG 与正规比赛的衔接。因此，在选用 SSG 评估运动员表现时要根据不同的年龄采取不用的形式。

3. 心理指标及操作化方法

（1）个性特征

在理论方面，多位学者从动机、目标定向、自我和意志力等方面考查青少年足球运动员的特征。在实践方面，德国足球协会开展了长期和广泛的心理指标研究，特别是针对 12～15 岁的德国青少年足球运动员。然而，目前的研究并未非常明确个体心理特征与青少年足球天才发展之间的关系。但是，这些心理指标仍然不失为有效的监控方法，可以用来了解球员心理发展的变化趋势。个性特征的测量方式主要是量表，其中包括成就动机量表（achievement motive scale，AMS）；自我定向和任务定向(task and ego orientations in sport questionnaire，TEOSQ)；体育自我概念问卷（physical self-concept scale，PSC）；足球专项量表（soccer-specific scale，SSS)等。

（2）执行功能

阿里综合已有研究认为，足球天才识别的主要认知测试集中在注意力和感知预判测试等方面，但是，所获得的结果并不一致。近些年，作为高阶认知功能的"执行功能"受到天才识别研究的关注。韦斯特贝里（Vestberg）等人通过两个赛季的纵向追踪发现，执行功能的差异性与不同水平球员的场上表现显著相关，更好的执行功能预示着球员在球场上会有更多的进球数和助攻数等。惠根（Huijgen）等人的研究表明，在 13～17 岁的青少年足球运动员中，高水平运动员在执行功能的动作抑制、认知灵活性和元认知等方面显著高于一般水平运动员。维尔堡（Verburgh）针对 8～16 岁青少年足球运动员的研究表明，执行功能在区分优秀运动员和一般运动员方面的准确率达到了 89%，同时，优秀运动员在行为抑制和警觉保持等反映执行功能状态的指标方面都显著高于一般运动员。以上一系列研究表明，执行功能正在逐渐成为足球认知心理学研究的重要内容，特别是成为青少年足球运动员选材和发展研究的重点。但目前缺乏专门的适合足球专项特点的执行功能测试方法，在已有足球运动员的研究中主要采用执行功能研究中通常的方法，其中，流畅性测验（Design Fluency）测查运动员执行功能流畅性，连线测试（Trail Making Test）和 Stroop 测试两个方法主要测查抑制能力。这些测试方法都是执行功能较为经典的测试，其应用特点是用时少、效率高。

（四）天才识别与发展评估时机的确定

1. 生理发育敏感期及评估时机

运动生理学理论认为，儿童青少年生长发育呈现波浪性和阶段性的特征，存在运动素质的发展敏感期。维罗（Viro）等人针对美国、加拿大和澳大利亚等 15 个国家的相关研究进行了元分析研究，结果表明：有氧能力的敏感期男女分别为 11～15 岁和 11～12 岁；肌肉力量的敏感期男女分别为 14～16 岁和 12～13 岁；爆发力的敏感期男女分别有两个阶段，其中男子为 7～9 岁、13～16 岁，女子为 6～8 岁、11～12 岁；速度素质的敏感期男女分别有两个阶段，其中男子为 7～8 岁、14～15 岁，女子为 8～9 岁、12～13 岁。劳埃德（Lloyd）等人结合众多学者的研究提出的敏感期与维罗等人的观点大致相同。在国内，1982 年，邓华源的研究结果认为，男女少年儿童速度素质敏感期包括两个阶段：男子少年儿童为 8 岁和 13～15 岁，女子少年儿童为 8～9 岁、12 岁。1992 年，支二林、郭宏伟认为城市男学生的速度素质、爆发力素质、力量素质、耐力及柔韧素质发展敏感期分别为 7~10 岁、12~14 岁、13~16 岁、13~15 岁、13~16 岁。2013 年，乔秀梅、张秀枝、赵焕彬等人认为 8～12 岁是儿童灵敏素质的敏感期。苏士强在其实验研究中将力量素质的敏感期设定为 13 岁及 16～17 岁。结合国际和国内学者的研究，我们可以将男子速度发展敏感期设定为 7～8 岁和 13～15 岁，女子为 8～9 岁和 12～13 岁；爆发力男子敏感期为 7～9 岁和 13～16 岁；力量素质敏感期男子为 13～16 岁，女子为 12～13 岁；耐力素质敏感期男子为 11～15 岁，女子为 11～13 岁；灵敏素质敏感期为 8～12 岁。

根据生理发展敏感期理论，在 5～18 岁进行常态监测的同时，还要关注发育敏感期的重点监测，通过常态监测与重点监测相结合的方式，实现对天才识别与发展的客观、及时和准确的评估。其中，每个个体"敏感期"的确定既是重点又是难点。尽管已经设定了基本的时间框架或阶段，但敏感期的个体差异仍然非常明显。青少年生理发育的波浪性和非同步性,让个体内部的各个素质发展出现不平衡性,也让个体之间出现提前发育和滞后发育的差异性。为了在非线性的生长与发育过程中把握敏感期,我们需要明晰青少年发育过程中的出生年龄和发展年龄的关系。前者是以出生年月为标准的年龄,而后者则是以生理素质等的发育和成熟度为标准的年龄。英国、加拿大和澳大利亚等国运动员长期发展模型(Long-Term Athlete Development,LIAD)都开始以发展年龄来确定运动员个体的提前发育、一般发育和推迟发育状态,从而为运动员科学合理的训练和比赛提供支持。巴利(Balyi)和罗斯(Ross)认为通过常态和重点监测获得各个生理素质的数据,并绘制运动员发育曲线图,可以获得每个球员生长发育轨迹,根据曲线图幅度的变化来确定个体身体素质的敏感期,为更加有效的学习和训练干预提供数据支撑。

2. 个性特征与认知功能心理成长最佳发展年龄期

心理学研究提出"最佳发展年龄期"的概念。对于6~11岁处于儿童中期的运动员而言,他们非常渴望与父母、教练和同伴之间保持密切关系。同时,处于这一阶段的运动员开始利用自己的信息来判断自尊状态。而在10~14岁,青少年运动员能够利用多种信息对个人能力进行判断,进而形成自我价值感和自信心。这一状态也会延续至15~17岁的青少年中期阶段,这一阶段运动员对自我的判断更加全面、更加准确。心理学研究表明:执行功能在学前年龄段增长最快,并且始终保持增长趋势至成年以后。具体而言,执行功能的基本形式在学前阶段(3~5岁)开始出现,并且从早期儿童期、青少年期到成人期(28~30岁)都在发展。

3. 青少年足球运动员技能发展期

在理论方面,关于青少年足球运动员技术发展的研究并不多见,更没有形成系统性的观点。但是,通过对各国青少年足球人才发展大纲的分析,可以发现欧美国家的青少年足球运动员发展大纲具有基本一致的特征,那就是这些国家都是在不同的年龄段有着不同的技术训练侧重点。尽管各国在具体技术环节的重点发展期上有所区别,但是在保持对基本技术进行连续训练的总体趋势下,各个年龄段都有着各自的训练重点。首先,足球基本技术的训练,如传接球等技术的训练一直贯穿各个年龄段;其次,各种具有特殊年龄要求的基础技术和组合技术,如头球、传中和射门等技术需要在重点年龄段进行训练。我国只有结合各国青训实践和大纲,归纳出各年龄段青少年足球运动员技术发展趋势,并据此进行科学化的训练和跟踪监测,才能实现促进运动员最优化发展的目标。

本章小结

　　本章主要介绍了足球天才识别—发展理论模型及其在我国足球发展中的应用，以两小节分别阐述了足球天才识别—发展理论模型的足球天才识别与研究范式以及足球天才识别—发展理论模型的应用体系。

　　《关于加强竞技体育后备人才培养工作的指导意见》强调，要用科学先进的理念指导青少年选材工作。足球天才识别—发展理论模型突出体现了近些年国际和国内天才研究领域的进展，如天才与专才理论，天才识别与天才发展统一发展理念，从个体模式向集体模式的转变，动态的、长期的和多学科的研究范式，等等，并基于该理论模型设立了应用体系。其中，监测路径可以被视为微观路径，通过确定"测什么""何时测"和"如何测"可以准确、及时和高效地获得足球运动员个人发展的历时性和共识性信息，为准确评估青少年足球运动员的能力提供了较为客观和全面的数据支持。全开放选拔路径则是宏观路径，这条路径的实现更多地依靠政府或行业协会政策。它让各层次选拔处于一个流动的状态，在科学的评估体系下，实现了青少年足球运动员跨层次流动。该理论模型和应用体系让优化天才识别和发展的可能性和效率性得到提高，然而具体实践和操作需要政府、学校、俱乐部、行业体协和教练员的共同努力，并将大数据和生物分组等先进理念和方法有效合理地应用于足球天才识别与发展过程中。特别是教练员，作为天才识别与发展工作的一线人员，如何理解足球天才识别—发展理论模型，如何实现从"经验型"教练向"科学型"教练的转变，如何选择最佳测量方法，如何解释测量数据，等等，都将决定足球天才识别与发展工作的方向和质量。

第五章

精英足球运动员培养过程

第一节　运动员长期发展模型的形成
与发展的研究

运动员长期发展模型（Long-Term Athlete Development，LTAD）现今被世界各地越来越多的体育组织接受和采纳，它们试图通过此模型为本国青少年运动员的培养提供一种先进的训练理念，从而提高运动人才培养的科学性与效率，以达到促进国家竞技体育运动发展的目的。加拿大和英国是 LTAD 模型发展的先驱，这两个国家通过 LTAD 模型研发与应用有效地推进了本国的竞技运动事业的发展。LTAD 模型理论与实践的成功值得我们学习和借鉴，以下分别梳理了国内外 LTAD 模型理论研究的成果。

一、国外研究

体育界众多学者认为 LTAD 模型不是青少年运动能力培养的最优模型，有研究人员认为 LTAD 模型在很大程度上只是理论概念，缺乏长时间的数据支持和实时反馈。劳埃德（Lloyd）和奥利弗（Oliver）指出，LTAD 模型表明，在运动员发展过程中存在着身体素质发展敏感期，通过对青少年的训练进行科学化的设计，青少年在适宜的训练刺激下会产生良好的生理适应过程，从而有效地促进其潜能的发挥。如果运动员在运动素质敏感期受到的相应运动素质训练刺激不足，就会限制他们运动潜力的发挥。福特（Ford）等人的研究表明，该模型在具体实施方面缺乏有效的证据和一定量的实验数据，即使模型假设个体在成长过程中会出现这些敏感期，也需要有更多纵向证据来证明模型的有效性。

LTAD 模型还需要更多的实践来支持其理论框架。研究人员对此模型的实施情况展开跟踪性研究。兰（Lang）和莱特·R（Light R）通过调查英国国家游泳队运动员的培养情况，发现运动员过于重视训练。巴纳克（Banack）等人还发现，一些体育组织正在按照 LTAD 模型的培养方式加快运动员阶段性训练以达到使他们快速进入比赛阶段的目的，导致运动员过早地参加基于耐力素质的运动。

莱特·N（Leite N）和桑帕约（Sampaio）探讨了葡萄牙篮球运动员在不

同的培养阶段参与体育活动的数量和类型（专项运动和非专项运动）对自身运动能力的影响程度。研究人员根据葡萄牙篮球协会使用的 LTAD 模型，将 6～19 岁的男性和女性运动员的培养过程划分为不同的训练阶段（基础阶段、为训练而训练阶段、为比赛而训练阶段、训练制胜阶段）。调查研究表明，优秀运动员参与体育活动的时间较早，参与专项化训练的时间较晚。此外，本次调查研究和以往的研究所得出的结果共同表明了参与越多运动项目的体育活动越有益于运动员在后期发展阶段竞技水平的提高。该研究进一步论证了 LTAD 模型的应用价值。

莱特·R 和兰等人通过对英格兰北部 11 名游泳教练的采访，调查了英国游泳项目中 LTAD 模型的具体应用情况，关注的是国家机构对 LTAD 模型的运作和实施。研究突出了运动员系统性发展的重要性，发现运动素质在专业运动技能的长期发展中起到关键性作用，过分追求大运动量对运动员发展有负面影响。

罗德里（Rhodri）等通过分析 LTAD 模型的训练结构，结合举重运动的特点，制订出适合青少年举重运动员分阶段训练的运动方案，针对青少年这个目标人群，提出负荷量、强度及训练重难点方面的详细的实施标准，为青少年举重运动员长期训练提供了更加高效的训练模式。

相关研究显示，LTAD 模型详细地阐述了各发展阶段的运动能力特性（力量、速度、耐力、灵敏、柔韧），但缺乏每一个阶段具体的手段和方式。影响运动能力的生理因素有很多，LTAD 模型必须有更多的证据来证明这些因果关系的存在。此外，由于生理因素方面存在个体差异，即使 LTAD 模型有总的生理年龄分类，但模型适用的范围与年龄效应还需要进一步研究。

虽然一些研究人员认为 LTAD 模型缺乏实践性研究证明其理论价值，但是加拿大体育管理组织对 LTAD 模型的科学研究和训练方法持支持态度。其表示，LTAD 模型实现了加拿大体育组织训练与管理的统一，并希望所有的运动项目以 LTAD 模型为依据，根据各自项目的特点修订训练大纲。

二、国内研究

2013 年，王珂、李妍通过对加拿大冰壶后备人才培养模式进行分析研究，发现加拿大冰壶运动员培养是由家庭、社区中心、学校、俱乐部或其他培训机构构成的多维化培养体系的结果。LTAD 模型强调运动员的生理、心理、认知和情感的全面发展，在培养过程中不仅强调运动技能的提升，还注重兴趣爱好的培养以及情感认知的提升，这也是加拿大冰壶运动达到世界顶级水平的原因之一。而我国由于体制不完善、培养模式不规范、普及度不够、世界热门的运动项目群众基础差等原因，人才储备无论从质量上还是数量上都有较大差距，需要学习和借鉴 LTAD 模型，提升人才储备的厚度和深度。

2013 年，卢文云、陈吉宁、龚文平通过对英国高水平竞技体育人才培养的 LTAD 模型的系统分析，指出运动员在专项运动训练之前，应积极参与多种体育运动项目，将基本动作技能掌握扎实，以便为将来从事更高水平的专项运动打下坚实的基础。高水平运动员的培养是一个长期系统的过程，在培养过程的每一个阶段，不但需要家长和教练的服务与支持，而且需要着重考虑各类主体间的协调和合作，以确保运动员在训练之外能够接受良好的文化教育和生活指导，为将来运动员的生活提供保障。这些理论成果为我国高水平竞技人才的培养提供理论依据。

2018 年，张剑威、汤卫东人通过对澳大利亚游泳后备人才培养的长期发展模式的解读，系统归纳出澳大利亚 LTAD 模型成功的因素：竞技体育管理系统保障下的社会化管理模式；严格把关游泳教练员队伍执教水平建设；数据化、智能化的运动员选拔以及训练体系；注重对游泳后备人才的综合培养与生涯服务。这些研究成果为我国游泳后备人才梯队建设提供了宝贵的经验。

2019 年，关志逊、薛岚通过对 LTAD 理论框架的系统分析，认为 LTAD 模型在运动员的长期培养过程中较为重视体育人才的迁移。LTAD 理论提出运动人才迁移的三个维度：运动员跨界跨项的迁移；终身体育阶段的人才迁移；向体育事业的迁移。此外，他们还在 LTAD 理论视角下讨论了跨界、跨项选材培养的长期系统化的实施路径，这不仅有助于提高我国跨界、跨项选材培养的有效性，而且对解决我国后备人才系统性不足的问题，提升我国训练系统的效率有积极的参考价值。

三、相关文献评述

国外关于青少年 LTAD 模式主要有以下两个层面的研究：

（1）在国家层面，研究主要围绕 LTAD 理论框架的社会历史发展概述，研究的重点是 LTAD 框架的社会历史发展和普及程度，关注 LTAD 理论框架发展的领导团队的动态，以及该框架带来的挑战和机遇。学者对 LTAD 模型的阶段划分、训练体制、组织管理等多方面进行具体分析，发现 LTAD 模型与我国传统的训练模式相比，更注重运动员文化学习与竞技成绩的协调发展，并突出运动技能学习的重要性，认为运动员在早期学习运动技能是运动能力提高的关键。

（2）在社会层面，研究主要集中在教练员对 LTAD 模型的认识程度和采用情况的调查研究以及家长、指导人员对 LTAD 模型在相关运动项目实施方面的看法。各国学者对 LTAD 模型在个别的项目中的运用也做了相关研究，证明该模型具有一定的理论指导和实践价值。

国内关于青少年训练模式的研究主要围绕我国 LTAD 模式存在的问题进行讨论。通过对国内专家学者观点的概括总结不难发现，众多学者一致认为，我国的一些运动项目训练模式存在着过早进行专项化训练、没有遵循儿童青少年身心发展规律等弊端，许多运动员很小就接受了严格的专项训练，训练负荷过大，儿童、少年训练趋于成人化，在运动成绩快速提高的同时，运动能力被过早开发，导致基本运动素质发展不全面。国内教练员关注点多集中在身体素质的训练，忽视技术能力的培养，重点将速度、耐力、力量作为训练的主要内容，对协调、平衡、灵敏等素质训练不够，训练过程缺乏整体性，导致训练结构失衡。此外，少有研究从整体的角度对 LTAD 模型进行详细的阐述，足球专项的 LTAD 模型研究更为稀少。

第二节　运动员长期发展模型概述

一、LTAD 模型的产生

根据 LTAD 模型理论，运动员的发展要以整体性、全面性为原则，以促进运动员长远发展。已有大量研究表明，一个有天赋的运动员需要历经 8～12 年的训练才能达到精英水平，这就是所谓的"10 年一万小时定律"。对于运动员、教练员和家长而言，这意味着在十年的时间里平均每天需要进行 3 小时的指导和训练。巴利等人认为所有体育项目要培养出精英运动员都需要致力于长期训练，因此，要从运动员的整个运动生涯来考虑他们的全面发展，而不是追求短期比赛的胜利。现今体育领域，在政策、社会、经济利益的驱动下，追求短期成绩，忽略人的全面发展已经成了普遍现象，这导致许多体坛名将，在短短五六年的竞技巅峰时期后状态就开始快速下滑，之后不得不退出自己热爱的体育运动事业。

　　一个具体和计划周密的训练、比赛和恢复计划能确保运动员在整个职业生涯中获得最佳发展。归根结底，成功来自长期的训练和良好的表现，而不是短期的胜利。竞技运动没有捷径可走。在足球运动中，处于早期阶段的球员如若过分强调竞争而忽视个人基础能力的发展，必将导致运动能力不足，从而影响后期职业生涯的发展。

　　LTAD 模型是基于个体生理年龄（成熟水平）而非实际年龄构建的一种以运动员为中心的参与训练、竞赛和恢复的培养模式，强调在青少年生理、心理、情感和成长的不同阶段，有针对性地制订适合运动员长期发展的方案，在提高青少年运动水平和成绩的同时培养青少年对体育的兴趣、爱好，并打好青少年终身体育的基础。

　　巴利等人把运动项目分为早期专项化项目和晚期专项化项目。早期专项化项目模型分为五个阶段：基础阶段、为训练而训练阶段、为比赛而训练阶段、为胜利而训练阶段和退役/保持阶段。晚期专项化项目模型分为七个阶段：儿童阶段、基础阶段、学习训练阶段、为训练而训练阶段、为比赛而训练阶段、为胜利而训练阶段和退役/保持阶段。

　　LTAD 模型以运动员的成熟状态为参照，提出了人体发展过程中的"机会窗"，在这样的"机会窗"中，青少年儿童对训练产生的适应更加敏感。因此，教练员要在特定的发展阶段制定相应的训练内容、方法手段、强度，提高训练的科学化水平。以下根据巴利等人的专著《运动员长期发展模型》（*Long-Term Athlete Development*）总结了 LTAD 每一个阶段对青少年的培养目标、训练的类型、训练强度和训练内容的核心要素，并进行了整理分析。

　　（一）儿童阶段

　　儿童阶段（0～6 岁）的主要目标是引导孩子养成积极向上的生活态度，保持健康的体重，促进身体和情感的全面发展，并开始学习和掌握一些基本的动作技能，通过玩耍和游戏的形式学会将基本动作组合应用。处在这一阶段的孩子应该积极参加各式各样的体育活动，以此促进大脑功能的发育，增强身体的协调性、敏捷性、整体的运动技能、社交能力、情感和想象力，同时发展动作姿势和平衡能力，强健骨骼和肌肉，保持健康体重，缓解压力，促进睡眠，享受运动的乐趣。

　　对于此阶段的儿童而言，通过自身身体活动的经验和环境习得、提升基本的动作技能是非常重要的，如跑步、跳跃、扭转、踢、投掷和抛接等。参与体操和游泳项目将会更有效地使基本的动作技能得到全面的提升，这些基本的动作技能是更复杂活动的基石。

在日常生活中，家长和护理人员应在掌握身体活动知识的前提下设计一些有趣和富有挑战性的体育活动，为儿童提供增强自信心和自尊心的机会。同时，家长和护理人员应注重让儿童参与一些非竞争性的游戏，让他们在结构性和非结构性的自由玩耍中找到运动的乐趣。

（二）基础阶段

基础阶段（男孩6~9岁，女孩6~8岁）的主要目标是让儿童通过参与不同的体育活动来促进运动技能的全面发展。在学习专业基础技术之前，儿童应熟练掌握更多的动作技能。通过积极性和娱乐性的方法来培养基本运动能力将有助于提升此阶段儿童的成就感。应鼓励儿童参加各种各样的运动项目，强调儿童的综合身体能力、基本动作技能，发展敏捷、平衡、协调和速度素质。对基本动作技能培养的重视将有助于为儿童终生体育奠定良好的基础。

速度素质的发展是这一阶段训练的关键要素，6~8岁和7~9岁分别是女孩和男孩发展速度素质的敏感期。如果在这一阶段忽视了速度素质的发展，以后速度素质就难以提高。我们应该让儿童利用短时间（少于5s）的运动发展线性、横向和多方向的速度能力，可以通过游戏的形式促进儿童速度、力量和耐力的发展，同时要在训练时营造一个有趣的学习氛围。

教练员应教授正确的且适合儿童的跑步、跳跃和投掷技巧。儿童掌握了基本的运动技能，即使将来不从事竞技体育，他们获得的技能也会有益于他们参与体育活动，提高他们的生活质量和身体健康水平。处于这个阶段的儿童可在专业教练的指导下尝试使用瑞士球、重力球等器材辅助进行基本的力量训练。

在这个发展阶段，家长应鼓励孩子广泛参与各种体育活动，如孩子每周参与1~2次自己喜欢的运动项目，每周参与3~4次其他的运动项目。这些体育活动应依据孩子学校的时间表开展，以协调好学业与运动的关系，并充分利用寒暑假时间积极参加各种体育夏令营。

在有组织的训练环境中，教练员应向儿童介绍体育的简单规则和伦理，并开始筛选和辨别有潜力的专项人才；应强调训练的乐趣和参与的重要性，而不是注重竞赛的结果，为此，教练员在训练中应多采用非结构化的游戏形式。

培养青少年对体育活动的兴趣是他们形成终身体育理念的基石，学会基本运动技能可以使儿童在以后的生活中享受体育活动带来的乐趣，并在运动生涯中取得更大的成功。

（三）学习训练阶段

学习训练阶段（男孩 9～12 岁，女孩 8～11 岁）的主要目标是让儿童在掌握和巩固基本运动技能的基础上，初步学习运动项目的基本技术动作。虽然在这个阶段可以初步甄选运动专项人才，但是处于此年龄段的儿童的现实技能表现并不能代表其在某个运动项目上的发展潜力。

儿童运动技能发展的重要时期之一是青春期开始之前的 9～12 岁。这个阶段是加速适应技能学习的敏感时期。教练员应进一步发展儿童所有基本动作技能和基本专项运动技能。否则，儿童将失去一个重要的发展时机，影响他们以后竞技能力上升的空间。

过早对儿童进行专业化训练不利于他们后期技能发展和基本运动技能的提高，因此，为了孩子竞技能力的可持续发展，父母应鼓励孩子选择参与 2～3 项他们喜欢的运动项目。这一阶段的儿童每周专项运动训练的次数不应超过三次，且每周需要参与专项训练以外的体育活动。建议本阶段的儿童通过 70%的训练与 30%的比赛（包括针对具体比赛的训练）来发展自身的专项运动技能，这些比例可以根据项目和个人的具体需要而有所不同。这样的训练比赛模式兼顾运动员短期和长期的发展。

此阶段儿童在身体发育上已经为学习一般性运动技能做好了准备。在训练计划中，教练员可以适当引入身体素质专项训练，通过使用儿童自体重、瑞士球以及跳跃练习来发展和提升儿童力量素质，通过连续活动、游戏接力发展儿童耐力素质，通过拉伸训练来发展儿童的柔韧素质，通过在热身阶段使用的敏捷性、快速性和方向变化的特定练习来提高儿童速度素质。除了发展身体素质，巴利等人还认为这个阶段也是运动员发展心理能力的理想阶段，如想象力、认知和情感能力的发展。

（四）为训练而训练阶段

为训练而训练阶段（男孩 12～16 岁，女孩 11～15 岁）的主要目标是让运动员选择参与 1～2 个运动项目，巩固年轻运动员的基本运动技能和战术，并进一步培养和巩固运动专项技能。

11 岁左右的男孩和 9 岁左右的女孩进入了身体发育的高峰期，虽然同一年龄段个体之间在生理年龄方面还存在着一定的差异，但是可以根据运动员在特定年龄段的有氧运动能力和力量训练能力，将其分为早期、一般或晚期成熟水平。力量训练在此年龄段的效益取决于运动员何时达到并适应发展敏感期。加拿大国家教练员认证计划（national coaching certification program，NCCP）明确指出女性达到身高增长高峰（peak height velocity，PHV）或月经初潮之后是力量素质发展的敏感时期。男性达到身高增长高峰12～18个月后开始进入力量素质的快速发展时期。该阶段要让运动员开始建立运动能力系统并提高其对训练量的适应能力，前期要重点发展运动员的有氧能力，后期要着重发展运动员的速度和力量，并加强专项运动技能训练。

在此阶段，运动员可以将个人技术能力运用到比赛训练中，以增强运动技能的对抗性。巴利等学者认为每周需组织6～9次限定条件的比赛训练（练习赛、小组对抗赛、竞争游戏和竞争性的技术练习），提高训练与比赛时间的比例（一般为60:40，即40%的时间用于针对具体比赛项目的训练和实际比赛，60%的时间用于发展技术和战术技能，并提高身体能力）。过多的比赛会导致训练时间的减少，使运动员的技术、战术、体能和心理能力得不到全面的发展。

青春期是运动员发展有氧耐力的最佳时期，根据运动项目的需要，在运动员进入生长高峰后应优先提高其有氧能力，同时进一步提高其运动技能、速度、力量和灵活性。此外，由于这一时期青少年骨骼的快速生长会对肌腱、韧带和肌肉产生各种影响，需要增加灵活性训练以尽快适应身体的阶段性变化。

（五）为比赛而训练阶段

到了为比赛而训练阶段（男孩16～18岁，女孩15～17岁），运动员已经确定所从事的运动专项。本阶段开始前需要确认专项训练前各个阶段的所有目标都已经达成。在这个阶段，应优化身体能力，培养个人化的运动能力、运动技术和比赛技术，让青少年运动员懂得如何掌控比赛。他们既可以选择开始职业体育生涯，也可以选择继续参与群众性赛事。如果选择了加入职业体育，就意味着开始大运动量、高强度的训练。这时训练与比赛时间的比例为40:60，即将40%的时间用于发展技术和战术技能，并提高身体能力，60%的时间用于针对具体比赛项目的训练和实际比赛。巴利等人指出，这个阶段的运动员训练包括专项体能训练以及综合的心理、认知和情感发展训练，以优化他们的运动表现和让他们学习如何竞争。

（六）为胜利而训练阶段

运动员在竞技训练环境中发展的最后阶段称为"为胜利而训练阶段"（男性18岁以上，女性17岁以上）。只有最优秀的运动员才能达到这一阶段，因为这是以在最高水平的竞技赛场获胜为目的的训练阶段。运动员必须具备既定的技术、战术和心理技能才能进入这一阶段，同时要最大限度地提高身体能力、运动能力、运动技术和比赛技术，只有这样才能在这一阶段取得成功。此阶段，运动员所有的身体、技术、战术（包括决策技能）、心理、生活等方面的能力都已经完全建立，训练的重点转移到如何创造最好的个人成绩上。

NCCP 强调在这个阶段制订训练计划的重要性，要让运动员在最重要的比赛中达到个人最好的状态，同时应考虑到运动项目的需求和运动员个人的优势。训练计划框架应根据运动员的技能和运动的需要分为一个、两个、三个或多个训练周期。为了在保持运动水平的同时防止身心疲劳，计划中要包含身心恢复的时间。

巴利等人建议运动员在这一阶段每周进行 9～15 次运动专项技术、战术和体能训练，其中 25%的时间用于训练，75%的时间用于针对具体比赛项目的训练和实际比赛。

（七）退役/保持阶段

LTAD 的最后阶段被称为"终身体育阶段"（任何年龄段），最常见的是在青春期后不再从事竞技性训练而进入退役/保持阶段。这种转变可能是由在竞技运动中出现的伤病、达不到训练要求、家庭及个人意愿等多种因素造成的。运动员退出竞技体育的舞台后，还可以参与一些非正规的竞赛，可以充分利用所掌握的技能达到保持与增进身心健康的目的。成人每天进行 60 分钟的中等强度的运动或 30 分钟的高强度运动就能保持良好的健康状态。

巴利等人认为，如果运动员在"学习训练阶段"之前就具备了足够的身体素质和能力，并且在离开竞技体育之前有积极的运动经验，就有可能成为活跃的体育人口。有些运动员希望退役后也可以从事体育相关的职业，以发挥他们的运动特长和利用他们的运动经验，如体育管理人员、教练员、裁判员或体育行政管理人员。格拉纳谢（Granacher）等人提倡在 LTAD 的所有阶段都进行体能训练，以支持运动技能的发展，同时保持积极的生活方式，降低运动损伤的风险。

第三节　青少年足球运动员长期发展模型

足球是世界上最受欢迎的团体运动项目。以加拿大为例，根据 2006 年国际足球联合会（Fédération Internationale de Football Association，FIFA，简称国际足联）的数据统计，加拿大足球运动人口占全国总人口的 1/39，排在世界第九位。加拿大足球协会（Canadian Soccer Association，CSA）2012 年开始制定基于 LTAD 模型的青少年足球运动员培养大纲，将 LTAD 模型作为足球运动员培养的指导原则，制订训练目标，设计训练内容，指导训练过程，并随着球员从兴趣培养阶段到精英阶段的过渡，其参与比赛的数量也不断增加。世界各地足球组织也开始根据本国足球发展实际，纷纷制定自己国家的 LTAD 模型，并以 LTAD 模型为核心开发详细的足球运动员长期培养方案。

一、青少年足球运动员 LTAD 模型结构框架

体育运动可分为早期专项化运动和晚期专项化运动。早期专项化运动项目一般指一些单项无对抗的运动项目，如跳水、花样滑冰、艺术体操等，需要早期专项训练。晚期专项化运动项目包括田径、格斗、自行车、网球、赛艇和所有的团体运动项目。在进入专项化训练之前，教练员应将训练的重点放在基础运动技能和全面动作能力的提升上。足球运动属于一项同场对抗的团体竞技运动，属于巴利的理论阐述的早期参与类、晚期专项化的运动项目，其特点主要有以下几点：

（1）需要复杂的决策（非套路和重复性）。

（2）需要种类多样的动作技能。

（3）要求具备较好的肌肉感知能力，如球感等。

（4）对运动员身体与技术有较高的要求。

（5）需要良好的移动能力和视线追踪能力。

（6）女性运动员普遍比男性运动员进行专项化训练的时间要早。

LTAD 模型将青少年足球运动员的发展分为四个阶段，见表 5−1。

表 5−1　青少年足球运动员 LTAD 模型培养阶段

阶段划分	起止年龄/岁	培养方式	核心要素
儿童阶段	0～6	**身体素质**：基本的灵敏、协调、平衡和速度素质 **技术**：通过玩耍的形式学习简单的脚部踢球及多种形式的运球 **战术**：多种形式得分比赛游戏或者足球活动 **心理**：以表扬为主，激发儿童参与踢球比赛和活动的主动性，培养儿童的自信心	● 每日 60 分钟身体活动 ● 享受运动乐趣 ● 游戏化学习 ● 发展基本的运动素质（跑步、跳跃、投掷） ● 参与多种体育活动 ● 训练：比赛比率

续表

阶段划分	起止年龄/岁	培养方式	核心要素
基础阶段	男孩6～9 女孩6～8	**身体素质**：巩固增强基本的灵敏、协调、平衡和速度素质 **技术**：主要以脚部球感为主，由原地、较慢运动状态下逐步过渡到快速运动状态下的脚部、大腿、胸部控球基本技术练习 **战术**：在限定的区域内参加不同规则和得分方式的SSG **心理**：通过设置新颖、形式多样的足球游戏和训练活动，积极引导、鼓励队员公平竞争、团结协作、初步开发足球比赛治理和观察的能力	● 全面性、综合性发展 ● 强调趣味性 ● ABCs（Aqility，敏捷性；Balarrce，平衡性；Coordination，协调性；speed，速度） ● 基本的足球运动技能（传接球等） ● 训练：非竞争性比赛
学习训练阶段	男孩9～12 女孩8～11	**身体素质**：根据体重的增加，引入一定比例的力量训练，发展全身肌肉群（柔韧性、灵活性），提高核心肌肉力量 **技术**：增加脚部以外的控球练习，如胸部、大腿，并反复练习，进一步提高快速完成传球、接球、运球、射门的能力 **战术**：通过SSG，让队员明白站位的合理性 **心理**：提高队员对运动知识的认识，让队员增强责任感和荣誉感，了解团队合作的重要性	● 参与多个运动项目 ● 巩固基本运动素质 ● 增强训练的趣味性 ● 场上不同位置的尝试 ● 训练：比赛比率
为训练而训练阶段	男孩12～16 女孩11～15	**身体素质**：循序渐进的力量训练，建立有氧能力储备 **技术**：加强基本技术动作练习，提升在运动中的控球能力 **战术**：合理运用个人与小组战术，根据不同的情况，通过有球或无球的跑位，使传接球更加合理有效，明确进攻和防守时的不同 **心理方面**：可适当地增加有氧耐力训练，磨炼队员意志品质，培养队员吃苦耐劳的精神	● 建立足球专项技能体系 ● 处理好训练和比赛的关系 ● 融入技战术策略 ● 训练计划的多样性 ● 训练：提高比赛竞争性

二、青少年足球运动员 LTAD 模型影响因素探析

（一）基本运动技能

在进入足球专项技能训练之前，教练员应引入基本的运动技能，如跑步、跳跃、投掷等，此类运动技能是运动员参与所有运动项目的基础。在儿童学习和掌握这些运动技能时，教练员应使用积极有趣的方式方法，这将有助于儿童未来对体育运动的主动性认知与参与。足球运动是一项较为考验运动员身体素质的运动，所需的基本技能包括敏捷性、平衡性、协调性、速度和力量。

基本运动技能为儿童创建了一个良好的"身体素养"教育。在儿童身体

发育最快的时期基本的运动技能的培养是十分重要的。掌握扎实的基本运动技能是青少年未来走向巅峰的重要保障，如果连基本的运动技能都没有得到充分的发展，就会大大降低青少年未来在足球运动上取得成功的概率。

（二）专业化

足球专项技能一般是在 7～11 岁发展起来的，这一年龄段是足球专业技术的学习阶段。如果球员错过了基础和专业技能发展阶段的训练，后期专门化训练也难以弥补其在技术能力发展中的缺陷。儿童运动发育最重要的时期是 9～12 岁。在这段时间里，儿童在发育上已经为获得全面运动技能做好了准备，而这些运动技能是所有运动发展的基石。

（三）发展年龄

大部分教练员根据球员的实际年龄设计其长期和短期的训练计划以及比赛和恢复方案。但是研究表明，实际年龄并不是制订足球运动员训练计划与方案的可靠指标，处于 10～16 岁年龄段的青少年在身体、认知、心理和情感发展方面存在着很大的差异。基于此，LTAD 理论认为可以将身高增长高峰（peak height velocity，PHV）和体重增长高峰（peak weight velocity，PWV）作为训练的参考指标，结合青少年心理、认知和情感的发展，制订合理的训练方案。在 PHV 开始之前，男孩和女孩可以一起参与足球训练和比赛，这个阶段可以依据年龄制订训练和比赛方案。当达到 PHV 时，教练员就需要经常性地进行肌肉骨骼评估，以识别和评估运动员的发育情况，确保制订出更加符合其发育特征的训练方案。

PHV 是一个参考点，其为运动员的能量系统和中枢神经系统（central nervous system，CNS）的训练提供了有价值的参考信息。教练员应使用简单的测量方法，通过监测 PHV 精确判断运动员的敏感期，并对训练进行优化，通过科学的短期和长期的个人训练、竞争及恢复计划，有效促进耐力、力量、速度和柔韧性等身体素质的全面发展。

（四）综合能力的发展

LTAD 模型强调球员综合能力的发展，其培养方案涉及身体、心理、认知和情感等方面。足球运动员应注重决策、团结合作、道德风尚以及公平竞争等品格的培养，在日常生活中可以通过参与体育活动学习生活技能，实现全面协调发展。

（五）分阶段训练

LTAD 和传统运动训练学中运动员培养阶段划分的最大底层逻辑的差

异——传统运动训练学的出发点是竞技水平，并按运动表现的规律来划分，LTAD 是以终身体育为出发点，按照人的成长规律来划分。基于 LTAD 理论模型，针对青少年足球运动员培养过程的不同阶段，青少年足球教练员需要通过系统的科学的全面的方式方法分配好训练、比赛和身体恢复的时间比例，促使球员训练效益的最大化。同时，青少年足球教练员需要依据 LTAD 模型的分阶段培养模式，制订长期和短期的训练、比赛和恢复的整体计划，并且合理把握训练时机，以产生最佳的训练效果，使运动员在需要时获得最佳的竞技状态。美国足球协会依据青少年的发育规律，将青少年足球运动员的发育过程分为青春期前期、青春期、青春期后期和成年期，并根据这四个时期分别对应 LTAD 的不同阶段制订相应的训练和比赛计划，见表 5–2。

表 5–2　美国青少年足球运动员分阶段训练和比赛计划

发育时期	年龄/岁	训练	比赛
青春期前期	4～9	● 针对基础技术动作重复性练习，尝试将多个单一动作整体化，与队友友好相处，培养球员的决策能力 ● 加强个人基本技术动作的学习，强调控球练习 ● 大量的平衡和协调性练习 ● 自由发挥—反复尝试—自我发掘—再次尝试	● 组织 3V3～6V6 SSG ● 组织更多有趣的竞争性游戏，通过简化足球比赛中的场景，进行技术技能的练习，向球员简要灌输比赛知识
青春期	10～14	● 进攻和防守技术动作练习 ● 建立决策环境，提升决策能力 ● 积极向上的心态 ● 实用的竞技性技术动作 ● 从战术上研究攻防的作用和发挥的基本原则 ● 重点训练有氧耐力、柔韧性和速度 ● 真实比赛场景技能训练	● 由 8V8 的比赛过渡到 11V11 的比赛 ● 对 U13 球员进行选材 ● 减少对比赛结果的重视，更多地关注球员的表现
青春期后期	15～23	● 技战术训练 ● 高强度的体能训练是训练常规的一部分 ● 将重点集中在团队性技战术训练上 ● 强调速度、柔韧、力量和耐力的身体机能训练 ● 强调个人技能在比赛中的运用	● 将足球运动作为自己的工作，在训练中培养良好的心理能力 ● 规划自己的职业发展路线，并为此做准备
成年期	24～35	● 11V11，强调整体的进攻和防守战术 ● 比赛是一个学习的机会，用比赛来执行新的战术和锻炼球队的阵型 ● 竞技比赛和训练赛的数量需平衡	● 为了赢得比赛而比赛 ● 能力是通过比赛的结果和整体的表现来衡量的

（六）指导者专业知识储备

执行长期体育人才发展项目的从业人员应该有多样的教学策略，从而激励和促进青少年运动员的全面发展。指导者的教学水平和教学方法是运动员长期发展的重要保障，教练员必须能够有效地使用这些教学策略，并拥有各种训练技能，以营造激励性的学习氛围，最大限度地促进青少年运动员运动能力的发展，激发青少年运动员的内在动力，激励青少年运动员参与体育运动，提高和发展他们的运动技能，并降低单一追求奖杯或金钱补偿等外部奖励的激励可能性。任何参与青少年运动培养的指导者（家长、教练员、教师）都应该对 LTAD 理论模型进行全面的掌握，只有这样才能有效地促进青少年球员运动能力的提升。

本章小结

本章主要介绍了 LTAD 模型及其在青少年俱乐部中的应用，分为三个小节，其中包括 LTAD 模型的过程特征、LTAD 模型的国内外研究现状以及青少年足球运动员 LTAD 模型。

通过系统分析 LTAD 模型，我们可以看出青少年运动员培养过程不单单是身体和专项技术方面的训练，更重要的是将运动同健康和教育结合在一起，从而促进青少年运动员的全面发展。在我国足球后备人才的培养方面，我们不仅要向青少年逐步灌输足球运动的理念，还应该关注青少年不同成长阶段的发展规律，构建适合青少年发展的阶段性培养模式。我国可借鉴加拿大、英国的经验，构建一个家庭、学校、社会三者相互联系、相互促进的统一体，形成以家庭教育为基础，以学校和社会系统优势资源为依托的有机整体，以实现多元化培养全面发展的足球人才的目标。家庭是学校和社会的起点，学校是衔接家庭和社会的"纽带"，而社会则是学校和家庭的延伸。国外在运动员培养方面充分发挥了三者的功能，减少了政府开支，其足球后备人才的培养多是依靠各级学校课余训练来完成的，体教的高度结合使其很好地实现了双重资源共享，大大提高了政府投资的效益；在政府加大投资力度的同时，配合完善的训练体制、管理模式，提高群众推广度和自主研发水平，加强教练员专业能力的培训，使其学习先进的足球训练理念和训练方法。我国足球后备人才培养体系的重建，需要借鉴、吸取足球强国的成功经验，从实际出发，探索适合我国足球发展的后备人才培养路径，提高人才培养效益，推动我国足球产业的健康持续发展。

第六章

青少年足球培训机构管理 KPI 内容及评估模式

第一节　足球俱乐部的 KPI 管理

一、足球俱乐部 KPI 管理的意义

KPI 是有价值的管理工具，在足球俱乐部工作计划和管理过程中建立和使用 KPI，不仅可以评估工作计划的执行情况，还可以对俱乐部发展的过程进行监控，保障计划的实施和调整。通过 KPI 管理足球俱乐部可以了解俱乐部内部管理的效果，包括成本费用控制、一般财务管理状况以及俱乐部从市场获得收入的情况和其商业潜力实现情况。KPI 也可以评估俱乐部的外部表现，如与球迷、商业合作伙伴和其他团体进行沟通联系的情况。通过综合内部和外部 KPI 可以对足球俱乐部进行横向比较，了解俱乐部在行业中的地位。KPI 还可以提供一个行业标准，为俱乐部建设提供一个指标体系。

要建立足球俱乐部的 KPI，除了引入传统的商业和金融 KPI，还必须建立符合足球俱乐部特征的专门 KPI。按足球行业特征建立的足球俱乐部 KPI 体系包括足球俱乐部各个方面的 KPI，不同的俱乐部在实施 KPI 管理时，除了参考这些指标，还要结合俱乐部自身的实际情况和发展目标。俱乐部通过 KPI 体系实现与其他俱乐部的横向比较，以确定其行业地位并为制订计划提供依据。每个俱乐部都是有个性特征的独立组织，普适的足球俱乐部 KPI 是不存在的。因此，要实现俱乐部"持续进步"的目标，KPI 必须符合俱乐部的实际情况。在 KPI 管理实施的过程中，管理层在建立 KPI 和实施 KPI 的工作中扮演重要的角色，俱乐部管理层"接受"绩效指标的概念至关重要。因此，KPI 指标体系必须易于理解，并且其实施和评估给员工增加的工作量应尽可能少。在理想情况下，KPI 指标要充分利用俱乐部已有信息，如果评估工作给工作人员增加负担，那么只会降低 KPI 管理的成效。

理想的 KPI 体系的目标应该是简单、易懂、可衡量、相对容易统计、能准确反映真实事件和客观结果的。应该注意的是，KPI 体系的目标在实践中 100% 精确几乎是不可能的。足球俱乐部 KPI 的特征见表 6-1。

表 6-1 足球俱乐部 KPI 的特征

特征	实例
可持续化发展的绩效指标	各项收入的增长
非经济类指标	顾客满意度
联系可控事件	每平方英尺零售空间的商品销售收入
直接关系到俱乐部的愿景和战略	青训体系培养的职业队员数量
易于自动跟踪	每场比赛人均餐饮费用
容易与竞争者比较	整体收入增长

注：1 平方英尺=0.09 平方米。

二、足球领域 KPI

足球领域 KPI 的开发需要整合到足球俱乐部的整体业务规划当中。根据足球俱乐部的商业内容，我们可以将足球俱乐部分成几个业务领域，每个领域都有特定的主题和目标，还可以分解为多个 KPI，通过这些指标的量化统计可以得到每个领域的分值，如图 6-1 所示。例如，竞技成绩方面的绩效可以通过联赛排名来衡量。

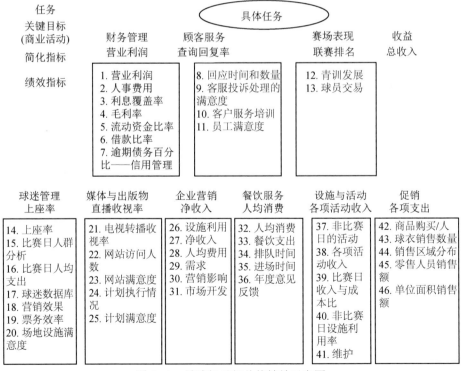

图 6-1 足球俱乐部总体绩效示意图

图6-1中把俱乐部的总体绩效分成若干个内容，每个内容下面都有一些具体的目标和指标，每个部分都有一系列KPI。在俱乐部的管理实践中，由于每个俱乐部实际情况和发展目标不同，因此俱乐部KPI设置可能会有差异。一般来说，商业化程度较高的大型俱乐部可能会选择使用比小型俱乐部更多的指标，因为其规模更加庞大且工作内容需要进一步细分。对小型俱乐部来说，KPI管理不是增加俱乐部的负担，而是通过适合俱乐部的较少的指标来提高俱乐部的质量管理，并做出有效改进。因此，这些简化的综合KPI管理模式（46个独立的KPI）对小型俱乐部更为适用。

1. 经济管理

经济管理指标计算方式和意义见表6-2。

表6-2　经济管理指标计算方式和意义

指标	计算方式	意义
球员交易和特殊项目	球员买卖的费用不计入俱乐部经营收益	● 日常运营的盈利能力才是俱乐部经济管理的关键指标 ● 良好的经营利润是俱乐部支出的保障，包括球员购买、设施投资、人员投资等
人事费用占总营业额的百分比	此项目包括三个子项目： ● 球员工资（包括签约费和奖金）占俱乐部总营业额的比例 ● 所有训练相关人员（球员加上教练/支持团队等）占俱乐部总营业额的比例 ● 所有员工费用占总营业额的比例	● 通过重要支出与收入的百分比，评估俱乐部的经费投入情况 ● 较高的百分比表示俱乐部人力成本较高，俱乐部更应重视内部人员的激励，但会降低实现收支平衡/盈利能力，长时间维持高比例的人力成本较为困难。一般而言，较低比例的人力成本表示成本正在得到控制，俱乐部可以将资金用于设施投资、营销、派发股息等事务，以利于俱乐部的全面发展
利息覆盖率	俱乐部在球员交易、交税和付利息前的营业收入除以总利息	该指标表明俱乐部支付利息的能力，低比率可能表明未来按计划支付利息有难度，从而降低获得资金注入的可能性
关键商业活动（商品销售、餐饮服务等）的毛利率	收入减去直接支出后的数值占总收入的比例（直接支出主要是物品购买和员工工资）	该指标反映了俱乐部主要商业活动的获得能力，如果持续监测显示利润率下降，可能表明业绩恶化、定价不足、库存损失、成本控制能力下降等
流动资金比率	流动资产超过流动负债（流动负债是企业十年内偿还的债务；流动资产包括资金、投资、应收账款和存货等。计算时不包含球员转会费用）的比率	指标用于监控俱乐部管理其营运资金的效率。高比率可能表示"捆绑"的资金过多，如股票和债务。与球员转会相关的费用（球员交易的可收回金额/应付金额）不在计算范围内，因为球员交易的可收回金额往往很大，这可能影响比率数值的代表性

续表

指标	计算方式	意义
借款比率（总债务与总资金的比率）	对外借款：银行透支加上银行贷款占净资产总额的比例（股本加准备金） 借款总额：银行透支、银行贷款及关联方借款占净资产总额的比例	● 高比率表明对借款的高度依赖性，这可能会限制俱乐部未来的贷款能力 ● 高比率也可能意味着通过支付利息来偿还债务的高成本 ● 外部债务与内部债务在总借款比率中应结合考虑，因为高水平的内部债务可能会降低高借款比率的要求，内部债务的利息费用通常较低或为零
逾期债务百分比——信用管理	逾期债务金额除以未偿债务总金额	高比率可能表明信用控制有问题

2. 顾客服务

良好经营的一个重要特征是与利益相关者的互动，如俱乐部回应球迷的外部询问。对于绝大多数球迷来说，偶尔的询问是与俱乐部唯一的联系，而这种俱乐部与球迷的互动对球迷的满意度与忠诚度有重要影响。顾客服务指标计算方式和意义见表6-3。

表6-3 顾客服务指标计算方式和意义

指标	计算方式	意义
网络客服和热线回应数量和时间	单位时间内网站与热线对访客的回复数量和平均应答时间	为客户提供优质的服务，了解在哪些情况下回复的能力不足。为客户提供服务时尽量避免应用人工智能的服务形式
客服投诉处理的满意度	客服投诉的数量和处理结果的满意程度	收到的投诉和建议是俱乐部服务工作绩效的重要指标。支持者的参与程度反映了俱乐部对建议的接受程度。俱乐部应当鼓励投诉和建议，这是服务工作的重要组成部分
客户服务培训	接受过客户服务培训的员工比例	反映了员工对客户关怀的意识
员工满意度	● 年内离职的雇员人数（不包括球员和教练人员）除以雇员总人数 ● 对工作满意的员工的比例	可以提高员工工作热情，可以实时了解员工的心理状态，可以为俱乐部间接降低成本提供基准数据，还可以为员工提供反馈的机会（适用于大型俱乐部）

3. 足球领域

足球领域指标计算方式和意义见表6-4。

表6-4　足球领域指标计算方式和意义

指标	计算方式	意义
青训系统的 KPI 如下： ● 获得专业合同的球员的比率 ● 转会费 ● 进入国际赛场的人数	● 签订合同的学员的百分比 ● 转让费收入除以青年发展方案的年度运行费用。此数值采用年平均数来衡量，以最大限度地减少由个人转会引起的波动 ● 在为俱乐部效力期间，本土球员赢得国内外比赛的荣誉	俱乐部青训体系的普遍性评估指标（这些指标提高了人们对青少年足球培训领域绩效的认识，而对于这些指标，俱乐部可能没有进行长期的监控）
球员交易	注册球员的出售价值除以购买价值净转会支出（球员出售价值减去球员购买价值）	反映了球探体系对人才的挖掘能力，以及训练体系对球员价值的提升能力，还有助于衡量管理层的谈判技巧、敏锐度和判断力

4. 球迷管理

球迷管理指标计算方式和意义见表6-5。

表6-5　球迷管理指标计算方式和意义

指标	计算方式	意义
上座率	● 平均上座率（按比赛类型划分） ● 上座率变化范围（高/低出席率） ● 分段利用率（按座位类型）	俱乐部管理能力和关键部门绩效的重要指标反映了门票定价策略是否成功，合理的门票收入取决于符合供需关系的门票边际价格
比赛日人群分析（网络售票可以收集、统计观赛人群，但通过实体售票处购买球票的人群，可以采用抽样的方法）	● 季票持有者或单场门票的数量占总出席人数的百分比 ● 男性、女性、儿童和优惠票观众占人群的百分比 ● 全额付费成人占人群的百分比	帮助俱乐部发展球迷。季票比率可以衡量球迷的忠诚度，反映了俱乐部支持者和潜在支持者之间的关系。对于具有大量打折门票、开展促销活动的俱乐部，全额付费成人的百分比代表了促销活动后的实际出席人数
比赛日人均支出	所有比赛日的销售，包括门票、食品和饮料、节目、商品、彩票等除以购买门票的观众人数	这是一个全球性指标，显示俱乐部的核心竞争力，比赛日的收入已经成为俱乐部重要的经济来源
球迷数据库	俱乐部球迷的实时数据库，包括数量和一般的统计信息	代表俱乐部对球迷的了解程度和控制水平，有助于有针对性地开展营销活动，并为潜在的赞助商、广告商和其他商业伙伴提供详细的信息
营销效果（如足球儿童节）	根据实际情况制定规则	可用于监控各个推广活动的开展情况及效果，还可用于监测社区发展计划的效应

续表

指标	计算方式	意义
票务效率	票务销售的效率,包括预售、处理申请的速度,售票点的设置、人员等	反映了售票系统的效率
场地设施满意度	受访者"比赛日"体验的各个方面满意度的百分比	通过球迷调查和抽样来分析场地硬件的不足,为改进提供参考

5. 媒体与出版物

媒体与出版物指标计算方式和意义见表6-6。

表6-6　媒体与出版物指标计算方式和意义

指标	计算方式	意义
电视转播收视率	每场电视比赛的观众人数占该节目平均观众人数的百分比,如比赛日电视收看人数与同时段其他电视节目收看人数的百分比	● 有助于建立球迷数据库,了解球迷人数的变化 ● 向商业合作伙伴反馈有效价值 ● 可以反映俱乐部对中立者和其他俱乐部的球迷的吸引力
网站访问人数	● 每月用户、留言、点击和停留时间的平均值 ● 按地理位置划分的用户百分比	反映了球迷对互联网站点的支持程度,可以为广告、赞助、电子商务、新媒体业务提供支撑
网站满意度	使用在线满意度问卷调查,是全面的客户满意度调查的一部分	监控网站是否满足客户需求
计划执行情况	计划普及率(同一指标可用于俱乐部杂志和其他出版物)	衡量俱乐部媒体和出版社的销售业绩
计划满意度	对计划的满意度	有助于制定和改善市场策略,吸引赞助

6. 企业营销

企业营销指标计算方式和意义见表6-7。

表6-7　企业营销指标计算方式和意义

指标	计算方式	意义
比赛日设施利用率	俱乐部结合提供的包厢和座位利用率(已用包厢和座位除以包厢和座位总数)	可以使俱乐部建立良好的公共关系

续表

指标	计算方式	意义
净收入	销售价格减去成本	管理层评估来自商业的"实际"收入
人均费用	每年的包厢费除以包厢内的观众人数,减去增值税和餐饮费	建立与其他俱乐部同等水平的招待标准
需求	包厢和招待席位的贵宾名单	说明了焦点比赛和一般比赛之间的需求差异,体现了公司对潜在需求的服务能力
营销影响	广告和赞助所占俱乐部收入的百分比	反映了营销活动的效果
市场开发	给新客户分配的包厢和座位数量	反映了市场新业务开发的水平

7. 餐饮服务

餐饮服务指标计算方式和意义见表 6-8。

表 6-8 餐饮服务指标计算方式和意义

指标	计算方式	意义
人均消费	餐饮总收入除以比赛日观众人数	代表了观众在赛场的消费,易于计算,可与其他俱乐部进行对比
俱乐部餐饮支出	俱乐部招待部分的食品和饮料收入除以招待的人数	反映了俱乐部的公关支出
排队时间	按时间间隔测量队列的长度并计算平均值	用于衡量客户必须排队的时间以及餐饮服务的效率。这项调查需要较多的调查员
进场时间	通过各区域的入口计算进场时间	鼓励观众尽快回到座位,在比赛中,俱乐部要安排活动吸引观众停留在座位上
观众满意度	季票持有者的年度电话调查或体育场观众的现场访谈	持续监控客户满意度,建立与球迷沟通的桥梁,为未来的规划提供支撑。维护和改善对客户的关注可能会影响许多商业领域

8. 设施与活动

设施与活动指标计算方式和意义见表 6-9。

表 6-9 设施与活动指标计算方式和意义

指标	计算方式	意义
商品购买/人	俱乐部品牌商品销售总额除以估算的球迷人数,或者比赛日的商品销售总额除以总出席人数	商业成功的关键指标

续表

指标	计算方式	意义
球衣销售数量	计算每个推出的新球衣销售数量,以分销点和产品尺寸为单位分析	球衣销售数据是产品销售成功的关键性因素,要定期对销售情况进行监控
销售区域分布	不同区域的销售数量	球迷的地域多样性指标,为制订商品的分销渠道计划提供依据
零售人员销售额	总销售数量除以零售人员的人数	销售人员绩效指标
单位面积销售额	各个专营店销售金额除以占地面积	监控专营店的绩效,发现销售效果不佳的专营店

第二节　青少年足球学院工作标准探析——以英格兰青少年足球学院为例

一、目标与策略

(一)俱乐部足球哲学

每个经营青少年足球学院的俱乐部都应该给足球协会和评估机构提供本俱乐部明确的足球哲学。足球哲学要在学院经理的领导下,由管理人员、技术人员共同制定,每年都要经过俱乐部董事会审查。

(二)学院绩效计划

每个经营学院的俱乐部都要制订学院绩效计划,该计划应由俱乐部经理、首席执行官、学院管理团队和技术总监共同制订,并每年审查一次。

俱乐部董事会应每年审批学院绩效计划,确保将学院绩效计划传达给所有相关人员。俱乐部每年根据计划评估学院的绩效表现和绩效目标的实现情况,并实施奖惩。

(三)绩效管理程序应用

每个经营学院的俱乐部都应在规定时间内使用协会统一绩效管理应用程序,把相关数据按要求保存到系统,保证数据的安全性,设定访问权限,并向协会提供俱乐部、学院和其他相关信息。

经营 1 类或 2 类学院的俱乐部都要保证以下人员可以访问相关信息(不

包括俱乐部认为不能披露的信息）：学院职员、17 岁及以下学院球员和他们的父母以及想了解相关信息的球员。

（四）技术委员会

每个经营足球学院的俱乐部都应设立一个技术委员会。为了确保技术委员会职能的有效发挥，其需要包括以下人员：行政长官、管理者、技术总监、学院经理以及人事、教练员和教育等职能部门人员。技术委员会对俱乐部的足球发展理念和学院绩效计划的执行提供技术咨询和支持。

二、绩效管理和球员发展

（一）球员发展评估

每个青少年足球学院都应该记录球员各个年龄段的发展过程，并提供给球员、球员的家长以及协会、评估单位。

球员表现档案记录了球员在整体培训过程中的进度，管理软件中专门设置这个模块。球员表现档案包含球员技战术训练的时间、内容比赛情况以及体育科学和医学（包括心理和社会发展）、教育进步等内容。球员表现档案不仅是球员个人的发展记录，还是学院绩效评估的基础性信息。

（二）球员表现评估

每个青少年足球学院的学员都会收到个人训练效果评估报告，U9—U12 年龄段每 12 周一次，U12—U18 每 6 周一次，U19—U21 学院根据实际情况确定提供训练效果评估报告的时间。训练效果评估报告分析球员技战术表现及发展，学院应与球员讨论其表现，制订发展目标。学院每年至少与家长会面两次，讨论球员的表现与进步，每年给家长一份学员年度总结。

三、人员配置与职责

每个青少年足球学院都要建立人员组织结构，不同类别的学院配置的工作人员数量不同，但学院经理和专职教练员是必备的。青少年足球学院可以安排俱乐部相关职能部门的人员完成学院的工作，但工作人员必须具有相应的工作能力和资质，学院也可以聘任兼职教练员，但固定教练员数量必须达到最低要求。俱乐部应在组织结构图中记录其人员结构，确保每名职员都有劳动合同、书面的工作职责说明和年度绩效评估报告。俱乐部有责任为职员提供发展的机会。

（一）学院管理团队

青少年足球学院应组建一个学院管理团队。该团队由学院经理领导，其他人员由俱乐部董事会确定，包括教育主任、运动科学与医学系主任、招生培训负责人、学院秘书等职员。学院管理团队应协助学院经理实施和完成学院绩效计划。

（二）学院经理

每个青少年足球学院必须有一名全职经理，由俱乐部董事会任命和批准。学院经理是俱乐部的行政人员，受俱乐部的负责人领导。学院经理的职责包括（除非另有规定）：制定和贯彻俱乐部足球哲学、制订并执行学院绩效计划、向董事会汇报绩效完成情况以及在绩效不能完成的情况下制定调整策略；确保学院所有的职能部门都能正确运用绩效管理开展工作；整理和记录相关数据，监督学院训练的设计与实施；根据协会的要求进行自我绩效评估，协助第三方评估机构进行绩效评估。学院经理还要确保学院员工的专业发展，并担任教育主管、教练主管和人事负责人。每位学院经理必须持有欧洲足球协会联盟（Union of European Football Associations，UEFA，简称欧足联）的 A 级证书、学院经理执照和英格兰足球总会青年奖（The Football Association Youth Award）和高级青年奖（The Football Association Advanced Youth Award）。

每个青少年足球学院都要任命一位全职的学院秘书。学院秘书的职责有：为学院经理和学院提供行政支持；作为学院与协会之间的联系人，提供相关服务和提交信息，并熟悉青少年足球学院的相关规章制度。

（三）训练总监

青少年足球学院必须聘任一名专职训练总监。训练总监受学院经理直接管理，制订训练计划，需要有协会最高级或次高级的教练员执照、青少年训练专门培训证书（如果协会有相关培训和认证），必须每年参加协会提供的专门培训。学院训练总监由管理层任命，是学院技术委员会的成员。

（四）教练员

基本阶段、青少年发展阶段和职业发展阶段各有两名专职教练员，学院要根据自己学员的数量聘请兼职教练员，满足教练员与学员的数量比不低于 1:10。

青少年足球学院还必须配有守门员教练员。守门员教练员必须有 B 级教练员证书和青少年训练专门培训证书，每年参加协会的教练员培训。

此外，俱乐部还应任命一名技术总监。技术总监需要具有 A 级证书和协会最高级的青少年训练专门培训证书，负责监督 19～21 岁以下年龄段运动员的训练，评估球员水平，选拔球员进入俱乐部的一线阵容。

（五）教练员的资格和专业发展

每个教练员必须具备 UEFA 的 B 级以上证书和青少年训练专门培训证书，以及协会的其他青少年训练专门培训证书。学院教练主管、教练培训人员、训练总监必须持有 UEFA 的 A 级证书。

（六）学院运动科学与医学系主任

学院应指定一名学院运动科学与医学系主任，管理和提供体育科学与医学计划。他应具备理疗师或注册医生证书，至少拥有体育科学（或其他相关学科）硕士学位并具备比赛表现分析能力。

（七）首席体育科学家

足球学院还应设置专职首席体育科学家。他至少拥有体育科学（或其他相关学科）学士学位，在体育比赛表现方面具有专业工作经验，负责协调并领导学院的体育科学服务工作。

（八）体能训练师

学院要聘用一名专职体能训练师。由首席体育科学家管理、体能训练师负责给学院球员提供体能训练和监测工作，体能训练师至少要拥有体育科学（或其他相关学科）学士学位，获得体能训练师证书。

此外，学院还要求设有物理治疗师、学院医生、表现分析师、教育主管、招聘负责人等职位。此类人员要求具有相关的学历或专业资格证书，具有专业的工作经验，可以兼职，但必须保障学院工作的完成。

四、训练

（一）训练大纲

每个足球学院都必须有训练大纲，大纲中包括俱乐部的足球哲学、训练和比赛指导思想、各年龄段的目标和内容及训练手段。学院的训练大纲由学院经理、首席执行官、教练员、学院管理团队和技术总监参与制定。

（二）训练时间

集中训练和混合训练模式的 U15 年龄段的训练时间每年应超过 46 周，具体训练计划要根据比赛时间制订。

业余训练模式要求学员每年的训练时间必须在 40 周以上。每周的训练时间按发展阶段和学院的类别而定，具体见表 6–10。

表 6–10 各种训练模式的训练时间

模式	训练方式	阶段		
		基础阶段	青少年发展阶段	职业发展阶段
集中训练模式	训练小时/周	1～8 小时	10～12 小时	12～14 小时
	训练方式	业余、混合	业余、混合、全天	全天
混合训练模式	训练小时/周	3～5 小时	6～12 小时	12～14 小时
	训练方式	业余	业余、混合	全天
业余训练模式	训练小时/周	3 小时	4～6 小时	12 小时
	训练方式	业余	业余	全天

学院要确保每个学员都有机会获得针对其个人的训练指导，每次训练都要有训练记录，应确保教练员与学院球员的比例不低于 1:10。9 岁及以下年龄段的学员每年至少参加一次足球节，每次至少持续两天。教练员要定期开会，就目标的实现情况和问题进行探讨。

（三）训练中心

足球学院可建立一个或多个训练中心，该中心位于距离俱乐部一小时车程之内。训练中心可以为没有在俱乐部注册的球员提供训练指导，但他们不能参加俱乐部的比赛，也不能为其他俱乐部的注册学员提供训练服务。俱乐部要定期检查训练中心的设备使用情况、学院训练大纲执行情况和训练记录。

（四）比赛计划

除非足球协会许可，学院不得参加任何其他协会或组织开展的各项赛事。只有在俱乐部注册的学员才能参与学院的训练和赛事体系。学院要为每个学员建立一个竞赛档案，记录他们参加的比赛以及上场时间。学院需要对不同发展阶段的球员、球队的训练和比赛表现进行分析，并将数据与报告提交给协会。

（五）基础阶段比赛计划

俱乐部必须参加足球协会组织的基础阶段 9 岁以下和 11 岁以下两个年龄段的比赛，以及青少年发展阶段的 U12、U14、U15、U16 竞赛计划。这些比赛要求具有竞争性，但要淡化比赛成绩，不赞成设置排名表、冠亚军。球员到比赛地点的交通时间原则上不超过一小时。U11以下竞赛可以结合当地的足球节活动，分区域进行。除了冬季，比赛应在室外进行。比赛方式见表6-11。

表6-11 比赛方式一览表

年龄段	比赛人数	场地/码	球门/英尺	球号
U9	4V4，5V5，7V7	30×20～40×30（4V4，5V5） 50×30～60×40（7V7）	12×6	3
U10	4V4，5V5，7V7	30×20～40×30（4V4，5V5） 50×30～60×40（7V7）	12×6（4V4，5V5） 12×6～16×7（7V7）	4
U11	7V7 或 9V9	50×30～60×40（7V7） 70×40～80×50（9V9）	12×6～16×7（7V7） 16×7（9V9）	4
U12	11V11 （9V9如果双方同意）	90×60（11V11） 70×40～80×50（9V9）	21×7（11V11） 16×7（9V9）	4
U 13	11V11	90×60	21×7	4
U 14	11V11	90×60～100×60	21×7～24×8	5
U15 和 U16	11V11	110×70	24×8	5

注：1码=0.9144米，1英尺=0.3048米。

学院必须参加协会组织的竞赛，也可以自己组织竞赛，但必须符合协会的规定，并提前上报，不能与协会的比赛时间有冲突。每个学员在基础阶段比赛上场时间要达到比赛总时间的一半。预科阶段的学员可以代表学校、区参加比赛。

职业发展阶段的学员可以参加全国性比赛和区域性联赛。在完成协会组织的赛事之外，他们也可以参加其他赛事，但必须向协会申报，得到认可才可以参加。

五、教育与奖励

每个青少年足球学院都应制订一个教育计划，以确保球员的全面发展。教育计划要符合协会的要求，并在每个发展阶段结束时都要进行评估，以确定目标的实现情况。学院的每个学员都会收到一份个人的教育计划，这个计划符合其年龄段的教育要求和相关教育方面的法律规定，并与他自己在学业上目标一致。对于学院签约的学员，其教育计划也要符合体育部门的相关规定和要求，并对过程进行记录。俱乐部还要保证儿童的权益，建立家长投诉和处理机制，以保证教育计划的实施。

（一）教育发展报告

学院每 12 周进行一次学员的学业评估，并形成评估报告。学院要给家长提供学员的教育发展报告，报告中要详细地介绍学员的教育发展情况。

（二）教育模式

业余训练模式是足球学院与学校合作的模式，学员在学校接受教育，在学校教育完成后的空余时间在足球学院进行训练，此种训练模式在小学阶段是必需的。

混合训练模式是训练与学习并重的模式，需要足球学院与学校保持联络与合作。在这个模式中，训练和比赛可能会影响学员在学校正常上课，需要学校专门为学员提供补课、辅导等形式的教育干预措施，以保证学员教育的完整性。混合训练模式要尽量协调训练与教育二者间的矛盾，通过灵活的教学措施保证学员教育的完整性。

职业训练模式从青少年发展阶段开始，学员在学院接受全面、专业的训练，由学院统筹安排文化课的学习。这需要学院有完善的训练、教学设备和场地，也需要有各个学科教师的支撑。与距离近的学校深入合作是一种解决方案。

（三）社会发展与生活方式管理

每个足球学院都应开展学员生活方式管理的教育，确保每个学员都有职业教育与专业技能培训的机会，并鼓励他们参加社会活动，了解与践行公民义务。

（四）学员退出机制

学员可以在 18 岁以下退出学院教育体系，但不得加入其他俱乐部，这部分规章制度由协会制定。

（五）运动科学与医学

每个学院都应成立运动科学与医学部门，运动科学与医学的计划与实践由学院运动科学与医学系主任管理。运动科学与医学计划应详细说明运动科学工作，其内容包括将每个学员的进步、伤病与治疗、恢复状况记录在案。

每个学院要按统一的方法和标准去测量，测量项目包括医学和身体检查、人体测量学评估、生理/体能测试、运动和姿势/功能检查、成熟度测量、心理分析等，测量结果要提交给协会。其他方面的工作还有理疗（包括水疗和运动按摩）、医疗服务（包括伤病的预防和治疗、营养搭配）、运动表现分析、运动心理辅导等。

六、选材

（一）球探

每个学院都应有球探，要求球探具有资格证书，理解并遵守球探的规则和行为准则，每年要对球探进行专业培训。学院要向协会提交雇用球探的证明。足球学院的比赛不能禁止球探观察球员，应在比赛前一天公布比赛信息，球探需提供身份证明，并遵守协会的行为准则。对违反相关规定的球探，协会将实施纪律处罚或取消球探资格。

（二）注册

球员在协会注册，并提供相关信息。俱乐部收到学院球员的注册申请后，向球员的父母提供协会标准的合同。在家长收到合同的 7 天内，学员在学院训练比赛，但这期间不能与其他俱乐部洽谈转会和注册问题。

（三）时间/距离规则

欧洲的足球协会规定了学员住宿地与训练地的距离和交通时间，基础阶段的学员距离训练地的交通时间不能超过一小时，对于 16 岁球员的管理采用住校三集中模式，球员家庭住址的距离无限制，而走训的学员距离不能超过半小时车程。

（四）试训

在一个年度内连续 6 周没有注册的球员可以参加学院的试训，应提前 7 天通知，并提供相关信息。试训期不能超过 6 周，9 岁以下学员的家庭住址距离学院不能超过一小时的交通时间，13 岁以下不能超过一个半小时。学院不能为其他俱乐部的在训学员或没有得到其他俱乐部许可的在训球员提供试训。

（五）场地与设备

1. 设备

每个有青少年足球学院的俱乐部均应确保有规定的设施和住宿条件，满足青少年足球学院的训练与竞赛。

天然草球场要求场地符合足球比赛标准，可以用于学院开展足球竞赛，学院要确保场地能满足训练和比赛的需要。场地需要设置灯光，并设有观众区域和守门员训练区域。室内球场也要求有灯光，场地的标准要符合室内足球正规比赛的规定。场地要求俱乐部拥有所有权，或签有使用权的协议，学院在任何时间段都可以使用。

2. 更衣室和洗浴设施

洗浴设施要与学院学员数量相匹配，更衣室要符合比赛要求。卫生间也必须满足比赛主客队的需要，还要有官员、教练员、员工的单独卫生间。

3. 会议室

会议室要足够容纳 20 人，并配有单独的书桌（每人一个）、音频/视频投影设备和大屏幕，能访问互联网的计算机。

4. 宾客休息室

宾客休息室在每次训练和比赛时对家长开放，应容纳至少 50 人，可配有茶点和单独的卫生间。

5. 管理人员办公室

管理人员办公室要配有处理各种常规性事件的设备。

6. 住宿

学院要为 18 岁以下不与父母同住的注册学员提供住宿。住宿条件要求满足相关规定，住宿地点要尽量靠近训练地和教室，可以租用附近的酒店作为学员宿舍。

七、经费

俱乐部应向足球协会提交财务报表，协会要制定一个针对青少年足球学院的财务基本报表。财务报表要与财务预算一致，协会定期对俱乐部的青少年培训经费进行审核，并在法律和政策规定范围内公布相关信息。

第三节 高水平青少年足球培训机构 KPI 评估模式

一、高水平青少年足球培训机构的评估过程

高水平青少年培训机构应具备以下特征：拥有让球员可持续发展的优异

的训练学习环境；让球员接受有计划的学习与训练，不断挖掘学员的潜能，让学员得到全面的发展；能提供全方位的足球专项训练；有多学科的有力支撑；每个学员都能受到训练场内外完整的教育；从球员实际水平出发，以培养高水平的职业球员作为最终目标。

为促使俱乐部的青少年足球培训部门——青少年足球学院达到以上标准，许多国家的足球协会引入了 KPI 管理，制定了青少年足球学院的评估流程，期望通过评估促进俱乐部的标准化建设，这其中具有代表性的是英格兰足球联盟的 10 项 KPI 评估模式。其评估过程如下：

（1）青少年足球学院开展自我评估。学院经理对俱乐部每年的绩效进行简单的自我评估，评估结果以俱乐部的分类和采取的评估方案作为依据。

（2）青少年足球学院年度评估。由协会相关人员与学院经理一起对青少年足球学院年度工作的绩效进行总结，这也应该是俱乐部年度总结报告的一部分。评估报告可以让董事会了解青少年足球学院的工作成绩和不足，对推动以后的青训工作有重要的作用，也为协会监控各个俱乐部青少年培训工作提供数据。

（3）通过国际标准化组织（International Organization for standardization，简称 ISO）对青少年足球学院进行第三方评估，开始阶段是两年一次，逐步延长为三年一次，根据评估结果对青少年足球学院进行分类，按类别提供资金、发放牌照。

二、高水平青少年足球培训机构的评估内容

以英格兰足球联盟为例，所有学院的绩效都要通过 10 项 KPI 重点绩效指标评估。评估机构会给每一个青少年足球学院经理一个在线的评估工具，通过这个工具，学院经理可以了解评估的内容和指标体系，以及如何达到每个 KPI 标准。

评估机构的工作人员会帮助学院经理完成第一步的工作——自我评估。每一个俱乐部都会安排一个专门的评估工作对接人员，这个专职人员将会和学院经理一起工作，确保评估工作的第二步顺利完成。

国际标准化组织提供给所有俱乐部一个独立的评估工具，这个工具在2012/2013 赛季首次投入使用。俱乐部完成第一次评估后，国际标准化组织以后每三年评估一次，如图 6-2 所示。

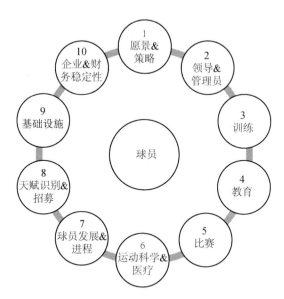

图 6-2　国际标准化组织测评图

　　英格兰绩效评估模型主要以全面质量管理工作中的十个维度为基准，这十个维度构建了英格兰足球俱乐部协会青少年足球运动员培养的全面质量管理模型。英格兰足球俱乐部协会在 Foot Pass 的全面质量管理框架的基础上，突出了以青少年球员发展为中心的趋向；将战略和财务规划（STRA）指标分解为愿景&策略、企业&财务稳定性，将组织结构与决策（ORG）和学院工作人员（STAF）合并为领导&管理员；重点评估了青少年训练的核心工作，将天才识别与培养（DEV）以及效果（EFF）分解为天赋识别&招募、球员发展&进程、教育、训练、比赛五个方面，并对其进行评估，减少了沟通与合作（COM）的评估，将运动与社会支持（SUP）简化为运动科学&医疗等多学科支持。有关英格兰足球俱乐部青少年足球学院认证模型表的内容请见表 6-12。

表6-12　英格兰足球俱乐部青少年足球学院认证模型表

Foot Pass 认证维度	"精英球员培养计划"认证维度
战略和财务规划（STRA）	愿景&策略 企业&财务稳定性
组织结构与决策（ORG） 学院工作人员（STAF）	领导&管理员
天才识别与培养（DEV） 效果（EFF）	天赋识别&招募 球员发展&进程 教育 训练 比赛
运动与社会支持（SUP）	运动科学&医疗
沟通与合作（COM）	—
设施与器材（FAC）	基础设施

在操作层面，英格兰所有青少年足球学院的经理都有一个统一的在线评估工具，俱乐部管理者通过这个工具来完成全面质量管理工作。其中，训练是英格兰足球总会"精英球员培养计划"的核心，也是绩效评估的重点，评估的主要内容有以下几个方面：

1. 训练时间

学院要保证U9—U18队员的3小时、5小时和12小时的训练时间。球员在18岁的时候，在青少年系统中要接受大约2500小时的训练时间。

2. 球员发展阶段性

一个球员从社区发展中心到足球学院，最后到职业俱乐部的每个阶段都有清晰的训练和比赛记录。球员档案是俱乐部管理员、教练、球探、高级管理人员对球员进行科学的评估和制订训练计划的依据。

3. 球员发展—球员评估

学院定期测量与评估系统中每一个球员的发展情况，"精英球员培养计划"对球员进行多学科、综合、全面的评估，并制定评估流程。

4. 训练质量

学院要有效地利用训练时间，使训练效果最大化。只有高质量的训练才能创造或产生精英的环境。通过检查训练质量，可以评估俱乐部未来人才培养潜力与人才出现的可能性。在学院中，每一个教练要根据球员的实际情况制订训练计划、精心编写教案，并在每一次的训练中根据球员的实际情况提出具体的训练要求，并追踪训练效果。

5. 训练成果

（1）培养方法

10 项 KPI 中 7 项与球员的动态发展和学院的人才输出有密切的关系。"精英球员培养计划"评估要求俱乐部从可持续发展的角度制订球员的发展计划，通过训练过程中的综合计划、实施效果、人才输出等指标评估培养计划的科学性

（2）球员档案

详细的球员档案准确地记录了球员竞技能力的发展变化情况。足球管理系统记录着每个注册球员发展的阶段性成果，用以评估不同年龄球员的发展潜力和职业前景。

（3）培养力得分

培养效率分析使俱乐部把重点放在人才质量和培养效率上，而不是简单地扩大学员规模。英格兰"精英球员培养计划"建立了以比赛成绩为基础的球员发展评分模型，球员参加高水平的比赛越多，就能在培养力上获得越高的分数，避免了人才培养急功近利。

通过以上五个方面青少年训练质量标准与绩效评估，英格兰足球俱乐部协会规范了俱乐部和培训组织的青少年训练过程。在 2012 年推行"精英球员培养计划"后，英格兰青少年竞技水平得到了明显提高。在 2017 年六项青少年大赛中，英格兰 5 次打进决赛，U17 和 U20 国家队两次获得世界冠军，充分展现了以全面质量管理为核心的"精英球员培养计划"在青少年人才培养上的成果。

本章小结

本章主要围绕 KPI 绩效考核法对足球俱乐部绩效管理进行分析，通过对其内涵、SMART 原则、流程、七个特征、执行的七个基本条件进行详细的解释，指出该方法对于足球俱乐部绩效管理具有一定的科学性和适用性；随后进一步对足球俱乐部 KPI 管理意义进行阐述，指出足球俱乐部需具备的 KPI 特征包括可持续化发展的绩效指标、非经济类指标、联系可控事件、直

接关系到俱乐部的愿景和战略、易于自动跟踪、容易与竞争者比较，并分别举出实例；确立足球产业 KPI，通过图表形式清晰概括俱乐部总体绩效，针对中小型俱乐部提出综合 KPI 管理模式的一些简化指标，其中包括经济管理、顾客服务、足球领域、球迷管理、媒体与出版物、企业营销、餐饮服务、设施与活动。

本章在前文绩效评估理论基础与方法研究的基础上，重点探究了 KPI 的适用性。研究表明，KPI 的开发可以整合到足球俱乐部整体业务规划过程中，可根据足球俱乐部的商业内容，将每个领域主题和目标细化为多个指标，并赋予其分值来达到衡量绩效的目的。

本章还介绍了青少年足球学院 KPI 管理内容及评估模式应用，对青少年足球学院 KPI 管理工作内容及标准进行分析与总结。目标与策略、绩效管理与球员发展、人员配置与职责、训练、教育与奖励、选材与经费是其重要的工作内容，每一部分的内容都有其具体的标准规则，它们共同组成一个完整的系统，促进了青少年足球学院的发展。高水平青少年培训机构的评估过程首先是青少年足球学院开展自我评估，其次是青少年足球学院的年度评估，最后是通过国际标准化组织对青少年足球学院进行第三方评估。青少年培训机构有以下特征：拥有优异的训练学习环境；可以不断挖掘学员的潜能，让学员得到全面的发展；能提供全方位的足球专项训练；有多学科的有力支持；每个学员都能受到训练场内外完整的教育；从球员实际水平出发，以培养高水平的职业球员作为最终目标。评估的内容是所有学院的绩效要通过十项 KPI 评估。评估机构会给每一个青少年足球学院经理一个在线评估工具，这个工具使其了解评估的内容和指标体系，让其了解如何达到每个 KPI 标准。

本章基于对青少年足球学院 KPI 评估模式的分析，以评估过程和评估内容为主要部分进行详细的阐述，并借鉴英格兰青少年足球俱乐部的例子，分析其认证模型表，总结其评估的具体内容，从而为我国青少年足球培训机构的发展提供参考，并促进其发展。我国青少年足球培训机构应完善训练体制、管理模式，加强教练员专业能力的培养，学习借鉴先进训练理念和训练方法。我国足球后备人才培养体系的重建，需要借鉴、吸取国外成功经验，从实际出发，探索适合我国的足球后备人才培养路径，提高人才培养效益，推动我国足球产业的健康持续发展。

第七章
青少年足球训练绩效管理实例分析

第一节　青少年足球培训评估体系分析

一、青少年足球培训评估系统形成及评估体系

Pass 是基于 IK Gym 质量管理工具建立的，评估对象是以竞技成绩为导向的集体项目青少年俱乐部，包括足球（Foot Pass）、篮球（Basket Pass）、合球（Korf Pass）和冰球（Hockey Pass）。Pass 模型具有广泛的适用性，它以 TQM 理论为支柱，制定了多个角度（联盟、专家、俱乐部经理、青少年足球学院管理者等）的评估模式。

为了提高比利时足球竞技水平，比利时足球协会制定并推行了针对足球培训机构的质量管理的足球培训评估体系（Foot Pass）。Foot Pass 是以 TQM 基本原理为理论依据，在分析利益相关者需求的基础上，建立的青少年足球培训质量管理的指导工具和相应工作标准，从可持续发展的视角提高青少年足球培训机构的培养质量，为俱乐部和国家队输送更多的后备人才。Foot Pass 已经成为国际权威性的青少年培训质量管理工具（表 7-1）。Foot Pass 的核心有八个维度，323 项绩效评估指标、200 项加权标准，总分为 5000 分（图 7-1）。

表 7-1　Foot Pass 认证系统维度与内容

维度	内容
战略和财务规划（STRA）	俱乐部的青少年培养目标与任务、战略和预算
组织结构与决策（ORG）	组织结构，俱乐部青少年培训定位、决策方式
天才识别与培养（DEV）	足球训练目标、计划，培训课程组织、比赛，教练员团队及专业技术人员性格特征与内部监督
运动与社会支持（SUP）	医学、心理研究和社会支持，监控体系
学院工作人员（STAF）	内部交流，对家长和球员的沟通，俱乐部活动，个人档案与岗位职责，咨询与教育，评估与资金
沟通与合作（COM）	外部沟通、合作、计划、招聘
设施与器材（FAC）	比赛与训练场地、设施和器材
效果（EFF）	建立在 KPI 基础上的青少年培训的成果,如青少年个人阶段发展,队员选材与输送,获得的专项技术资格等级等

从表 7-1 和图 7-1 的评估模型中可以看出 Foot Pass 评估维度包括战略和财务规划（STRA）、组织结构与决策（ORG）、天才识别与培养（DEV）、运动与社会支持（SUP）、学院工作人员（STAF）、沟通与合作（COM）、设施与器材（FAC）、效果（EFF）。从 TQM 理论构架来看，战略和财务规划（STRA）、组织结构与决策（ORG）、学院工作人员（STAF）、沟通与合作（COM）是战略层次，在运行层次上增加了天才识别与培养（DEV）、运动与社会支持（SUP）、设施与器材（FAC）、效果（EFF）等维度，突出了以高水平人才培养工作为核心的管理指导思想。

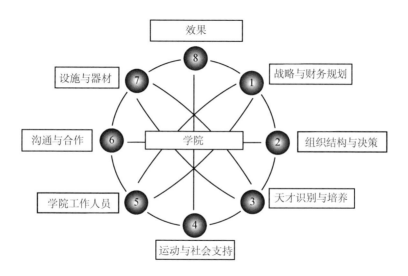

图 7-1 Foot Pass 评估模型

Foot Pass 评估程序可以分为三个阶段：第一阶段是"定义质量标准和性能指标"，即研发适合足球协会的绩效认证系统。这个过程需要足球协会的各个利益相关者参与，包括足球领域的专家、足球协会成员及合作伙伴，共同讨论制定符合协会特征的标准和指标，形成统一认识，为认证体系在俱乐部的实施奠定基础；第二阶段是"以评促建"阶段，即在足球俱乐部的实施阶段，让各俱乐部结合指标与标准分析其在青少年培训工作中的优势与劣势，以促进其改进青少年训练工作；第三阶段是"质量保证和绩效评估"阶段，这个阶段第三方评估机构利用评估工作对俱乐部青少年训练工作进行定性与定量相结合的评估，形成评估报告，并提交给相关部门。

二、Foot Pass 认证的实施效果分析

多年来，比利时足球俱乐部和德甲足球俱乐部一直都在运用 Foot Pass 进行评估。在比利时足球俱乐部，第一次评估出现在 2003 年，2006 年对足球俱乐部进行了第二次评估。这些评估结果表明，一方面，俱乐部在组织结构、青少年在俱乐部的角色定位、正式决策、专项运动训练愿景、培训计划、工作工具、训练课程的组织、训练和比赛机会等方面的得分均高于平均水平。另一方面，评估发现俱乐部的战略和财务规划（STRA）、运动与社会支持（SUP）、效果（EFF）的平均得分比较低；18 个俱乐部中有 5 个俱乐部认为培养效果这方面是失败的，超过一半的俱乐部认为培训对青少年的发展是没有积极作用的，并指出其培养出来的本土运动员数量不足是由于效率低下造成的。

德甲足球俱乐部运用 Foot Pass 进行了两次评估。第一次评估是在2007/2008 赛季，36 个俱乐部中 18 个俱乐部的得分较高，16 个俱乐部在得分的第二个等级，2 个俱乐部的得分比较低。得分最高的是战略和财务规划（STRA）、组织结构与决策（ORG）、设施与器材（FAC）；另外，有一半的俱乐部的培养效果低于 50%，这与俱乐部的总得分有较强的相关性。此外，俱乐部的总得分、战略和财务规划（STRA）、天才识别与培养（DEV）、设施与器材（FAC）等方面联盟的第一梯队和第二梯队之间具有显著差异。

德甲足球俱乐部在 2010/2011 赛季进行了第二次评估，评估结果比较理想。在第一次评估之后，有 60%的俱乐部进行了改进，得分最高的是在战略和财务规划（STRA）、设施与器材（FAC）两个方面，得分较低的是在天才识别与培养（DEV）、运动与社会支持（SUP）两个方面，结果也显示出本土运动员的数量有所增加。但是在半数以上的俱乐部中，效果（EFF）依然是个很大的问题，与 2007/2008 赛季的第一次评估一样，效果（EFF）与俱乐部的总得分有很大的相关性。

自实施足球质量管理以来，国际足联实现了在全国范围内自上而下的管理方法，这对俱乐部青少年培训产生了很大的影响。波克（Bok）和范霍克（Van Hock）调查了比利时的足球俱乐部实施 Foot Pass 的效果，发现质量管理体系的实施旨在推动体育组织的内部管理水平和服务质量的提升，这与俱乐部发展目标相吻合，并且促进了俱乐部之间的积极合作，成为控制俱乐部的一项重要手段。质量评估体系不仅增加了俱乐部青少年培训工作的压力，

还强化了俱乐部内实施质量管理制度的动机。根据评估结果制定的奖励政策进一步增加了俱乐部对青少年培训的管理与资金的投入，现在很多俱乐部对质量管理提升作用的重视程度已经高于国际足联提供的资金刺激，这说明质量管理在青少年足球人才培养中的重要性已经得到了国外俱乐部的普遍认可。

三、足球俱乐部青训体系认证工作的影响因素分析

在精英足球俱乐部认证过程的研究中，存在着影响质量认证体系整体实施有效性的不同变量。这些影响变量，发现于业务领域内，可分为促进实施过程的成功因素和成功实施特定系统的障碍因素。下面将总结来自卡尔松（Carlson）的影响因素研究。

（一）成功因素

1. 高层管理者的支持

高层管理者对实施的支持被认为是最重要的成功因素。高层管理者负责确定实施时间和能使用的资源。同样重要的是，高层管理者在评估过程中需要站在长期、可持续发展的角度，并且这个角度应贯穿时间、资源和参与人员等各个方面。

2. 正确的态度

正确的态度也是成功的重要因素之一，是最高管理者对认证过程的内在驱动力。它之所以重要，是因为管理者对认证的积极态度将影响整个实施过程。因此，组织的成员需要理解认证过程为什么实施以及他们通过它能获得哪些方面的好处。

3. 质量文化

一些研究结果表明，质量文化的存在或建立有助于提升组织绩效。质量文化也最大限度地降低了有关组织内认证制度的风险，认证与质量文化一致性会增强成员执行评估的动力。

4. 质量管理者

质量管理者应该被视为实施过程背后的推手，也是认证体系工作的调解员和执行者。

5. 正确的先决条件

最高管理层还需要确保在财务资源、时间和文件方面按要求做好完整的准备，这是评估的先决条件，以便组织内的成员顺利进行质量工作的分配。

因此，评估前评估方必须给予被评估方工作的时间，以制订和实施质量方案。员工需要被给予时间来规划和适应系统，并充分认识到质量体系的重要性和它在组织中的目的和作用。

6. 员工承诺

由于认证体系是围绕组织内的全部过程实施的，因此负责这些过程的成员都应该认识到实现承诺是很重要的工作基础。这在中小型组织中尤为重要，因为每个成员对工作的贡献与客观绩效评估是非常重要的，只有二者一致才能达到组织发展的高质量要求。

7. 教育

组织中的每个成员都应受到认证制度的培训，尤其是高层管理人员，这对组织发展是很有必要的，也具有重要意义。最高管理者需要了解如何以最佳的方式实施质量工作，如果对相关知识了解不足，就需要进一步接受培训。此外，组织其他成员也需要通过接受培训来填补对相关知识认知的空白。

8. 评估

评估机构要了解最高管理者的财务资源、计划及各项资料文件，掌握评估对象的蓝图与规划，这样才能对其做出准确的评估，并能对评估结果与预期目标的差距进行分析。

9. 规划

在认证体系实施之前，重要的是最高管理者将评估标准整合到组织的愿景、使命和目标中，制定的战略需要与评估体系相适应。组织需要适当地对计划进行调整，实现以质量为核心的理念，并进行成员的培训和组织内部评估体系的建立。

10. 资料记录

决定认证体系成功实施的另一个因素是组织内已经建立的资料信息库，应该对俱乐部所有的文件进行整理与归类。资料不应遵循认证体系的标准，而应适应组织自己的个性、过程和活动。

11. 咨询

咨询与沟通在评估实施过程中非常重要。这是因为咨询师是该领域的专家，并有相关的经验，他们知道如何使用评估制度，以及评估制度如何解释和适应特定组织，在协助组织认证等方面起着重要的作用。

12. 网络的建立

当组织实施相同性质的多个组织的评估时，应该建立网络，双方在评估系统内协同工作。他们可以交流经验，相互学习，这会对评估结果产生积极的影响。

13. 外部压力

组织的利益相关者对实施评估体系的外部压力可能会促进认证体系的实施。它可能简化了评估前与管理层的沟通工作，但有些管理者可能对评估工作持有消极的态度，从而影响评估工作的顺利实施。

（二）障碍因素

1. 缺乏高层管理人员的支持

缺乏高层管理人员的支持是成功实施评估制度的一个主要障碍，如果最高管理层不向其他成员传达他们对评估过程的支持，评估过程将难以顺利开展。

2. 对评估制度的不正确态度

正如上文中已经提到的，对评估制度的态度，决定着潜在的成功能否实现。研究表明，当组织对评估系统的引入有不正确的看法时，就会对实现质量改进形成障碍。过度自信且缺少长期目标的组织，是在评估中出现问题最多的组织类型。

3. 缺乏资源

组织认证过程的一个共同障碍是缺乏人力、时间和金钱方面的资源，特别是在较小的组织中，人力资源和时间的缺乏可能是认证成功的主要障碍。

4. 抵制变革

成功实施评估的另一个障碍是员工对变革的抵制。这种阻力往往是由于管理层不能向员工传达评估体系的要求，员工对他们如何负责这一过程以及如何参与不清楚，导致他们围绕评估工作无法达成共识。

5. 缺乏培训和知识

组织成员需要了解评估体系如何影响组织工作过程，以便实现质量改进。组织在这一过程中面临的许多障碍，可能与员工对评估制度的需求和使用方面的知识缺乏有关。当高层管理人员不提供给员工资料与培训时，员工可能会感到失望，从而阻碍组织提高相关工作的质量。

6. 缺乏时间和规划

一个合理的规划是认证成功实施的必要条件，不合理的规划可能构成质量管理障碍。为实施认证制度，组织需要意识到质量的提高需要耐心和时间，并且改变不可能立即产生效果，没有立竿见影的方案。

7. 过于关注文档

组织的工作过程和相关活动完整的文档构成了认证系统实施的一个成功因素，但是过于关注文档也可能是一个评估障碍。问题不在于文档本身和标准化，而在于组织误解了它们的功能。如果组织更关注文档而不是文档记录的活动也会影响相关工作。

8. 外部压力

按照与上述相同的逻辑，来自组织利益相关者的外部压力也可能成为评估体系成功实施的障碍。相关的关注会影响管理者及员工对评估系统的正确态度和实施工作。

9. 评估制度难以形成

许多实施评估系统的小组提出了组织内质量评估系统难以形成，认为它似乎主要针对的是较大的组织。因此，较小的组织的成员认为评估体系的质量改进效果不如行政管理的加强。

10. 缺乏外部帮助和评估机构的支持

外部帮助是实现评估过程的成功因素。组织需要在协商和过度协商之间找到平衡，如果组织需要太多的帮助，那么就会削弱组织的价值。此外，如果评估系统过度指导组织的工作，就会导致组织成员参加评估工作减少，对评估过程认识不足，进而对组织质量工作产生负面的影响。

第二节　匈牙利足球俱乐部青少年
足球人才培养评估体系

一、认证流程

（一）评估的准备工作

根据匈牙利青少年培训的实际情况定制 Foot Pass 评估体系；各相关部门对评估体系和指标形成一致意见；首次评估，形成评估报告，提出问题与建议；出具 15 个学院的整体评估报告；进行高水平青训机构的专门评估；对青少年足球学院院长和专业管理者进行培训；修订评估标准；进行二次评估；

自定义报告，提出问题和建议；对评估报告进行分类。

（二）评估前的工作

将俱乐部文件（数据、证书）提交并上传到在线系统；分析、整理上传的文件；规划和准备现场审核；现场审核和现场考查；对俱乐部/学院进行 16 次现场调查和访谈；设施参观，查看和监控 2 个主场比赛和 5 个球队的训练工作；召开报告和评估后会议；形成个人（俱乐部）的报告并反馈；形成俱乐部评估报告；形成总报告和分类；形成主席报告。

二、评估指标体系

从图 7-2 和表 7-2 中可以看出：匈牙利足球协会定制的足球培训评估体系分俱乐部管理、部门、足球发展、资源、培养力等五个方面。俱乐部管理分为战略、组织结构和人力资源管理 3 项指标，权重为 16%；部门包括市场部、球探与招生、体育科学、社会与教育、行政与后勤 5 项指标，权重为 11%；足球发展包括团队发展、个人发展和选材 3 项指标，权重为 31%；资源包括员工和设施 2 项指标，权重为 22%；培养力包括学院学员数量、进入俱乐部一线队人数、进入主力阵容人数、核心队员人数、进入国家队人数等 5 项指标，权重为 20%。

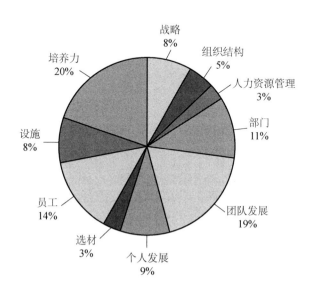

图 7-2 匈牙利青少年足球俱乐部评估模型

表 7-2 匈牙利青少年足球俱乐部评估指标体系

一级指标	二级指标	三级指标
俱乐部管理	战略	战略上的俱乐部商业环境、俱乐部经营环境、俱乐部足球商业模式、俱乐部选材策略、俱乐部球员奖励策略
	组织结构	俱乐部的管理模式、结构与岗位职责、一般问题的解决过程和程序、战略问题的解决流程和程序
	人力资源管理	人力资源计划、人力资源规章制度、内部与外部沟通
部门	市场部	考核和招聘 运作计划 组织 员工评估与专业发展 年度计划 数据管理与技术
	球探与招生	
	体育科学	
	社会与教育	
	行政与后勤	
足球发展	团队发展	专业课程、团队和个人发展的设计、各年龄段的学习过程、与比赛相关的学习目标（战术、技术、身体、心理）、比赛相关周期化学习目标、守门员个人周期化学习目标、训练实践、训练组织、训练课的指导思想、比赛指导理念、训练和娱乐设施、锻炼次数（团队与个人）、训练总时长（团队+个人）、各年龄段的平均水平、比赛
	个人发展	目标、足球教练个人的训练指导思想、个体评估和测量设计、球员发展、整体方法、组织和训练、个体评估和测量（U9—U12、U13—U16、U17—U21）、球员跟踪、U9—U12 个人训练反馈和训练效果评估、U13—U16 个人发展计划与个人训练反馈和训练效果评估、U17—U21 以上球队个人发展计划与个人训练反馈和训练效果评估、职业管理、职业生涯规划、与球员个人交流、退出程序
	选材	目标与计划、选材理念、选材系统、健康检查
资源	员工	学院领导、职业足球队、其他员工、欧足联 B 级教练员、欧足联 A 级教练员、欧足联精英青年 A 级教练员、体能教练、具有体育科学学位的人员、具有管理学位的人员、职业球员、专业教练、5 年以下执教经验的教练员、5 年以上执教经验的教练员、U9—U12、U13—U16、U17—U21 的全职教练员和兼职教练员
	设施	专门人员、天然草球场、人工草球场、学院使用的、冬季室内设施（足球或综合运动）、更衣室、理疗室、培训中心医疗检查室、培训教室和宿舍、交通服务设施、会议室
培养力	学院学员数量	总人数、3 年 5 项指标的变化、各年龄段人数、5 项指标占总人数的比例
	进入俱乐部一线队人数	
	进入主力阵容人数	
	核心队员人数	
	进入国家队人数	

匈牙利足球协会制订的评估方案虽然在 Foot Pass 评估内容和体系中有所调整，但是基本程序与核心指标没有变化，对制订评估方案和确定评估指标有一定的借鉴作用。

第三节　欧洲青少年足球培训评估体系分析

一、评估内容

为了了解欧洲青少年训练的现状，欧洲足球职业联盟委托 Double Pass 公司对其进行了定性与定量的综合分析。基于 Foot Pass 的评估模型，分析包括以下程序和内容：

（1）全面的俱乐部青少年培训数据，为整个报告提供分析支撑。

（2）俱乐部青少年培训体系的自我评估报告。

（3）扩大调查俱乐部的范围和数量，以提供更多的研究案例。

（4）包含青少年发展的经验和外部环境。

（5）青训系统的球员。

（6）财政和预算项目。

（7）管理方面。

（8）足球发展。

（9）支持服务。

（10）与第三方的关系。

（11）基础设施。

（12）培养效率。

（13）青少年比赛组织。

（14）协会的支持。

（15）关键成功因素。

（16）关键制约因素。

（17）保护措施。

二、评估对象

（一）俱乐部

在参与调查的 96 个青训俱乐部（表 7-3）中，处于第一层次的俱乐部数量为 30 个，占比 31%，等同于第三层次的俱乐部数量；第二层次的俱乐部为 36 个。在此次参与调查的俱乐部中，没有涉及第四层次的俱乐部。

表 7-3　各国参与调查的俱乐部数量统计表

层次 1（N=30）			层次 3（N=30）		
英国	GBR	6	波斯尼亚和黑塞哥维那	BIH	2
法国	FRA	4	白俄罗斯	BLR	1
德国	GER	5	保加利亚	BUL	2
意大利	ITA	5	克罗地亚	CRO	2
荷兰	NED	4	塞浦路斯	CYP	3
西班牙	ESP	6	捷克	CZE	4
层次 2（N=36）			爱沙尼亚	EST	1
澳大利亚	AUS	1	芬兰	FIN	1
比利时	BEL	3	格鲁吉亚	GEO	1
丹麦	DEN	3	冰岛	ISL	1
希腊	GRE	2	英国（北爱尔兰）	GBR	2
匈牙利	HUN	1	以色列	ISR	1
黑山	MTG	1	立陶宛	LTU	1
挪威	NOR	2	卢森堡	LUX	1
葡萄牙	POR	4	摩尔多瓦	MDA	1
俄罗斯	RUS	2	马其顿	MKD	1
英国（苏格兰）	GBR	4	波兰	POL	2
塞尔维亚	SRB	1	罗马尼亚	ROM	1
瑞士	SUI	4	斯洛伐克	SVK	1
瑞典	SWE	2	斯洛文尼亚	SLO	1
土耳其	TUR	5	—	—	—
乌克兰	UKR	1	—	—	—

（二）青训运动员

（1）每个青少年足球培训机构平均有 219 名青少年队员。

（2）U10—U19 的青少年足球运动员是各个俱乐部最重要的组成部分，数量也最多，平均每个俱乐部有 188 名，而中位数为 175。

（3）大多数俱乐部是根据球员的年龄阶段来划分训练工作的，一般会有 3～4 个年龄段的训练。

（4）一般来说，3/4 的球员来自俱乐部所在地区，车程小于一小时，1/5 的球员车程大于一小时。

（5）60%的俱乐部有外地来的球员，年龄段在 16 岁以上的俱乐部平均有 3%的运动员来自其他国家。

（6）根据国际足协的分类情况，第一层次的俱乐部有更多的球员是来自其他国家的。

（7）第三层次俱乐部的球员主要来自俱乐部所在地区。

三、评估结果

（一）财政和预算项目（成本与收入）

（1）50%以上的俱乐部预算的 6%用于青少年球员的发展，至少为 125 万欧元（约 978.84 万元）。

（2）将近 1/3 的俱乐部青少年培训体系的预算超过 250 万欧元（约 1957.68 万元）。

（3）1/4 的青训机构的预算不足 50 万欧元（约 391.54 万元）。

（4）接近 1/3 的俱乐部把预算的 8%用于青少年培养方面。

（5）基于国际足联的分类，第一层次的国家俱乐部的预算用于青少年的发展是最高的，而且超过 2/3 的俱乐部的预算在 300 万欧元（约 2348.73 万元）以上。

（6）对于第二层次的俱乐部来说，青少年培训的预算存在很大的差异。

（7）第三层次的俱乐部的青少年培训预算在各个项目的比例是最高的，超过一半以上的俱乐部把预算的 8%用于对青少年的培养。

（8）一半以上的俱乐部在过去的 5 年里青少年培训预算的增加非常显著。

（9）1/3 以上的俱乐部表示在随后的几年里将追加青训工作预算。

（10）员工（26%）、设施（15%）、球员合同（15%）是青训机构最主要的支出成本。

（11）在第一层次和第二层次的俱乐部中，球员合同的金额比较高。因此，相比于第三层次的俱乐部来说，球员合同的金额和成本的相关性更大。

（二）管理方面

（1）在50%的俱乐部中，青训机构在执行委员会中担任代表。

（2）80%的青训机构有代表参与到俱乐部的技术部和董事会中。

（3）在2/3的俱乐部中，青训机构总教练是作为技术中心和董事会的代表，40%的主教练是其中的代表。

（4）在一半以上的俱乐部中，技术总教练和董事会负责组建第一支青少年梯队。

（5）在2/3的俱乐部中，技术总教练和董事会对青训工作的转变起着重要的作用。

（6）至少在80%的俱乐部中，俱乐部经理和青训总教练在青少年培训体系中发挥着至关重要的作用。

（三）目标与计划

（1）2/3的俱乐部有明确的发展目标和计划。

（2）超过3/4的青训机构具有明确的发展目标，这一目标是基于俱乐部的发展目标而建立的。

（3）2/3的俱乐部有训练指导思想。

（4）2/3的青训机构主要关注的是个人的发展而不是球队的成绩。

（5）60%的青训俱乐部更加注重球员技术的提高，而不是球员身体素质的发展。

（四）训练计划/课程

1. 训练计划

（1）所有的俱乐部都有明确的训练目标和计划,制订了3～4个周期性的训练目标和计划。

（2）87%的俱乐部把学习目标的达成率作为球员评估的基础。

（3）3/4以上的青训机构在使用视频分析对球员进行评估。

（4）3/4以上的青训机构制定了训练大纲。

2. 训练课程

训练课程的数量是分阶段进行的团队训练，即平均训练量。

（1）U12及以下：一年训练41～42周，每周训练时间为4～5小时。

（2）U13—U15：每年训练44周，每周5次，每周训练时间超过7小时。

（3）U16 及以上：每年训练 45 周，每周 5 次，每周训练时间约为 9 小时。

个人训练：个体训练量

（1）U12 及以下：每年训练 45 周，每周 1 次，每次 30～60 分钟。

（2）U13—U15：每年训练 45 周，每周 2 次，每次约 90 分钟。

（3）U16 及以上：每年训练 45 周，每周至少 2 次，每次约 120 分钟。

比赛时长：比赛平均量

（1）U12 以下：22～26 场比赛，每场比赛时间为 50～60 分钟。

（2）U13—U15：30 场比赛，每场比赛时间约为 70 分钟。

（3）U16 及以上：30 场比赛，每场比赛时间约为 90 分钟。

青少年联赛越来越低龄化，从以前最低年龄为 10 岁降低至现在的 6 岁；青少年参与国际比赛的次数增加了，每年为 1～2 次。

（五）后勤服务

（1）几乎所有的俱乐部都组织了每年一次的医疗检查。

（2）3/4 的俱乐部进行了个人技术评估，每人每年大约测试 3 次，在大多数情况下，每学期至少 1 次。

（3）大多数的体能测试是在球场上进行的，1/2 的俱乐部还有实验室测试。

（4）1/2 的俱乐部对训练中水平滞后的球员制定了专门的发展策略。

（5）在大多数俱乐部中，球员的体能训练是从 14 岁开始的。

（6）3/4 的俱乐部在训练期间可以提供物理疗法的支持。

（7）2/3 的俱乐部至少设有 1 位专业医生，提供咨询服务和球员健康检查。

（8）大约 60% 的俱乐部提供了社会方面的支持。

（六）关系

（1）3/4 的俱乐部与学校进行了合作。

（2）在 1/2 的青训机构里，球员可以在俱乐部进行学习。

（3）2/3 的青训机构参与了社区、学校和地方政府举行的大部分活动。

（4）大约有一半的俱乐部与大学有合作关系。

（5）在 3/4 的青训机构里，球员家长可以来参观训练。

（6）2/3 的青训机构有明确的选材策略。

（七）基础设施

（1）几乎 3/4 的青训机构享有俱乐部训练设备优先使用权（取决于年龄的类别）。

（2）40%的俱乐部有青少年训练的专门设备。

（3）一半以上的俱乐部在俱乐部里为球员提供了宿舍。

（4）大多数俱乐部在训练中心有 4 个球场，2 个俱乐部有灯光球场，其中 2 个为青少年训练专用。

（5）1/3 的俱乐部在训练中心有 5 个或更多的训练和比赛场地。

（八）人才培养效率

（1）在第一梯队里，平均有 7.4 名球员在青训机构里培养了 3 年的时间，占第一梯队球员总数的 28.2%。

（2）有一半俱乐部的 1/5 的球员在青训机构培养了 5 年时间。

（3）俱乐部一线队队员一般 1/4 来自俱乐部的青训体系。

（4）在 2019—2021 年的 3 年里，8 名青训球员与俱乐部签订了职业合同。

（5）在 U23 的第二梯队球员中，平均有 12 名球员在俱乐部注册时长为 5 年以上。

（九）青少年足球训练赛的组织形式

（1）U11 年龄段之前的球员基本都是组织小场地比赛。

（2）U5—U9 年龄段的球员，组织 4V4 或 5V5 比赛的人数设定在 4～5 名，比赛时长为 30～50 分钟。

（3）U10—U11 年龄段的球员，在 1/2 正规场地上组织 7V7 或 8V8 的比赛，比赛时长为 50～60 分钟。

（4）有一半的俱乐部，U12 和 U13 年龄段的球员组织了 11V11 的比赛，比赛时长为一小时。

（5）U14 年龄段的球员组织 11V11 的比赛，比赛时长为 90 分钟。

（6）大多数俱乐部的球员都是从 U12—U14 年龄段开始组织正规场地的比赛。球员从 U14 年龄段开始，比赛的时间已经超过了一小时，但是到了 U17 年龄段，比赛的时间逐渐减少。

（十）青少年联赛的组织

（1）在大多数地区,U12 和 U13 年龄段开始采用一个非正式的联赛秩序册。

（2）1/5 的青少年足球比赛没有升级或降级。

（3）从 U15 年龄段开始，俱乐部会开展全国性比赛。

（4）U12 前大部分的比赛在当地组织。

（5）从 U12—U14 年龄段开始有省级比赛。

（6）足球精英学校大部分都是由 U14—U18 年龄段的球员组成的。

（十一）国家足协的支持

（1）一半以上的俱乐部青少年训练的管理没有国家足协参与。

（2）2/3 的足球俱乐部的发展目标都是国家足协制定的。

（3）大部分国家足协都有一个先进的训练计划。

（4）训练计划与教练员培训课程密切相关。

（5）教练员的培训和会议都是由国家足协组织的。

（6）一半的国家组织专门的青少年训练课程培训。

（7）一半的俱乐部在医学诊断和选材上得到了国家足协的支持。

（8）3/4 的俱乐部受益于国家补偿制度。

（9）1/3 的俱乐部签署了青少年培训协议。

（10）69%的青训机构表示对国家赔偿制度比较满意。

四、青少年训练体系发展的关键因素

（一）关键成功因素

青少年训练体系发展的关键成功因素有：

（1）董事会把青少年的培养作为首要目标。

（2）拥有合格/有经验的员工和教练员。

（3）青训机构与第一梯队有充分的沟通交流。

（4）足球发展目标的充分、有效实施。

（5）有效的人才招聘。

（二）关键制约因素

青少年训练体系发展的关键制约因素有：

（1）缺少发展目标/策略。

（2）缺乏与其他俱乐部的竞争。

（3）缺少球员经纪人。

（4）有限的青训预算。

（5）不充分的工作条件。

五、青少年培训主要途径分析

从上面的分析可以清楚地看出，欧洲足球俱乐部联盟在青少年训练调查中采用了分层的方法，根据俱乐部的历史、文化、区位、规模和金融状况分为不同的层次，不同层次的俱乐部都非常重视青训工作对推动俱乐部场内或场外发展的作用。根据调查报告，俱乐部联盟建立了一份详细的青少年足球训练模型，俱乐部之间从中可以相互学习、相互作用，这有利于俱乐部找到最适合其提升球员运动技能的培训模式。

根据上面的分析，我们可以归纳出 10 项青少年培训的重要措施。

（一）青训机构有清晰的发展目标和愿景是非常重要的

培养年轻人才和培养未来的明星需要长期的眼光、长期的工作和足够的耐心。合理的目标是俱乐部成功的关键。这不仅是一个规模和预算的问题，还是一个文化的问题。

（二）俱乐部执行委员会是俱乐部运营的关键

参加欧洲俱乐部联盟调查的足球俱乐部中，有一半以上的青少年培训体系在执行委员会有代表，俱乐部执行委员会和青训负责人明确青少年发展的重要性，并保证了青训机构和第一梯队管理之间充分的沟通和联系。

（三）投资青训体系会带来收益

投资青少年培训体系对俱乐部的发展具有重要的意义，高效的青训机构可以为俱乐部节省转会费和薪金。俱乐部对青少年培训体系的投资不仅能带来回报，还能提高球员的忠诚度，使其获得更多的支持者。

（四）在运动员发展和赢得比赛之间寻找平衡

在现代足球的发展进程中，球员的决策、思维和意识变得越来越重要。在比赛中，球员自己要创造空间，预判比赛的发展趋势，并为此采取积极的行动，这是青训工作至关重要的地方。大多数管理者认为，虽然比赛结果始终是评估青少年培养工作的关键因素，但是个人的发展才是青少年培养中最有价值的部分。

（五）重视球员职业化

球员从青训体系到职业的转化对于俱乐部来说具有重要的意义。俱乐部的设施和教练员的训练水平是球员进入职业化的重要保障。青训机构的最终目标是让球员成为俱乐部的一线队员。

（六）教练员的培养

青少年培训成功的关键因素不仅包括参与比赛的数量、健身房、更衣室、住宿、室内训练场地等外部条件，还包括青训机构领导人的能力、教练员队伍的素质以及教练员的训练计划等内部条件。这些因素共同形成了青少年训练的环境，从而影响球员的发展。

（七）关注质量

俱乐部青少年培训体系的培养质量比数量更重要，其不会因为拥有更多的球员而获得更好的质量。

（八）提高选材效率

成功的选材是青少年培训的一个根本出发点。投资有发展潜力的青少年并使其成为未来的人才是青少年培训体系的基本模式，科学选材可以降低成本，购买一个已经达到很高竞技水平的球员是无效率的工作。

（九）鼓励年轻球员发展

每一个级别的球员都可以通过化压力为动力来提升其运动表现。俱乐部应该重视足球运动给球员带来的重要品质，如忠诚、毅力、友谊、分享和尊重等，这些优良品质有利于青少年的终身发展。这些价值观在培养青少年成为职业运动员的过程中是非常重要且不可忽视的。

（十）完善青训队伍梯队建设

俱乐部梯队建设是欧洲各国发展足球运动最有效的方式。青训机构要加强与管理部门的联系，共同建设具有竞争力的青少年队伍。

第四节　英格兰罗奇代尔足球俱乐部 2013—2014 赛季青训评估体系

一、目标与策略

（一）俱乐部的战略规划

英格兰罗奇代尔足球俱乐部（Rochdale Association Football Club，也叫 Rochdale A. F. C.）一线队的技战术理念是"基于控球的快速进攻"。为了实现这一目标，俱乐部努力培养和发展在比赛的进攻、防守和转换三个环节都表现出色的现代化球员。俱乐部鼓励所有梯队在进攻中"控制球权和支配对手"，在防守时快速获得控球权。这种技战术理念与俱乐部长期愿景一致，同时有利于后备人才的培养和转会。

俱乐部的价值观为诚实、正直、团队合作、尊重他人、享受足球和公平竞争。我们通过其在评估阶段对员工和参与者的观察可以明显感受到这一点。

罗奇代尔足球俱乐部的目标是成为一支成功、可持续发展的足球俱乐部。俱乐部将尽力争取联赛中最高的排名，但其所处位置在众多英超强队的包围中，这显然会使俱乐部的雄心壮志难以实现，但也提供了相应的机遇，如通过与更高水平的俱乐部建立伙伴关系而使俱乐部受益。

足球学院的主要目标是为俱乐部一线队输送球员，为他们转会到更高水平的俱乐部提供机会，通过球员转会获得收益，然后投资到俱乐部，以提高俱乐部的整体水平。

（二）足球学院的绩效计划

罗奇代尔足球俱乐部的愿景是充分挖掘球员的潜力，培养具有全面和高水平技战术能力的球员，他们将在俱乐部一线队发挥重要作用，争取有更多的球员入选国家队。俱乐部为实现这一目标，努力招募各个年龄段最高水平的球员。俱乐部拥有良好的青少年训练和比赛设施，包括最好的运动科学和医学设施，密切关注现代足球发展。俱乐部青少年培训还注重学员的教育，与周围学校建立了紧密的联系。足球学院的绩效计划如下：

（1）足球哲学与一线队保持一致，即"基于控球的快速进攻"的比赛理念，培养在进攻、防守和过渡方面具有出色能力的球员。

（2）鼓励所有球员在进攻时控球，在防守时尽可能在 4 秒内快速夺回球权，在 6 秒内形成反击射门。快速有效地跑动是比赛和训练的基本特征，鼓励球员"奔跑接传球、在跑动中观察和在跑动中决策"。

（3）根据 SMART 原则设定各个发展阶段的多维发展目标与内容。

（4）应用软件（application，简称 APP）内有关于每个部门职能、任务和工作的详细信息，使学院的所有工作人员都清楚了解自己的工作。

（5）对学院员工采用三层评估程序来衡量所有 SMART 绩效目标。这使员工和参与者有更多机会实现既定的目标。

（6）对绩效计划进行年度审核，该审核经由董事会批准并签字。

（7）建立一个较好的网站，可以向家长、球员和员工提供有关学院活动的最新信息，并针对相关程序和内容与其互动，这有利于学院与他们之间的沟通。

（三）建议

俱乐部应持续监控足球学院的绩效计划，分析每个部门的绩效完成情况，以确保每个部门工作绩效的提高。

二、领导与管理

（一）组织结构和职能

（1）有一个正式的、保持同步更新的最新人员组织结构图，显示学院的职能部门与相互关系。

（2）学院会议每周举行一次，是学院内所有专职人员业务交流的主要方式。

（3）有一个包括俱乐部领导层的会议。由于目前还没有人事招聘负责人，因此会议中没有该领域代表。会议确实包括一名俱乐部对青少年足球学院直接负责的管理人员。

（二）内部沟通

（1）编有《学院职员手册》，年初发给每个职员。员工也可以通过 Rochdale A.F.C. 青年网站下载。

（2）有证据表明，通过每周的学院管理层会议后，运动科学与医学、人事和教育等部门单独召开了内部人员会议。

（3）教练每周末晚上都有一次非正式聚会，在周末的比赛期间，召开内部会议。

（4）为员工提供了继续培训的机会。

（5）绩效评估模板和程序已经启动，每年都对员工进行二次评估。

（三）建议

学院应确定人事招聘负责人，并使其加入管理层会议。学院的训练工作会议由体育科学负责人或教练主持，以便更好地进行业务交流。

三、教练员训练理念

（一）训练哲学

（1）学院训练计划一年包括三个阶段，每阶段 14 周。每个阶段有两个 6 周的训练周期和 2 个检查周。每个 6 周的训练周期又划分三个 2 周的训练周期，围绕防守、进攻和转换三个比赛主题进行训练。这些做法分为"个人或球队 DNA""主题"和"基本训练"。

（2）学院为所有年龄段的球员都建立了训练档案，涵盖技战术、身体、心理、社会四个方面的发展。

（3）训练计划包括创建一个积极的学习环境，这在训练和比赛中能清楚地感觉到。

（4）学院的主要执教风格是针对年龄较大的球员（U18）通过问答的形式让其理解训练要求和出现的问题，而对于年龄较小的组（基础阶段和发展阶段），教练员主要使用问答、发现法和试错法。所有方法都有详细的文档记录。

（5）学院确定了通用的教练词汇，这些通用教练词汇在训练实践中得到了应用。

（二）训练计划

（1）学院有详细的42周训练计划。计划分为三个阶段，每个阶段14周。每个阶段都有一个为期6周的涵盖年轻球员的技战术、身体、心理和社会发展四个方面的内容。基本训练、个性和主题贯穿整个计划。基础阶段计划强调"热爱比赛"，发展阶段计划强调"学会团队竞争"，职业阶段计划强调"学习取胜"。各个阶段任务明确，实现了各个年龄段训练的平稳过渡。

（2）首次评估后，学院制订了更详细的守门员计划，完善了训练内容。

（3）尽管训练计划中有个人训练内容，但这不是针对所有阶段的所有球员而量身定制的个人计划。

（4）当前仅少数训练方案由教练员会议创建。将来在训练方案上要开展更深入的讨论。

（三）课程/比赛计划和评估

（1）教练制订一份全面的训练计划表，包括每次训练的目标和球员的个人要求。在评估时，要考查计划与训练实践的一致性。

（2）职业比赛提供比赛视频，并剪辑球员的表现。每周开展一次训练工作会议，分析球队及球员表现，为教练员和员工提供有价值的信息。

（四）培训机会

（1）学院建立发展中心，以鼓励和支持学院球员的职业发展。

（2）所有年龄段的每次课程都有单独的训练内容。

（3）训练时间以及教练与球员的比例符合第三类学院的相关规定。

（五）职员

（1）学院所有职员的职务说明和最新合同文件完整。

（2）学院经理还承担职业队助理教练的角色。

（3）训练总监也是职业队教练，目前还没有该角色所需的 UEFA A 级证书。

（4）学院只有一名守门员教练，而且是兼职人员，使学院守门员训练质量难以得到保证。

（5）教育部门负责人和体育首席科学家均已与俱乐部签订服务协议。

（六）建议

（1）建议增加"最佳训练方法"资料库，训练方法要涵盖四角培养模型（technical psychological social，TPPS）的所有领域，以利于下个赛季球员培养质量的进一步提升。

（2）建议主场比赛继续拍摄职业阶段的比赛视频，以对球员的表现进行更深入的分析，将来基础阶段和发展阶段的球员可以应用这个程序。

（3）尽管在训练中安排了个人训练内容，但每个球员都需要一个单独的学习计划，以评估个人的发展情况与训练效率。

（4）培训负责人需要获得 UEFA 的 A 级证书，尽快完成相关培训课程。

（5）俱乐部需要聘用另一位兼职守门员教练或全职守门员教练，以确保守门员的培训质量。

（6）招聘负责人和球探需要完成 FA 人才识别课程。

四、教育与奖励

（一）目标、程序和评估

（1）学院仅通过奖学金计划为 18 岁以下的球员提供正规教育。

（2）学院只为职业球员提供了周五一天 2 小时的教育计划，不符合足球学院的相关规定。

（3）学院制定了教育策略，目的是通过与球员、球员的父母和教育提供者在教育方面建立联系，以明确各方面的责任，为所有球员提供全面教育的支持。

（4）学院每个赛季都会为所有老球员、他们的父母以及进入俱乐部培训的新球员进行全面的奖励政策介绍。

（5）学院拟订了球员协议书，以便球员的父母充分了解学院提供的计划的内容。

（6）学院已经制订了住宿方案，其中包括针对球员和寄宿家庭的政策和程序。

（7）学院不提供基础阶段和发展阶段球员训练交通服务，这是父母/照顾者的全部责任。

（二）获得教育和奖励

（1）学院与家长签有协议书，约定球员周五在学校参加 2 小时的课程。学院没有对学生的教育做出特殊的规定与要求。

（2）教育主管在周五下午为上大学的俱乐部球员提供学习上的支持。

（3）学院仅负责职业阶段球员的教育。

（4）首席执行官的工作职责包括教育和奖励措施的实施。

（三）建议

（1）建议学院在奖励计划中增加更多详细信息，以保障学员家长提出需要学院支持时，员工知道如何操作。这可能会导致财务费用的增加，但这应该在预算中予以考虑。

（2）随着学院教育的发展，学院需要制订涵盖所有学员的教育支持方案。

（3）继续跟踪基础阶段和发展阶段球员的教育发展。

（4）随着培训阶段球员的发展，教育主管要考虑通过家庭作业和课外辅导等方式增加对学员教育的支持。

五、竞赛计划

（一）竞赛计划的实施

（1）学院有一份正式文件明确描述了学院竞赛的原则，以及各个阶段的比赛机会。

（2）学院加强比赛程序管理。

（3）学院目前没有明确的比赛计划和管理方案。

（4）足球联盟提供了比赛计划，并为所有年龄段规划了年度比赛时间表。俱乐部在参加联盟赛事的基础上，可以参加友谊赛、足球节和锦标赛，并将比赛记录在每个球员的表现档案上。

（5）每个球员的比赛时间和次数等信息记录在Rochdale A.F.C.青年网站上。

（二）建议

（1）为了使学院内的学员能体验各种各样的比赛，建议学院制定所有阶段的比赛计划时间表，包括节日、杯赛以及国际比赛。这会给学员提供更多的比赛机会和体验。

（2）学院要确保所有教练遵守足球联盟规定的各年龄阶段的最少比赛时间。

六、运动科学与医学

（一）角色、职责和组织结构

（1）运动科学和医学部门职责分工明确，组织结构清晰，能为学院提供全面的服务。

（2）该部门内所有员工都有岗位职责说明书。

（3）心理支持部门还处于起步阶段，目前能为球员提供有限的心理服务。

（4）该部门希望将伤害预防和训练、比赛相结合，并尽可能采取相应的干预措施，为球员的训练与比赛表现提供支持。该部门为职业阶段的球员进行了全面的身体测试，并逐步扩展到基础阶段和发展阶段。

（5）该部门为教练员提供及时的训练效果反馈，并通过足球训练"最佳方法"数据库建设，不断提升训练科学化水平。

（二）计划和程序

（1）学院为教练和球员父母制订心理学工作计划，并在赛季初的父母入学会议上介绍该计划。

（2）学院有针对所有球员的康复训练计划，其中包括体能测试、伤害预防以及在比赛前和比赛中的身体状态监控；为职业阶段的球员制订了专门的体能训练方案。

（3）所有程序和规程均得到实施，过程管理较为规范，各个环节都有数据记录。

（4）周一上午 9：00 到 10：00 之间俱乐部医生为所有球员提供服务。在此时间段以外，球员可以通过学院经理安排时间。

（三）运动科学和医学人员

（1）该部门由高级物理治疗师/首席体育科学家监督，其持有全日制英格兰足球总会损伤治疗文凭和运动疗法资格证书。该部门还配备了一名体能教练，并得到了医学机构的实习生支持。

（2）有一名以上的物理治疗师或运动治疗师，可以为所有的训练和比赛提供服务。

（四）建议

（1）该部门应针对球员发展的身体和心理方面进一步开发最佳实践课程库。

（2）部门任务要分解到具体的岗位和计划中。

（3）学院可以通过聘用专职体能教练员来进一步推进部门工作。

（4）学院应考虑引入心率监测器，以测量训练和比赛期间运动员的体能状况。

（5）学院应确保继续执行为所有学员提供的医疗和保险保障。

七、球员发展和计划

（一）绩效管理

（1）所有球员比赛、训练和测试情况都记录在数据库。

（2）每个训练周期的训练计划都有监控，并能根据 U9—U18 的所有年龄段水平来设定训练目标。

（3）职业培训与验证机构会为学员建立职业阶段的学员教育进度的记录。学院基础阶段和发展阶段没有教育方面的计划。发展阶段的一些球员在周五参加 2 小时的额外教练课程。

（二）球员表现评估

（1）对所有年龄段的球员都有表现评估，家长可以在学院和网站上查看。

（2）每年都有一份球员表现的书面报告，涵盖每个球员发展的方方面面，在赛季末发布在网站上，并发给球员的父母。

（三）家长会

（1）学院有针对基础阶段和发展阶段的球员的家长会，制定了标准化的协议和程序，说明了学院重点培养的学员。

（2）学院鼓励家长和参与者对评估给出正式反馈，同时积极参与目标的制订。

（四）球员转会

球员转会由足球联盟统一管理。

（五）建议

（1）俱乐部与学校的合作有助于扩大教育支持的范围，学院应争取建立教育目标的检查机制，推动与学校的教育合作。

（2）俱乐部应为球员建立一个数字图书馆，以进一步完善球员发展计划。

八、人才识别和招聘

（一）人才识别和招聘的理念和组织

（1）学院有一份招聘部门任务和职位、职责的说明，详细地说明了员工应如何在学院架构内工作。

（2）球员基本信息完整，为内部和外部评估以及招聘策略提供支持。

（3）所有球探都有工作程序，包括考察球员和观察比赛。

（4）招募部通过社区计划和发展中心与学校建立合作，把学校作为招募球员的重要来源。

（二）人才识别系统和选材

（1）球探用来评估球员的标准与学院内签约球员的评估标准一致。

（2）招聘部门能够利用学院的数据库。数据库是俱乐部的重要财富。

（3）学院记录了每名球员到学院后的发展情况。

（4）俱乐部已生成学院从招募到最后进入一线队的球员的数据，以评估学院球员发展方面的成效。

（5）俱乐部通过图表能够清晰地显示培训的球员在自己俱乐部和其他俱乐部一线队的数量。

（6）俱乐部已制定了职业阶段球员的招生策略。

（三）建议

（1）俱乐部可以将球员转会收入和补偿金计入学院培训力指标，以全面衡量学院的培训工作。

（2）球探在完成 FA 人才识别课程后才可以注册。

（3）考虑向俱乐部引入一些天才识别的分析软件，以支持整个俱乐部的人才招聘工作。

九、设施

（一）学院的设施、比赛场地和场所

（1）并非所有设施都属于学院，学院采用学院内外的设施混合使用方式。基础阶段和发展阶段的训练使用的是马修·莫斯高中（Matthew Moss High School）和足球工厂（Soccer Factory）的两个场地。这些设施提供了更衣区、医疗区、家长休息室和室外场。学院还有符合要求的室内球场，并带有观看区和父母宾客休息室。职业阶段的训练采用的是霍普伍德学院（Hopwood College）和一线队场地的设施。

（2）霍普伍德学院在周日举行 U9—U16 比赛。学院有天然草球场和人工草球场，每个标准足球场可以同时组织 4 个小场比赛。该学院还为球员提供了足够的更衣室（八间），并为男女官员提供了更衣设施，以满足比赛组织的需求。此外，学院还提供了宾客休息室和医疗区。

（3）在考察时，由于第一队的训练已经结束，职业阶段的训练在斯波特兰球场（Spotland Stadium）进行。通常，职业阶段的比赛在索尔福德足球俱乐部（Salford FC）或拉德克利夫区足球俱乐部（Radcliffe Borough FC）举行，那里设施完善。

（4）职业阶段的比赛主体育场和基础阶段、发展阶段的比赛场地都符合比赛标准。

（5）霍普伍德学院为职业阶段的训练提供了一个指定的草地守门员训练区，但是在学院晚上没有训练的时间段。

（二）更衣室和工作场所

（1）霍普伍德学院有足够数量的更衣室，可在周末进行比赛时满足球员、职员和官员（男女）接待标准。学院设有一个单独的理疗室供球员使用。

（2）学院设有家长和观众的公共社交区，提供茶点，有厕所、办公室、住房和便利的交通。

（3）学院工作人员拥有两个单独的办公设施，一些工作人员与一线队工作人员共享办公空间。这对工作和沟通可能有益，但空间较小。

（4）比赛视频分析的功能仅适用于职业阶段的球员。

（5）学院设有接待家庭和职业球员的宿舍。

（6）学院和主要体育馆都设有家长和教练会议的会议室。

（7）学院仅在职业阶段的比赛日提供小型巴士等交通工具。

（三）建议

（1）学院要确保对用于比赛的场地进行定期的养护和维修。

（2）学院应为9岁以上至16岁以下年龄段的球员提供相应的交通服务。

本章小结

本章介绍了国外先进的青少年足球训练机构管理模式——青少年足球培训质量监控系统。通过对 Foot Pass 理论发展、指标构建、国外青训机构实施效果以及其在青训认证工作中的影响因素进行梳理和分析，为构建符合我国青训现状的 Foot Pass 打下坚实的基础。

Foot Pass 是以 TQM 的基本原理为理论依据，在分析利益相关者需求的基础上，建立的青少年足球培训质量管理的指导工具和相应的工作标准，从可持续发展的视角提高青少年足球培训机构的培养质量，为俱乐部和国家队输送更多的后备人才。Foot Pass 分别从战略和财务规划（STRA）、组织结构与决策（ORG）、天才识别与培养（DEV）、运动与社会支持（SUP）、学院工作人员（STAF）、沟通与合作（COM）、设施与器材（FAC）和效果（EFF）八个维度对青训俱乐部进行评估。通过对影响青训发展的相关因素进行分析，发现影响青训进一步发展的障碍所在，为俱乐部建立良性青训模式提供建议和方向。多年来，比利时足球俱乐部和德甲俱乐部一直都在运用 Foot Pass 进行评估。其实施效果也得到了进一步验证，这不仅提高了俱乐部青少年培训工作的动力，还强化了俱乐部内实施质量管理制度的动机。

　　在精英足球俱乐部认证过程中，存在着影响质量评估体系整体实施有效性的不同变量。这些影响变量，发现于业务领域内，可分为促进实施过程的成功因素和成功实施特定系统的障碍因素。通过总结来自卡尔松的影响因素研究可知，足球俱乐部青训体系认证工作的成功因素包括高层管理者的支持、正确的态度、质量文化、质量管理者、正确的先决条件、员工承诺、教育、评估、规划、资料记录、咨询、网络的建立以及外部压力等。当然，在认证制度实施的过程中，也存在一定的障碍，如缺乏高层管理人员的支持和承诺、对认证制度的不正确的态度、缺乏资源、抵制变革、缺乏教育和知识、时间和规划不当、对文档关注不当、评估制度形成困难以及缺乏外部帮助和认证机构的承诺等。

第八章
我国精英青少年足球训练现状调查

第一节　我国各省青少年训练工作调查

为了完善各级青训中心建设，深入了解我国各级青训中心的实际情况与工作进展，2017 年 3 月 13 日至 3 月 17 日，中国足协青训中心工作研讨会在北京召开。此次研讨会是继同年 1 月对 5 个国家级和 5 个省市级青训中心进行工作研讨的第二次会议。此次研讨会将全国其余 33 个省、市、自治区级青训中心和新疆足协分为 5 个区域，会议为期 5 天，每天对同一区域内的 6～7 个足球青训问题进行了全面、细致的研讨，深入了解了每个青训中心的实际运营情况和遇到的问题。

一、地方足协管理体制

在管理体制方面，问题主要集中在地方协会与体育局行政体系关系的处理上。其中，东北地区在执行中国足协青训中心建设工作过程中出现的问题较为明显，也比较典型，主要体现在：

（1）部分地区足球协会仍然未能顺利"脱钩"，管理体制仍然按照体育局行政管理制度运行，足协工作主管仍是体育局相关领导。

（2）管理职责不明确，中国足协的政策与指令上传下达出现障碍。部分地方足协的青训工作负责人不能及时获得中国足协的公文与通知，导致了很多问题的出现。例如，挂靠在"山西省体育职业学院"的山西省青训中心曾出现多次未收到中国足协下发的竞赛通知的情况，省足协与青训中心的工作对接和联系也较少。

二、青训中心经费

中国足协向各地青训中心拨付的经费存在着一定的使用困难的现状。由于拨付给青训中心的经费性质仍属于财政拨款，监管较为严格，尤其是文件中未提及的使用范围，财务执行部门一般不敢进行批用。

根据各地负责人的介绍，此类问题主要集中在以下几个方面：

（1）部分地方足协未完全"脱钩"，财务制度不独立、不健全，存在青训中心款项拨付后无法顺利使用的问题，如黑龙江省足协等。

（2）经费使用标准不明确，部分地方财务不敢进行日常开销，尤其是在教练员的额外工作量的补贴上。对此，各地方足协反映需要中国足协提供指导性的教练员薪酬发放标准，以方便经费使用。

除了内蒙古、广东深圳等极个别地区的代表，几乎所有与会代表都提到了青训工作经费不足的问题。结合与会代表的探讨，研讨会达成一个共识，即仅靠每年中国足协向各青训中心的专项拨款是无法满足现阶段青训工作的需要的。

根据经费来源较为充裕的省市代表的介绍，除了足协专项拨款，大部分资金都来自体育局系统的经费与当地政府的财政投入，部分地区还受益于校园足球的资金扶持。

因此，如何倡导当地政府及财政部门加强对青训工作的关注与资金扶持，逐渐拓宽经费来源成为当前较大的难题。对此，一些地区代表提到了应在中国足协关于青训中心项目的正式发文中倡导当地政府对青少年足球工作进行一定的配套资金支持与政策倾斜，这将有利于当地政府安排对青训工作的财政投入。

三、青训中心教练员

（一）待遇问题

作为整个青训中心工作的重要参与者，教练员是影响青少年足球运动员培养与成长的核心。关于教练员的待遇问题也被大部分与会代表提及。

现阶段，在全国各地青训中心教练员团队的组成中，一部分来自原体育局相关部门的在编工作人员，一部分来自外聘专职教练员，还有一部分来自开展校园足球的中小学体育教师与业余青少年俱乐部教练员。

在多数地方足球协会中，参与青训工作的人员一般都拥有体育局系统内的编制身份，但根据国家对行政机关在编人员的管理规定，在编人员不能领取额外的报酬。现阶段大部分青训中心的训练营活动都集中在周六、周日，对于这些教练员来说加班加点并且长期无法获得薪酬补贴是极为常见的。

很多青训中心选择了外聘高水平的专职教练员。但由于对教练员薪酬标准并未进行明确说明，待遇保障也存在一定的问题。对此，各地方足球协会反映教练员的薪酬待遇需要参照一定的标准确定，如按教练员等级来明确薪酬上限等。同时，在很多地方还存在专职教练员无法按时按额发放薪酬和补贴的问题。

由于各地教练员短缺比较严重，再加上场地与资金上的短缺，很多地方采取了引入足球项目开展水平较好的中小学校的体育教师与业余青少年俱乐部教练员参与青训中心的工作的办法。但是，针对这部分教师的额外薪酬补贴也存在财务审核的问题。

（二）教练员执教水平较低的问题

虽然各地区足球发展水平不同，但是各地青训中心都面临着教练员执教水平较低的问题。由于青少年各年龄段生理与心理的发展特征具有差异性特点，教练员在进行竞训指导的同时还应该关注球员身心发展的状态与健康水平，这对教练员的要求更高、更全面。显然现阶段各青训中心亟须提高教练员执教水平。

同时，受限于各地区教练员培训班的开班数量与规模，青训中心现有教练员的执教理念与知识体系更新较慢，等级资质晋升滞后。这些因素都对当前青训中心的执教质量与水平有着直接的影响。

（三）教练员短缺的问题

大部分地区青训中心都存在着教练员短缺问题。根据各省市青训中心代表的反馈，在一线教练员中，全职人员较少，大部分都是兼职，其本职身份以中小学教师、业余青少年俱乐部教练员为主。如何吸引并留住更多的高水平教练员参与到青训工作中来成为各地青训中心建设的重点与难点。

四、青训总监工作

通过本次研讨调查得知，虽然大部分地区青训中心都按照中国足协规定设有青训总监职位，但是很多地区青训总监的工作性质并非为全职，属于兼职。据了解，多数青训中心青训总监的工作量为一周指导 1～2 次，并没有形成常态化的日常工作机制，难以达到青训总监的正常工作要求。青训总监在兼职、流动状态下如何保证青训工作的连续性与统一性也是值得探讨的。

五、专职管理人员配置

专职管理人员配置是青训工作开展的关键因素之一。在研讨会中，各省市代表几乎都提到了专职青训工作人员短缺的问题。

例如，早在十几年前就从体育局"脱钩"的广西壮族自治区足协，目前的 5 名工作人员中没有 1 名专职工作人员，青训主管本人也处于非全职工作状态，青训工作的开展十分艰难。

此外，未完全"脱钩"的地方足协还出现另外一种现象，即主管青训工作的人员拥有体育局编制，一人负责多项事务，身兼数职，而且随时会出现岗位的调动。

整体来讲，青训业务专职管理人员的配置与稳定会对青训工作的连续性与长期性产生关键性的影响。

六、青少年培养思路

（一）传统全国运动会组队思路问题

当前，我国大部分地区的青少年足球训练与培养体系主要是围绕传统全国运动会（以下简称全运会）开展的，所以青少年运动员的组队与建设基本是针对下一个全运会周期的适龄球员，即仅针对 14 岁的球员进行集中培养。

现阶段，部分地区青少年足球工作仍然以全运会、全国青年运动会组队为主，对青训中心 U10、U11、U12 年龄段组队的理念仍然不清晰、不明确。

在这样的背景下，部分地区资金与资源集中在 1～2 支队伍上。其青训中心的拨款主要集中使用在下一届全运会周期的 U14 队伍培养上，而其他年龄段的青少年足球工作开展得非常缓慢。

（二）传统"三集中"培养制度问题

根据过往经验和青少年身心发展规律，过早地进行"三集中"（集中住、集中学、集中训）训练，会导致孩子在较小的年龄段就脱离了家庭、学校和社会，而一旦在队内被淘汰，再回到学校就很难跟上同年龄段的学习进度。据数位与会代表介绍，大部分"三集中"训练的学生球员都挂靠在当地体育职业学院，在培养结束后往往只能获得中专、大专文凭。这部分球员的未来成才渠道令人担忧，而作为球员监护人的家长也很难接受孩子在很小年龄段就进入专项运动学校或职业学校训练。

中国足协青训中心当前培养的重点年龄段为 U10、U11、U12，该年龄段的孩子仍处于成长发育的关键时期，如何在保证高质量、连续性训练的同时，让孩子不脱离家庭、学校，使其获得长远发展，成为各地青训中心工作人员需要解决的难题。

青训工作开展较好的地区采取了"三融合"的培养制度，即融入学校、融入家庭、融入社会。其具体工作机制如下：周一至周五期间，被选拔的青少年球员分散在各个学校的青训营进行训练，即采用走训模式；周末期间，由家长送孩子至青训中心场地，集中由高水平教练员带领训练与比赛。此外，在寒暑假期间，所有精英青少年球员都会到青训中心进行规范的训练与竞赛。

七、各省市青训中心人才选拔

各省市青训中心的青少年足球人才选拔工作一般都集中在足球运动开展较好的个别地方或者省会城市，而非所辖区域内的全覆盖，这也与各地区足球发展水平不均衡的现状密切相关。

在省级青训中心层面，由于人员、资金以及场地等因素的限制，大部分地区很难进行覆盖全省的人才选拔工作，只能先从开展基础较好的地区进行选拔。

在重点市级青训中心层面，基本能够覆盖全市各区的选材范围，并且由于市级青训中心各项工作的资源较为集中，协同发展效应明显，效果也较好。

现阶段，除了积极在足球运动开展较好的地区进行精英人才选拔工作，对足球运动开展较弱的地区（选材盲区）的扶持工作也需要引起中国足协有关部门的注意。

八、青训中心运动员注册与培养

根据《中国足球协会球员身份与转会管理规定》，十六周岁以下不得签订工作合同，只有年满十六周岁以上的球员方可进行国内转会，以及在足协注册。当前青训中心工作的重点是围绕着 U10、U11、U12 年龄段开展，这些球员不能进行注册，同时青训中心对于这些球员的培养权益也得不到有效的保护，即在经过数年的精英培养与投入之后，这些球员离开后，青训中心几乎无法获得任何的补偿与跟踪信息。该问题已经成为几个青训工作开展较好的地区所面临的共性挑战，其负面影响也在不断加深。

由于球员年龄过小无法在足协注册备案，甚至在武汉、青岛、大连等地出现了部分本土球员在青训中心接受几年培养离开后转投其他省市的足校或俱乐部的现象，随即入当地籍贯，甚至代表当地参加全运会，在培养成果的体现上，完全与原青训中心的培养和付出无任何关系。

同时，根据各与会代表的反映，现阶段较为严重的问题是国内资金实力雄厚的几家俱乐部在各地青训中心挖小年龄段人才，现在甚至蔓延到了 U10—U11 年龄段。很多小球员及其家长在经纪人和某些俱乐部的鼓动下，不顾青训中心对其培养和付出，单方面离开青训中心，进入其他地区的俱乐部。

对此，如何对青训中心的培养权益进行保护，并对优秀球员进行长期的跟踪是当前各省人才培养的瓶颈问题。大部分地区青训中心代表都提到了应加快构建青少年精英球员的信息注册系统。

规范青少年精英球员的信息注册系统能够对青少年培养信息进行跟踪，并在完善培训协议的基础上为各培养单位的权益补偿提供保障。

九、青训中心场地

场地是青训中心工作开展的硬件条件，现阶段拥有自有产权场地的地方协会非常少，大部分地方协会的青训中心训练场地都是体育局自有产权的场地。在一些与体育局"脱钩"较早或行政支持较少地区的青训中心，也出现了有偿租用民营场地的情况。整体来看，当前青训中心主要的竞训场地来源包括以下几个方面。

（一）当地体育局所属场地

当地体育局所属场地（如当地体育中心体育场等）数量比较集中，设施较为完善，有利于周末和寒暑假球员人数较多的集训活动的开展。

（二）体育运动学校场地

体育运动学校场地以体育运动学校、体育职业学院场地为主。这些学校或学院拥有免费使用权，并不限定使用年限。这主要缘于完整的文化教育体系，所以部分地区的青训中心直接挂靠在当地体育运动学校或体育职业学院，如南京市青训中心、山西省青训中心、广东省青训中心（梅州市）。

（三）民营企业场地

考虑到开展青训活动的便利性，部分青训中心选择租用地理位置较好的民营企业场地，一般为有偿使用。在东北地区，青训中心在冬季租用民营室内场馆进行训练也是较为普遍的做法。

（四）其他

部分地方足协在场地问题的解决上群策群力，充分动员当地社会各界资源与力量，联合民营企业家与社会资本解决场地问题，如延边龙井海兰江足球文化产业园、云南足协与当地企业共建的足球基地等。

此外，在周一至周五的工作日期间，各地青训中心青训营的活动基本在学校场地开展。从与会代表的反馈来看，发展校园足球意愿较强的学校会相对配合青训营活动，这其中包括校园足球特色学校与非特色学校。在现实工作中，校园足球特色学校往往拥有良好的场地条件与较强师资力量，如何从工作机制上从上至下捋顺与教育部门的关系,充分利用特色学校的优势资源助力青训工作的开展成为一项重要议题。

十、足协与教育部门的协调

各地的青训中心运营工作不可避免地需要进入学校进行人才选拔与培养,学校与当地教育部门对具有良好潜质的学生能否进入青训中心进行训练起着至关重要的作用。

通过研讨会的反馈发现,有相当数量的地区足协与教育部门之间存在着合作困难的问题。其中较为突出的是竞赛冲突问题。由于各地都在开展校园足球四级联赛,各式各样的竞赛活动也较多,常常出现青训中心的竞赛日程与校园足球联赛冲突的问题。某地区青训中心代表还提到,地方一些教委甚至在公文中明确提出参加了足协系统组织的比赛的学生,不允许参加校园足球联赛。

此外,地方足协与教育部门合作困难问题还包括当地教委及学校对选拔活动的支持问题、青训营进校园的合作问题、场地合作问题、师资问题等。

十一、青训中心的技术培训

青训工作开展与体系建设是一项长期的系统性工程。多数青训中心的代表都提到了对教练员与管理人员的培训问题。

关于教练员培训的问题,现有等级教练员培训班的数量与规模有限,满足不了青训中心工作快速开展的需要,如何加快提高青训中心教练员的执教水平,提升青少年竞训质量成为足球运动发展较慢地区青训中心的工作难题。

关于青训中心管理人员培训的问题,各省市青训中心担负着建立本地区青训系统的重任,不同地区存在着不同的现实情况,如何快速在下属的不同辖区内建设青训系统,传达统一、科学的发展理念,并提高运行效率成为各青训中心管理人员普遍面临的问题。

十二、青少年足球训练指导纲领性文件的制定

各省市青训中心在训练、竞赛、选材的实际工作中缺乏较为权威、统一的纲领性指导文件。根据与会代表的反映,大部分地区青训中心教练员存在执教理念落后、训练方法与手段单一等问题,亟须尽快解决。

此外,少部分足球运动开展较好的地区制定了自己的青训大纲与指导性

文件，如成都市、长春市等地，但其执教理念与指导思路是否符合我国国家足球发展的整体执教战略与思想，仍然需要进行推敲。

十三、竞训工作的地域性

（一）东北地区全年可训练时间较短的问题

我国北方地区进入 10 月后，天气就开始逐渐转寒，而东北各省份内现有的训练场地设施以室外场地为主，对日常训练与竞赛活动的开展影响较大。据与会代表反映，东北地区一般全年可训练时间集中在 4～10 月中旬，维持在 6～7 个月。与此同时，东北地区现有室内场馆数量较少，难以满足寒冷季节训练的需要。

（二）北方雾霾问题

根据各地教委的规定，区域内空气质量指数（air quality index，简称 AQI）达到 200 以上时，中小学和幼儿园必须停止体育课等户外活动。此类问题在河北省、天津市等地区较为明显，也在一定程度上影响了青训中心球员正常训练的开展。

十四、部分地区参与全国竞赛的差旅

由于大部分全国比赛集中在竞训设施与保障较完善的东部地区，而对于西部地区（新疆、青海、西藏等地）而言，率领队伍参加全国比赛时差旅费用较高，旅途时间较长。这对原本资源就相对匮乏的西部地区而言，整体开销较大。

青少年培养工作是个系统性工程，需要动员社会各方、各界的力量共同参与才能实现长远、健康的发展。除了中国足协需要制定整体的媒体宣传与推广战略，各地方协会也应该制定不同类型的媒体宣传策略以及对外沟通机制，提高社会各界对青训工作的关注度，树立良好的中国足球形象。

第二节　我国青少年足球训练基地调查

一、考察评估目标

本研究全面了解了足球训练基地的建设情况，就基地建设评估的内容与评估指标体系等内容广泛征求相关人员意见，根据初步设计评估模型与指标完成专家评估，制定基地建设标准及评分标准。

二、评估模型

本研究将从 11 个方面对我国青少年足球训练基地的建议展开评估，分别是发展目标与规划、领导与管理、训练、教育、竞赛、运动科学与医学、选材与招生、人才输送、场地与设施、经济状况以及交流与合作状况，如图 8−1 所示。

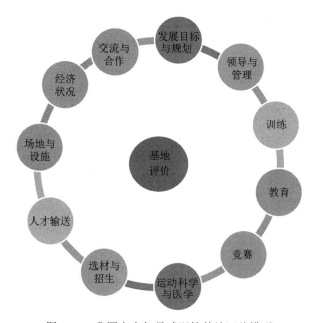

图 8−1　我国青少年足球训练基地评估模型

三、评估原则

（一）全面、科学性原则

本次评估以 KPI 理论为依据，在对国外青少年足球学院的 Foot Pass 认证体系（Foot Pass Certification System）、瑞典认证体系（Swedish Certification System）进行深入研究的基础上，根据中国青少年足球基地的实际情况，确定评估内容与指标体系，基本覆盖基地建设的各个方面，客观、全面地反映了基地建设的特点与目标。

（二）方向性、目标性原则

本次评估确定的每一个单项指标，都充分考虑了其在整个基地建设体系中的地位和作用，依据其所反映的某一特定研究对象的性质和特征，确定名称、含义和口径范围。指标体系具有方向性，对实践工作有非常明确的导向作用，可以使基地建设有目的、有计划地开展。

（三）可行、易操作性原则

指标体系是对训练基地进行实际的测量和评定，并根据测量和评定的结果做出相应的价值判断，因此在筛选指标时，充分考虑了可操作性与可分析性。同时，指标体系对指标进行了简化，以较少的指标产生较大的评估效能。

（四）定性、定量评估相结合原则

定量评估，就是对训练基地从量的方面进行分析，做出解释。定性评估，侧重于质的方面，对训练基地进行全方面调研，做出质的深层次的分析评估。此次评估以质的评估为主，对基地建设的各方面进行深入分析，在此基础上，建立量化评估标准，最终形成定性与定量综合评估体系。

（五）单项指标与综合指标相结合原则

本次评估不仅运用单一指标对基地建设的某个方面进行分析评估，还利用综合指标对基地建设体系进行完整的系统的分析评估，形成从局部到整体的全面评估模式。

四、评估流程

青少年足球训练基地评估流程如图 8-2 所示。

图 8-2　青少年足球训练基地评估流程

五、评估指标与方法

青少年足球训练基地评估指标与方法见表 8-1。

表 8－1 青少年足球训练基地评估指标与方法

指标	评估项目	指标解释	评估内容与方法
发展目标与规划	1. 整体发展目标与规划		训练基地提供长期、中期与近期发展规划，提供管理文件、基地组织结构、宣传方案、整体训练指导思想与目标等相关文件，通过与管理人员、教练、队员和家长的访谈来全面收集以上材料
	1.1 发展定位	未来要具备哪些功能，在地方足球发展中起哪些作用	
	1.2 场地规划	场地建设与发展，有无具体的措施	
	1.3 训练规划	如何构建高水平训练体系，具体的方案有哪些	
	1.4 宣传规划	推广与宣传的方案以及与家长沟通的措施	
	2. 训练目标与计划	—	
	2.1 技战术指导思想	在训练和比赛中，指导技术、战术行动的主导思想和所遵循的基本原则	
	2.2 球员不同阶段目标	不同年龄段的具体训练目标的设计	
	2.3 队员的全面发展	促进队员技能、体能、心理、社会全面发展的内容与途径	
领导与管理	3. 机构设置与人员设置	是否有完整的管理机构，是否有专职管理人员，职责分工是否明确，各部分的年度工作成果如何	
训练	4. 基本情况	—	保证不同年龄段球员训练成效，最终达到个人竞技能力发展的最高水平。保证足球训练指导思想的贯彻和衔接。教练组中每个成员都具有教练资格，确保每个教练在每一个阶段的训练都是根据不同年龄段球员的专门需要而制定的科学训练；每个教练都有亚洲足协或从其他正规协会获得的执照，都要开展教练员培训和再教育工作。每个年龄段的教练训练内容、风格与技战术都要与基地的训练指导思想一致；每个球员个人
	4.1 各年龄段建制	各年龄段球队数量、球员人数以及各个球队教练员数量	
	4.2 训练时间	各个年龄段周训练时间	
	4.3 训练条件	能否营造良好的训练环境，包括场地、器材、训练气氛、家长交流等	
	5. 训练评估	—	
	5.1 年度训练安排	年度训练周期的划分与目标	
	5.2 训练计划	教练员的训练计划与教案是否完整，内容设计是否合理，是否符合发展思想	
	5.3 训练效果评估	不同周期训练与比赛效果评估	
	5.4 训练与足球技战术指标思想的一致性	训练是否符合技战术发展思想	

指标	评估项目	指标解释	评估内容与方法
训练	5.5 训练课评估	对训练课的内容、组织、负荷与效果等内容进行评估	的训练方案都可以促进球员的技术、战术、体能、社会和心理上的全面发展；球队的技战术应该和基地足球哲学理念保持一致；定期完成学习成果的评估报告，并为下一次个人训练目标的实现制订计划；记录每一次的出勤情况、球员比赛和训练日志、年度训练目标，包括累积的训练时间和比赛记录（训练性能）；做好比赛和训练观察
	5.6 球员的全面发展	训练中是否有球员全面发展的内容	
	5.7 训练文件管理	球员训练日志、出勤统计、训练时间与比赛统计	
	6. 教练员教育	—	
	6.1 教练员构成情况	教练员的人数、等级、再教育情况	
	6.2 教练员等级培训	参加中国足协的教练员培训情况与获得的教练员等级情况	
	6.3 教练员再教育	教练员再教育形式、内容	
教育	7. 文化课学习的模式与成绩	联合学习模式：是否与学校建立了良好的合作关系；学习成绩：是否与学长、教师沟通，关注与监控学生学习；独立办学模式：课程体系、学习时间、学习成绩	整理各训练基地学生学习情况的说明材料和学习成绩表
竞赛	8. 竞赛体系	各个年龄段球队的比赛方案，参加比赛的范围、等级、数量、成绩	训练基地提供相关竞赛材料
运动科学与医学	9. 运动科学	—	训练基地提供相应材料，评估小组核实材料
	9.1 体能训练指导	各个年龄段的体能训练方案：各个年龄段的体能发展计划、相关教练	
	9.2 生理监控	生理、生化测试：是否有相应的设施，定期组织测试	
	9.3 心理及生活服务	心理辅导与生活管理	
	10. 医学	—	
	10.1 医学保障	是否有医务室，是否有专门的人员	
	10.2 保障措施	训练与比赛的医务保障方案	
选材与招生	11. 球员选材方法	是否有生理成熟评估，心理、技战术水平测试，技战术发展潜力评估	
	12. 招生	如何招收球员	
人才输送	13. 培养力评估	培养的队员能否进入国家队、各级俱乐部、大学高水平运动队、体育专科院校	
场地与设施	14. 室外场地及设施	室外场地的种类（11 人场地、5 人场地等）、性质（土场、人工草坪、天然草坪）、数量、质量以及相关的配套设施	

续表

指标	评估项目	指标解释	评估内容与方法
场地与设施	15. 室内设施	室外足球场的种类、数量、质量，室内多功能训练室的面积、器材数量，可满足的训练人数	训练基地提供相应材料，评估小组核实材料
	16. 其他设施	如理论课教室、会议室、餐厅等设施	
经济状况	17. 经费来源	训练基地经费的来源，各部分经费所占比例	由评估小组的审计人员完成
	18. 专项资金使用	专项资金的使用、支出证明	
	19. 经营收入	各种方式的经营收入	
	20. 主要支出	主要支出项目与金额	
交流与合作	21. 与国外的合作	—	—
	22. 与国内的合作	—	—
	23. 与本地体育部门的合作	—	—
	24. 与本地教育系统的合作	—	—

第三节 湖北省青少年足球训练中心调研报告

一、发展目标与规划

（一）场地建设规划

1. 湖北省青训中心

湖北省青训中心拟在中心原有的基础上建造 3 块天然足球场、1 座室内训练房、1 座学生公寓。

2. 宜昌市青训中心

宜昌市青训中心拟建一个 9 人制球场。

评语：湖北省青训中心的场地问题得到了较好的解决，中心依照旧的青训体系完成各项工作，训练队伍建设齐全，但缺少可行的发展目标与训练指导思想。

二、管理

（一）各种规章制度的制定

湖北省各青训中心制定了各种规章（包括行政、财务、后勤、经营、开发、场馆、设备、器材的管理保养等），建立了符合法律规范的合同管理制度。

1. 湖北省青训中心

湖北青训中心制定教练员工作岗位职责，每年进行考核；加强管理人员的廉政建设；制定球员管理条例。

2. 荆州市青训中心

荆州市青训中心依照荆州市足球学校的各项规定执行。

3. 宜昌市青训中心

宜昌市青训中心依照宜昌市体校高水平体育培养人才培养基地的管理规定执行。

（二）机构设置、人员聘任及岗位责任落实情况

1. 湖北省青训中心

由湖北省足协青少部负责青训中心工作落实。

2. 荆州市青训中心

由荆州市足协管理，青训中心负责工作推进。

3. 宜昌市青训中心

宜昌市青训中心主要由青训总监与青训主管负责，实际上是社会性质的培训班。

（三）教练员培训情况

1. 湖北省青训中心

湖北省青训中心组织中级岗位教练员培训班，聘请武汉学院教师开办讲座；每年举办1次"精英教练员培训班"，时间为5~6天。

2. 荆州市青训中心

荆州市青训中心组织体育教师培训、校园足球教练员培训、校园足球裁判员培训。

3. 宜昌市青训中心

宜昌市青训中心每年组织1~2次D级教练员培训。

（四）提供优质的公共服务以及有针对性的专业服务与特邀服务

湖北省青训中心用3年时间，在湖北省命名了25所"女子示范足球学

校"，由低年级到高年级的比例为 3:2:1，每年给予 10 万元的扶持；命名 30
所"传统足球学校"、3 个"专项后备人才培养基地"，每年给予 30 万元的资
金扶持；命名 10 所边远山区的足球学校、8 所留守儿童足球学校，均给予一
定的资金扶持；每年组织"精英训练营"，规模在 200 人左右；U4—U17 年
龄段每年共参加十几个足球联赛；开展"四进校园"活动，即足球明星、精
英教练员、体育器材、"荆楚足球小将"评选等，进入校园推广足球运动；开
展青少年足球比赛，布局"四关爱"活动，即关爱老少边足球学校、留守儿
童足球学校、特教足球学校、女子足球学校。

（五）其他

提供专家讲课、学术研讨、培训所需场地器材，娱乐影视的生活服务，
理疗、按摩、水浴、药浴等康复服务。

评语：湖北省青少年足球训练中心按要求建立了各市区的训练中心，但
除了荆州市，其他市区的训练中心的基本条件都较差，难以开展正常的训练、
竞赛工作，教练员培训的水平也有所不足。

三、训练

（一）各年龄段的队伍建设、教练配置、聘任

1. 湖北省青训中心

湖北省青训中心的基本布局为：①青训基地以 12 岁以上球员为主，采用
"三集中"模式，包含 U13—U18 各年龄段队伍；②12 岁以下球员集中在新
华路体育场进行训练活动，学籍挂靠在武汉市辅仁小学；③女足集中在武汉
市洪山区关山街道训练，共建有 2 支队伍，低年龄组 20 人次，高年龄组 45
人次。

2. 荆州市青训中心

荆州市青训中心在训队员有：2003—2004 年龄段，20～25 人；2005—
2006 年龄段，20～25 人；2007—2008 年龄段，25～30 人；2009 后年龄段，
25～30 人。

3. 宜昌市青训中心

宜昌市青训中心 2005 年龄段 28 人，2006—2008 年龄段 22 人。

（二）每周训练时间

1. 湖北省青训中心

湖北省青训中心训练基地"三集中"球员周中每天下午训练半天，上午

进行文化课学习，周五至周六上午训练。低年龄段球员，即 12 岁以下球员集中在武汉市新华路体育场进行训练，每天下午下课后进行训练。

2. 荆州市青训中心

荆州市青训中心各年龄段队伍分别在周五 16:30～18:00 与周六、周日 15:30～18:00 时间段训练。

3. 宜昌市青训中心

宜昌市青训中心各年龄段队伍分别在周一至周五 17:00～19:00、周六、周日 16:00～18:00 时间段训练。

（三）教练员的训练计划

湖北省青训中心没有具体的青训中心发展规划，全权交给教练员负责，为主教练负责制。

（四）教练员的来源及等级情况

1. 湖北省青训中心

湖北省青训中心所有教练员均为退役的职业运动员，持有中国足协 D 级及以上教练证书。

2. 荆州市青训中心

荆州市青训中心有 D 级教练员 4 名、C 级教练员 3 名、B 级教练员 1 名。

3. 宜昌市青训中心

宜昌市青训中心有 B 级教练员 1 名、D 级教练员 5 名。

评语：湖北省青训中心各小学采用了混合集中模式，中学以上采取了"三集中"模式，保证了球员充足的训练时间，建立了高水平的训练球队，但缺少训练文件，教练员的等级还比较低。

四、场地与设施

（一）室外场地

1. 湖北省青训中心

湖北省青训中心有 11 人制场地 4 块（天然草）。

2. 荆州市青训中心

荆州市青训中心有 11 人制场地 1 块（天然草）、7 人制场地 2 块（人工草皮）、5 人制场地 2 块（悬浮式拼装地板）。

3. 宜昌市青训中心

宜昌市青训中心有 5 人制场地 1 块（人造草）。

（二）室内场地

1. 湖北省青训中心

湖北省青训中心有 5 人制室内场地 1 块。

2. 荆州市青训中心

荆州市青训中心有室内训练馆 1 个（地胶）。

3. 宜昌市青训中心

宜昌市青训中心有 5 人制室内场地 1 块。

（三）运动员公寓、餐厅、浴室（桑拿）配套情况

湖北省青训中心有 1 所运动员公寓配备洗浴设施。

评语：湖北省青训中心场地较好，荆州市青训中心具备了基本的精英训练的场地条件。

五、竞赛

（一）不同年龄段球队的比赛、训练要求（场地、人数、时间）

湖北省青训中心不同年龄段的比赛层次如下：

（1）湖北省青训中心包括全国比赛、省级比赛、市级比赛。

（2）荆州市青训中心包括省级比赛、市级比赛。

（3）宜昌市青训中心包括省级比赛。

（二）取得的竞赛成绩

在 2017 年，宜昌市青训中心 U13 年龄段荣获湖北省第 3 名，U12 年龄段荣获湖北省第 2 名。

评语：湖北省青训中心的竞赛体系较为健全，队员有充足的比赛场次。

六、交流与合作

（一）与当地体育部门的合作

湖北省青训中心与当地体育部门的合作情况如下：

（1）湖北省青训中心：与武汉市教育体育局开展各地市的青训扶持工作。

（2）荆州市青训中心：湖北省体育局足球运动管理中心与荆州市体育局共同开办了荆州市足球学校，用于培养具有扎实文化知识和足球专业技能的复合型人才。

（3）宜昌市青训中心：由体育局的足球教练所办的社会培训班负责培训事宜。

（二）与省内其他城市的合作

湖北省青训中心在湖北省命名了 25 所"女子示范足球学校"，由低年级到高年级的比例为 3:2:1，给予 10 万元/年的扶持；命名 30 所"传统足球学校"、3 个"专项后备人才培养基地"，给予 30 万元/年的资金扶持。

（三）与当地学校的合作

湖北省青训中心与当地学校开展以下合作：

（1）湖北省体育局：①开展"四进校园"活动，即足球明星、精英教练员、体育器材、"荆楚足球小将"评选进入校园推广足球运动；②"四关爱"活动，即关爱老少边足球学校、留守儿童足球学校、特教足球学校、女子足球学校。

（2）荆州市青训中心：开展沙市区中小学生足球联赛，竞赛以 5 人制、7 人制为主。

评语：武汉市与所属各市区学校建立了良好的合作，但与国外的交流较少。

七、教育

（一）如何解决队员的学习问题

1. 湖北省青训中心

湖北省青训中心 12 岁以下年龄段队员学籍挂靠在武汉市辅仁小学，在辅仁小学接受教育；12～18 岁年龄段队员以"三集中"模式在青训中心接受训练、教育。

2. 宜昌市青训中心

宜昌市青训中心学生为"走训"形式，在各自学校进行文化课学习。

（二）学生的学习成绩

评语：由于队员大部分来自武汉市以外，因此湖北省青训中心采用了"二集中"和"三集中"模式，这种模式对学生的学习成绩和全面发展有一定的影响，尤其是初中以后的"三集中"模式。建议初中还是采用"二集中"模式，即上午在学校学习、下午训练的模式；而高中采用"三集中"模式，既保证了学生充足的训练时间，又兼顾了学生的学业和社会化发展。

八、选材与招生

（一）队员的来源

1. 湖北省青训中心

湖北省青训中心除了各地市县推荐球员进入青训梯队，还会通过锦标赛、联赛选拔优秀球员进入梯队。

2. 荆州市青训中心

荆州市青训中心所有球员来自校园足球比赛、学校足球教师推荐。

3. 宜昌市青训中心

宜昌市青训中心足球队员由学校体育教师推荐或教练员自己选拔。

（二）注册情况

宜昌市青训中心 2004 年龄段注册 20 人，2006—2008 年龄段注册 22 人，女足注册 10 人。

评语： 湖北省青训中心可在全省范围招收球员，达到了精英训练的选材要求。

九、人才输送

荆州市青训中心在 2010—2016 年向湖北省足球运动管理中心所属各梯队输送 23 名优秀足球后备人才。

评语： 湖北省的青训队员大部分进入了俱乐部二线队伍，起到了为俱乐部输送后备人才的作用。

十、经济状况

湖北省青训中心投入足球专项经费共计 1000 万元，其中荆州市教育体育局每年向湖北足球学院荆州分校拨付 33 万元青少年足球专项经费，具体包括比赛专项经费 15 万元，场地维护保障经费 8 万元，训练器材、训练服装购置经费 5 万元，教练员参加培训活动经费 5 万元。

评语： 湖北省青训中心经费较为充足。

总评： 湖北省青少年足球训练中心基本上是按照旧体校体系进行青训工作，这个集中训练体制的优点与缺点都较为鲜明。在未来的工作中，该中心应该兼顾球员的全面发展，争取在初中阶段与学校建立合作关系，建立学校与中心的联合学生训练机制。教练水平是制约训练水平的瓶颈，今后还要将高水平教练员的引进与国内教练员新的训练理论与方法的培养相结合。只有提高教练员的水平才能推进精英队员培养工作的进一步发展。

第四节　大连市青少年足球训练中心调研报告

一、发展目标与规划

（一）中心发展总体目标

大连市青少年足球训练中心发展的总体目标是：

（1）教练员为先。

（2）培养全面发展的精英球员。

（3）打造敬业、专业的后勤保障团队。

（二）基地定位

大连市青少年足球训练中心基地定位是建立优秀的国家级培训中心，提供更好的服务，培养全面发展的精英球员。

（三）场地建设规划

大连市青训中心现使用场地包括大连市体育中心、大连湾足球公园、奥林匹克体育场。此外，2018 年，大连市青少年足球训练基地项目竣工。基地包括 1 座能容纳 3 万人的独立体育场、10 块 11 人制标准足球场、8 块 5 人制标准足球场和 1 座配套综合楼，项目总投资逾 9 亿元，总占地面积超过 18 万平方米，建筑面积 8 万平方米。

（四）大连市教练员"人才库"

大连市足协结合当地实际情况建立了大连市青少年教练员"人才库"。无论何种级别的教练员，均要通过考核才能够进入"人才库"，即拥有上岗证。现在"人才库"在编教练员共有 311 人次。每期"周末营"，青训中心技术主管会组织教练员内部学习讨论。青训中心与德国沃尔夫斯堡足球俱乐部建立了联系，定期组织教练员出国进行培训学习。

（五）宣传规划

大连市青训中心通过电视与网络媒体多方位加强宣传推广。

大连市青训中心与大连电视台携手推出了名为"足球非常道"的节目，通过电视媒体宣传推广。此外，大连市足球协会还建立了"大连市足球协会"微信公众平台，将"精英训练营"中小球员们生活的点点滴滴推送给家长，方便家长时刻关注孩子们的动态。

（六）训练规划

大连青训中心从大连本地选取优秀球员，以"周末营"的形式组织球员进行训练学习。

评语：大连市青训中心的定位实际上是高水平的训练服务，并在实践过程中取得了良好的效果。训练场地在未来将有较大的改善。宣传较为到位，"国家级青训中心"的品牌在大连市具备较高的知名度，但在训练规划上缺少高水平运动队的建设目标。

二、管理

（一）各种规章制度以及符合法律规范的合同管理制度

各种规章制度包括行政、财务、后勤、经营、开发、场馆、设备、器材的管理保养等。

大连市青训中心有相应的行政、财政、后勤管理制度以及场地建设规划。青训中心现有场地隶属大连市体育中心，其只有使用权，而无所有权。

（二）机构设置、人员聘任及岗位责任落实情况

大连市青训中心有清晰的机构设置、教练员岗位设置。

（三）年度考评与检查制度以及奖惩制度

由于资金短缺，大连市青训中心暂时没有建立相应的年度奖评机制。但在短期培训中会有所奖惩，如每期培训及寒暑假集训，青训营都会评选出最佳教练员及最佳球员。

（四）训练管理措施及相关的资料档案

大连市青训中心制定了针对球员、教练员的管理措施以及后勤管理规定。

（五）制订教练员培训计划、组织实施培训活动，评定培训结果

大连市青训中心承接了社会上一系列的教练员培训工作。青训中心除承接中国足协的教练员培训任务外，还划区、划片对本市教练员进行了训练实践能力培训。青训中心贯彻"既横向，又纵向"的指导方针，不仅将全市的运动队伍覆盖，还由点及面，拓宽了由基层普及到精英培养的足球青训路径。

此外，每期集中训练不仅是球员集中学习的过程，还是教练员相互交流学习的过程。每期培训结束后，青训总监会总结不同年龄组教练在授课当中存在的问题并进行授业解惑。青训中心更是请到了王雷、郑茂梅等专家来到青训营给球员和教练员授课。

（六）提供优质的公共服务以及有针对性的专业服务与特邀服务

大连市青训中心承接了一部分校园足球教练员的培训工作，并支持新疆、内蒙古、辽宁本溪等地进行校园足球教练员培训，得到了极高的社会评价。

（七）提供专家授课、学术研讨、培训所需场地器材，娱乐影视的生活服务，理疗、按摩、水浴、药浴等康复服务

大连市青训中心曾请到营养学方面的专家做过专题讲座，普及青少年生长发育的相关知识。但营养搭配方面由于资金限制只能委托给相关部门负责球员的基本饮食，饮食的科学性还有待提高。

在学习训练之余，青训中心还会组织相应的娱乐活动，如通过组织统一的才艺展示、为球员过生日等形式，帮助球员找到归属感，使他们更认真地投入训练。

评语： 大连市青训中心机构建设较好，教练员培训工作开展良好，配有专门的教练员，教练员的等级较高。

三、训练

（一）每周训练时间

精英训练以"周末营"的形式开展，集训时长为2天。

（二）教练员的训练计划

教练员的训练计划以教练员制定的训练主题为主。

（三）教练员教案

教练员根据青训中心主管制定的主题自行设计教案。

评语： 在训练方面，大连市青训中心还缺少统一的指导思想，基本上是根据青少年比赛中存在的问题来制订训练计划。训练计划执行情况较好，主管对训练情况有监控。

四、场地与设施

（一）室外场地

大连市青训中心有6块11人制天然草球场、5块11人制人工草球场。11人制场地长110米，宽68米。

（二）室内场地

大连市青训中心有4块室内5人制足球场地（木地板）、1座室内专项体能训练健身中心。

（三）专项运动训练、竞赛、体能、技能检测所需的运动器材和安全保护设备情况

大连市青训中心有 1 座康复中心及 1 座健身中心。

（四）运动员公寓、餐厅、浴室（桑拿）配套情况

大连市青训中心有 1 座运动员公寓（配备洗浴设备）和食堂。

评语： 大连市青训中心场地与相关配套设施较好。

五、竞赛

（一）不同年龄段球队的比赛训练场地、人数、时间要求

大连市青训中心主抓 12 岁以下年龄段球员的训练，以周末训练营的方式开展，每期营区人数在 100 人左右。

（二）不同年龄段的比赛层次

青训中心 12 岁以下年龄段球员主要参加大连市当地的"园长杯""校长杯""区长杯""市长杯"比赛，以及相应的品牌赛事。

评语： 由于大连市青训中心建设较晚，目前开展的训练工作只是针对 12 岁以下年龄段。另外，服务性训练工作不涉及球队的注册与转会，因此也无法计算人才输送的数量。竞赛基本以市内的比赛为主。

六、交流与合作

（一）与当地体育部门的合作

大连市政府与大连市足协共同开展的"绿荫工程"项目，根据足球开展情况，将学校分类为"中心校""重点校"和"网点校"，以推动校园足球的发展。

（二）与国外的合作

大连市足协与德国沃尔夫斯堡足球俱乐部签订了培训协议。

（三）与国内其他城市的合作

大连市青训中心与周边各地市合作，协助培养教练员。

（四）与当地学校的合作

大连市足协与教育局所属各学校积极合作，青训中心训练营球员均选拔自各个小学。

（五）与当地媒体的合作

大连市足协通过多渠道、多元化的宣传推广、商务合作等平台服务功能，

建立足球发展大数据库。有关大连市青少年足球训练中心宣传媒介，请见表 8-2。

表 8-2 大连市青少年足球训练中心宣传媒介

传播媒介	名称
官方微信公众平台	大连市足球协会
APP	绿荫岁月、来战、爱球迷
电视	大连广播电视台文体频道
广播	大连广播电台新闻广播 FM103.3、大连体育广播 FM105.7
报纸	《大连日报》《大连晚报》《半岛晨报》
QQ 空间	未知

评语： 大连市青训中心在当地有较强的影响力，进行多渠道的交流与合作。

七、教育

在每期训练营集训中，青训中心专门聘请文化课老师，利用晚上时间给小球员们补习功课。营区也会组织教练员走进小球员们的英语课堂，学习外语知识。

评语： 青训中心周末训练营模式不影响学生学习。

八、选材与招生

（一）队员的来源

球员主要来源于大连市当地，营区教练员将"市长杯""校长杯"等比赛中表现突出的球员选拔入营。

（二）选材的标准

青训中心根据教练员经验进行选材。

评语： 青训中心能在大连市范围内进行选材。

九、经济状况

中国足协每年向大连市青训中心拨款 200 万元，当地 1:1 配套；当地每年向大连市足协拨"绿茵工程"款 300 万元。

评语： 目前，青训中心基本资金有保障，但未来的发展规模与队伍建设未列入规划，因此还需要更多的资金注入。

总评：大连市青训中心依托良好的足球基础，在 12 岁以下年龄段建立了由普及到提高的多种训练机制。中心基地以周末训练和寒暑假集中训练的模式开展服务性的训练工作，由于与各方面协调良好，中心工作得到了各方面的大力支持。中心的教练员整体水平较高，训练取得了良好的效果。青训工作得到了社会的认可，该模式也可为其他中心提供参考。目前中心的问题是，训练体系只覆盖了 12 岁以下年龄段，12～15 岁年龄段的青训工作尚没有开展，在新的基地建成以及各方面条件达到以后，大连市青训中心还应该建立12～15 岁这个年龄段的高水平训练体系。

第五节　上海市青少年足球训练中心调研报告

一、发展目标与规划

（一）发展总体目标

上海市足协青少年训练中心（以下简称上海青训中心）的发展总体目标是：

（1）以建设中国足协省级青少年训练中心为抓手，探索建立由市区两级政府和社会力量共同参与的青少年精英培养基地。

（2）培养更多适应社会发展需要的高素质人才、更多适应现代足球发展需要的优秀人才和专业基础人才，提高上海足球的整体实力和国际竞争力。

（二）场地建设规划

按照国家关于省级足球训练基地建设标准和要求，借鉴国外青少年足球训练保障经验，以节俭和实用为原则，规划建设具有青少年训练、比赛交流、教学培训等核心功能，以及辅助办公管理、技术分析、康复理疗、食宿等综合配套功能的上海市足球训练基地，交由上海市足协管理和运营。

目前，上海青训中心以上海体育运动学校为总部基地，上海 8 万人体育场、上海 T98 绿洲足球基地（社会力量合作基地）是开展短期集训的主要训练场地。

（1）上海 8 万人体育场：现在上海市足协与该体育场签订协议，以优惠价格使用，但是财务压力仍然很大。该场地主要用于青少年集中训练与教练员培训，一年能够用 30 次。从效果上看该场地能够更加方便家长和青少年，在一定程度上解决了交通问题。

（2）上海 T98 绿洲足球基地：总共有 11 个天然草球场、1 个室内球场、1 个人工草球场。该场地配套保障较好，医疗与康复设备完善。

（三）训练队伍建设

从 2014 年起，上海市足球协会逐步组建 U14、U15 的集训队伍，下一步将逐步健全 U10—U15 年龄段的青训梯队，正在探索和校园足球、社会足球及职业足球建立畅通的成长通道。

（1）从男女足球队伍的建设覆盖面来看，青少年男足覆盖上海市 16 个区县，青少年女足覆盖 12 个区县。

（2）从精英队伍的建设策略来看，上海市足球协会层面集中力量组织 U10—U15 年龄段的精英培养，而在 10 岁以下（小学三年级以下）年龄段则交给校园足球与社区业余俱乐部。而在 15 岁之后，优秀队员会遇到精英发展抉择的问题，如是否进入职业队。

（3）在目前的全运会体制下，上海市足球协会的青训工作一般的培养上限是 15 岁，最多至 18 岁，协会更希望培养到 20 岁。但是即使青少年球员 16 岁可以签订合同，也很难留住好的球员，因此还需要解决与校园足球、职业足球如何结合的问题。

（四）宣传规划

上海青训中心积极宣传省级青训中心（精英基地）建设的成果，加大重要活动的宣传力度，建好自己的网络平台。

（1）上海市足协拥有自己的对外网站，承担一定的对外信息公布功能。部分区足协有自己的微信公众号，如徐汇区足协、金山区足协等。

（2）上海市足协在宣传机制上以事件性宣传为主，如在精英基地建设、省级青训中心建设的过程中有过宣传，以及重大活动的宣传，如 2017 年较有影响力的"上海市青少年最佳教练员"的颁奖，2015、2016 年最佳教练员的评选产生了一定的社会影响力。上海市足协目前开发了内部使用的信息管理系统——上海足协信息管理系统（SFA-IMS）。该系统建设之初主要用于裁判员注册与委派，现在也用于上海市教练员注册、青少年球员注册和收集汇总相关竞赛工作的数据。

（五）训练规划

1. 集训

（1）上海青训中心以短期集训为主，各精英基地开展日常训练。目前，上海市正会同教育部门，加强体教结合，推动训练规模化、体系化发展。

（2）2015 年年初，青训中心选拔组建 U10/U11、U12/U13 集训队，2016 年新增 U15 集训队。2005—2016 年，青训中心利用周末和节假日等进行了多次短期集训，其中 U10 年龄段集训 8 次，U11 年龄段集训 19 次，U12 年龄段集训 16 次，U13 年龄段集训 10 次。

2. 交流比赛

在寒暑假、法定节假日等，青训中心举办区域性邀请赛，促进球员的交流学习和提高。2015 年 11 月，青训中心举办了 U10、U11、U12 年龄段的男足、女足邀请赛，邀请山东、江苏、浙江、湖北等地代表队参赛。2016 年 8 月、10 月，2017 年 1 月举办了 U10、U11、U12 等年龄段的区域邀请赛。

3. 全运会队伍的竞训工作

除了相应年龄段的精英青少年培养，上海市足协同时承担上海市全运会队伍的训练与竞赛工作。

评语：上海青训中心将青少年训练工作的重点放在了精英基地上，以精英基地为核心点，辐射周边区域，以点带面。目前青训中心以寒暑假等假期的短期集训为主，不包括周末集训，由各精英基地开展日常训练。青训中心曾经尝试进行周末集训，但是由于近年来上海市教育委员会（简称上海市教委）组织的校园足球周末联赛与训练增多，周末集训面临流产问题。

二、管理

（一）各种规章制度以及符合法律规范的合同管理制度

上海青训中心各种规章制度（包括行政、财务、后勤、经营、开发、场馆、设备、器材的管理保养等）的制定主要体现在精英基地建设的规范性文件以及协议和专业队伍、集训队员选拔的办法两个方面。

（二）机构设置、人员聘任及岗位责任落实情况

上海市足协于 2012 年成立技术部，现在改名为青少年（技术）部。上海市足协的青训工作以上海市青少年精英基地为主要布局，以上海市青少年校

园足球精英训练营和大众训练营为基础。与此同时，上海市教委也开展了校园足球精英训练营的工作，两个体系布局的办训单位存在交叉，即一个办训单位存在双重挂牌的情况。

在上海市足协的"精英基地"布局下，全市设立了 1 个总部基地、5 个精英基地、4 个发展基地，共 10 个办训单位，组成上海市精英训练基地体系，各精英基地的教练员数量基本上都为两位数。此外，还有 6 个大众训练营，以社会办训力量为主导，尤其是鼓励支持退役运动员、具备专业运动经历的运动员的社会办学。

在上海市教委的"精英训练营"布局下，全市共有 16 家"精英训练营"，于 2015 年 9 月经上海市足协"精英基地"评选后，2015 年 11—12 月开始挂牌。部分挂牌"精英训练营"的单位同时也是上海市足协"精英基地"的单位。

上海市足协精英基地的运行以基地委员会为议事机制，聘任孙雯为青训总监，各男女队教练采取兼职聘任的形式；下一步拟引进高水平的外教团队，配以中青年教练骨干，建设各个年龄段的代表队，以市区两级技术总监牵头负责训练计划的制订和执行。

（三）年度考评与检查制度以及奖惩制度

上海市足协从 2015 年开始，建立了精英基地的评审体系，同时建立了年度评估制度。2015 年 10 月 29 日，上海市足协对精英基地进行综合评审，并制定检查制度；2016 年 7—8 月，组织了对精英基地的年度考评；2017 年再次组织了人员对精英基地进行年度考评。

评语：目前上海市足协对精英基地的管理，涉及建设方案、训练体系、管理制度、专业人才培养、文化学习保障等各个方面，都有明确的指标要求与标准。上海市足协经过数年的积累与实践探索，建立了一套较为完整、全面的基地评估指标体系与执行办法，值得收集并作为未来青训中心建设的重要参考资料。

三、训练

（一）各年龄段的队伍建设

依托于全市各精英基地的上海市各年龄段青少年足球精英梯队建设，截至 2017 年 3 月，已经分别输送至上海上港、上海申花等职业俱乐部梯队，U11、U12、U13 三个年龄组实现了单年龄组组队。

（二）教练员的来源及等级情况

目前上海市足协下属基地的足球教练员的教案使用的是由上海市体育局统一监制的《上海市青少年业余训练教练员工作手册》，内容包括运动员出勤表、年度训练计划及任务、训练手段与方法、运动员竞赛及考核计划、训练课设计与安排、文化课成绩档案、训练与比赛小结、教练员自我评估与专家评估等各个方面。

上海市足协及各办训基地要求全部教练员将教案进行手写提交，所以所有一线教案文件并未进行电子化输出。经调研访谈得知，精英基地的教练员每人都有相应的工作手册，各精英基地积累了大量一线训练资料。

此外，在调研过程中，普陀区女足以金沙江路小学为依托，建立了一套青少年女足运动员的培养体系，并在全国范围内取得了优异的成绩，为我国女足的发展培养了大量人才。同时，在训练设计、理念更新、运动队教育与管理等各个方面，普陀女足基地都有着较为完善与先进的实施办法，并积累了大量的发展经验，值得推广。

四、场地与设施

从场地的类型来看，5人制场地占比较多，11人制场地较少。相较2015年，2016年11人制场地的数量有了一定的增加，其中人工草球场增加了5块，天然草球场增加了8块。

根据调研了解到，在上海市足协评选上海市精英基地的过程中，被评选方必须有一块11人制场地作为保障。

五、竞赛

上海市当地目前组织的比赛大概40场，算上全国的比赛，总共有50～60场比赛/年，但是有质量的比赛太少，出现大比分的情况非常多，实际起到锻炼作用的比赛较少。

评语：从校园足球四级联赛到足协体系的比赛，多个比赛体系混入，很多时候是为了竞赛而竞赛。但是整体来看，全国范围的精英比赛的锻炼价值更高。部分精英青少年球员有多种身份，既是某校校队学生，又是区代表队或市队队员，即这类球员同时在不同队伍进行集训、比赛，接受不同教练员的指导，长期处于比较疲劳和紧张的状态，这也影响了球员的文化成绩，从长远来看，不利于球员的健康发展。

六、交流与合作

上海市足协青少年足球精英基地成立后主办国际交流比赛 15 次。据调研，各办训单位都拥有对外合作的渠道与来源。

七、教育

（一）上海市体校

上海市足协精英训练基地的总部基地设在上海市体校。上海市友谊中学能够帮助优秀运动员解决户籍与学籍的问题。

（二）上海幸运星俱乐部

上海幸运星足球俱乐部成立于 2006 年，该俱乐部打通了学校培养的人才通路，小学与初中阶段主要挂靠在上海师范大学康城实验学校，高中阶段与华东师范大学第二附属中学、市体校进行合作，保证了青少年球员的教育升学通路。

（三）崇明岛徐根宝基地

崇明岛徐根宝基地以纯精英训练培养为主，与崇明当地教育局合作，球员在当地学校借读，以解决学籍问题，并能够获得相应文凭。但是这种借读和挂靠学籍与传统"三集中"训练相似，球员能够获得"文凭"，但不能获得"文化"。

（四）普陀区女足基地

普陀区女足从幼儿园开始选材，随后升入指定小学和中学，体育局为参与训练的球员承担一半学费，最后球员从初中进入高中，再从高中进入大学或者进入职业球队，真正形成了一条龙的培养体系。现在普陀区女足小学阶段以金沙江路小学为依托，中学阶段以曹杨二中与梅陇中学等学校为依托。在前河南女足队队长钱惠和张翔为代表的基层教练和老师的坚持和奉献下，普陀女足体教结合"一条龙"已取得了巨大的成功，为上海乃至国家培养了大批女足专业队员。同时，那些未能走上专业道路的女足队员也大多考上了大学，为社会做出了足球以外的有价值的贡献。

八、选材与招生

（一）队员的来源

大部分队员都来自各区精英基地的选拔与推荐，但目前精英训练队伍的日常选拔与竞训工作受到来自上海市教委校园足球体系的冲击，在一定程度上造成队员选拔受到限制，选拔出来的 U 系列队伍可能并非上海市最强的队伍，同时升学的影响也会造成队员来源的不稳定。

（二）选材的标准

上海市足协在精英队伍集训队员的选拔上出台了相关的文件与办法。

（三）注册情况

截至 2017 年 3 月，注册的精英基地运动员有 2309 人，其中男运动员 1817 人，女运动员 492 人，主要集中在上海市的八个行政区。全市注册的青少年运动员数量约有 5000 人，同时校园足球注册人数大约有 15 000 人。

上海市足协现阶段注册存在一定的局限性，在足协注册主要是为了参加足协的比赛，而同时注册在校园足球体系的球员则是为了参加校园足球系列的赛事。如何打通校园足球注册体系与足协注册体系是需要解决的问题。

九、经济状况

从 2015 年开始，上海市体育局共向 10 家精英基地下拨经费 2000 万元，向上海市足协购买"青少年足球普及推广发展服务"投入专项经费 1390 万元。2016—2017 年，市体育局继续以这样的规模下拨经费。经费主要用于精英训练和比赛、精英基地评估和建设、竞赛组织、教练培训、裁判发展、普及推广、对外交流、宣传推广和科研等项目。

此外，还有"上汽大众训练营"项目经费。在 2016 年 3 月至 2019 年 2 月期间，上汽大众汽车销售有限公司设立了"青少年足球专项基金"，每年资助 47.5 万元人民币。

总评：总体来看，虽然上海市足协下属各精英基地的日常竞训工作较为活跃，但是从省级青训中心管理职能的发挥上看，上海市足协未能给予各精英基地（类似"市级青训中心"）足够的支持与帮助。

在赛事组织方面，精英基地之一的上海佳兆业毅涛足球俱乐部教练员在调研过程中就提出有关业余俱乐部的竞赛过少，尤其是上海本土的青少年业余俱乐部比赛，很多参加了业余俱乐部的孩子经常面临着无赛可踢的状况，其足球竞技水平提高有限。相对来说，上海地区的业余俱乐部数量非常多，有着现实的客观需求，但是竞赛组织有些滞后。

在技术规范层面，上海足球具有较为明显的海派技术风格特点。技术发展还是依靠各办训单位教练员的自我摸索，拥有众多名宿与专业教练员资源的上海市足协并未在技术理念与风格上进行探索，2017年3月前尚未发现相关技术指导规范文件。

在精英青少年的培养上，我们在调研过程中并未发现上海市足协在省级精英青少年选拔与集训中的相关工作进展，多数情况下过度依托各精英基地的队伍各自发展，而各精英基地往往都拥有自己的竞训资源，所以也都独立发展得较好。从调研的实际情况来看，省级青训中心建设至今，上海市足协在省级青训中心精英青少年培养职能的发挥上没有太多的具体行动。

综上所述，从调研结果来看，虽然上海市足球运动拥有着良好的发展环境与专业人才资源，也汇聚了一大批中国足球名宿与功勋教练，但是除了其原有"精英基地"的建设，上海市省级青训中心工作职能并未得到有效的体现与实质性的推动。

第六节　江苏省青少年足球训练中心调研报告

一、发展目标与规划

（一）中心发展总体目标

江苏省青训中心以江苏省江宁足球训练基地为主场地，辐射江苏省13个区市，构建以校园足球为普及、以青训中心为提高的青少年训练模式，发现和培养优秀青少年足球后备人才。

（二）场地建设规划

《江苏省青少年校园足球振兴行动计划纲要（2015—2020年）》中提出：实现江苏省青少年校园足球"百千万"普及工程，其中重要的一条是创建超过100块供青少年校外活动使用的天然草坪标准足球场地。

（三）训练队伍建设

2017年，江苏省足球运动协会（简称江苏省足协）省级青训中心长期在训的青少年运动队有男子1997—1998年龄段、男子1999—2000年龄段、女子1999—2000年龄段、女子2001—2002年龄段、女子2003—2004年龄段，等5支球队。

（四）宣传规划

江苏省足协拥有自己的对外网站，承担一定的对外信息公布功能，但信息更新较慢。江苏省足协已建立微信公众号新媒体平台，以发布通知公告和赛事新闻为主。部分市级青训中心建有自己的微信公众号，如常州市奥体青少年校外活动中心等单位。

（五）训练规划

江苏省足协要求各年龄段精英队伍的主教练按时提交周训练计划与阶段性训练计划，并进行汇总。

二、管理

（一）机构设置、人员聘任及岗位责任落实情况

江苏省足协青少年训练中心组织架构由办公室、训练部、竞赛部、保障部四个管理部门组成，2017 年江苏青训中心设有总监中心，有专职教练员 14人，其中职员及教练员 3 人，A 级教练员 6 人，C 级教练员 2 人，守门员教练员 3 人。

工作人员：办公室专职人员 4 人，训练部专职人员 5 人，竞赛部专职人员 6 人，保障部专职人员 6 人，专职场地人员 6 人。

（二）教练员培训计划、培训活动组织实施以及培训结果评定

1. 教练员培训

江苏省足协主要采取继续培训、等级培训并进的形式，在培训对象上，向外延伸到校园足球特色学校的体育教师；在培训内容上，向下延伸到幼儿足球教学的指导；在培训的形式上，既有短期的专题培训，又有集中制的专项培训。

2016 年，江苏省足协共举办各类教练员培训 41 次，培训教练员 1108 人。

评语：截至 2017 年 3 月，江苏省仅办了 2 期 D 级班，而 2016 年共办了 16 个等级教练员培训班。省内的讲师数量骤减，存在较为严重的办班难的问题，希望中国足协技术部能够帮助解决。

2. 裁判员培训

在以竞赛为杠杆的调节机制下，江苏省 2016 年的省级青少年足球赛事达到 28 项，112 个组别，竞赛近千场次。裁判员是竞赛的关键因素，没有好的裁判员就不能正确引导青少年在足球场上进行良性竞争。因此，江苏省足协采用了普及和提高的方式。在大力发展二级和三级裁判员，培养一级裁判员的基础上，还组织了精英裁判员特训班，发掘、培养有潜力的年轻裁判员。

2016 年 1 月—2017 年 3 月，江苏省足协组织全省裁判员培训 14 次，培

训裁判员 1148 人次。2017 年，江苏省足协继续与教育部门合作，在中学和大学中发展学生裁判员，满足日益增长的竞赛需要；同时将那些有意参与足球活动，但运动技能有限的青年学生以另一种方式纳入足球的大家庭中。

江苏省足协现在正在与电信部门进行合作，开发教练员网络教学课程，最终实现 E 级以下教练员培训或学员学完网上相应课时的课程，才可报名 E 级教练员培训。

（三）中心的各项设施设备状况及养护维修情况

（1）江苏省足协基地各项设施设备较为完善，定期有专人进行维修与养护，整体使用情况良好。其中，后勤部门拥有一位资深的草皮养护专家，对天然草的养护有着非常丰富的经验。

（2）江苏省青训中心提供专家讲课、学术研讨、培训所需场地器材，娱乐影视的生活服务，理疗、按摩、水浴、药浴等康复服务。

三、训练

（一）普及序列

"省长杯"小学训练营由江苏省体育局与省教育厅联合举办，以 12 岁以下的少年儿童为主体，各市校园足球市级联赛优胜队伍联合组队参加。训练营由青训中心技术总监金子隆之总负责，不搞竞赛，淡化锦标，以基础性训练为主。2016 年，全省共举办了 17 期小学训练营，共计 48 支队伍参加，参训人数 1469 人次。小学训练营的主旨是对 12 岁以下的少年儿童开展更加科学的基础性训练，向学校体育教师和教练员传授专业足球知识。

（二）提高序列

青少年精英训练营，请以于尔根·纳博（Jurgen Nabo）、拉斐尔·托马斯克（Rafael Tomaszk）为主的德国勒沃库森（Leverkusen）青训教练团队在江苏省足球训练基地进行了为期两周的全省精英训练营；以金子隆之为核心，开展全省 U11、U12、U13 三个年龄组的男子、女子训练营，为组建各年龄段梯队打好基础。

除举办集中制的训练营，为了克服地域上的限制，江苏省足协还采用了送教练员下基层的方式，安排青训总监在全省范围内进行走训，为每个市的市队安排集中训练。

（三）专业序列

江苏省足球运动管理中心作为省内专业足球训练基地，承担着江苏省最高水平的足球专业训练任务。中心内有苏宁女子足球俱乐部一线队伍及其梯队（与省体育局共建），全运会男子甲组、乙组队伍长期驻训。同时，中心为苏宁足校、苏州东吴俱乐部（乙级）、镇江华萨俱乐部（业余）等运动队提供技术支持和轮训场地。

四、场地与设施

基地现有标准足球场 12 块，包括天然草球场 11 块、人工草球场 1 块、7 人制天然草球场 1 块。其中，1 块标准天然草球场配有灯光、看台，功能室齐全，可同时容纳超过 1000 名观众观赛，可进行晚场训练与比赛。基地还配备了功能齐全的综合功能训练馆，包含体能训练房、游泳馆、室内跑道、室内 5 人制球场。

基地现有五层运动员公寓楼 1 栋，餐厅可同时容纳 300 人就餐；有办公楼 1 栋，内设办公室 20 间、教室 2 间，教室内可配投影仪、白板等教学器材；另有会议楼一栋，内设 4 间会议室，可同时容纳 300 人开会，均可配投影仪。

评语：由于江苏省足协的基地多数为天然草场，草皮的播种与养护成本占据整个基地成本的相当一部分。天然草场的草皮养护问题一直以来是拥有天然草场办训单位的重点和难点，如何能有效根据区域气候环境条件进行具有针对性、高质高效并且节约成本的养护是当下众多地方足协面临的现实问题。江苏省足协聘请了从草皮研发到播种，再到维护保养，都有着丰富经验的草皮方面的专家。

五、竞赛

（一）取得的竞赛成绩

江苏省足协充分运用竞赛杠杆，动员全省各界力量参与足球活动，充分调动各方足球人才培养的积极性，具体情况如下。

1. 普及类赛事

（1）"省长杯"校园足球联赛。此赛事由江苏省体育局与省教育厅联合举办，以普通全日制学校为参赛单位，设高中男子组、高中女子组、初中男子组和初中女子组四个组别。各组别市级联赛的前两名参加比赛，每组别设苏南、苏北两个片区，各赛区前四名的队伍参加暑期总决赛。2016 年全省共有 108 支队伍参加了比赛，参赛人数 2267 人次，有效地推进了校园足球市级联赛的开展，吸引了大量的青少年学生，起到了良好的普及作用。

（2）精英联赛。精英联赛由各市精英联队参加，设男女2003—2004年龄组、男女2005—2006年龄组共四个组别，各组别进行分区赛，前四名的队伍进行总决赛，总决赛在国庆节期间举行。2016年，全省共65支队伍参加了比赛，参赛人数1193人次。精英联赛是对"省长杯"系列赛事的提升，满足了一部分高水平青少年运动员的需要，是连接青少年足球训练普及与提高的重要桥梁。

（3）大学生城市足球联赛。这一类赛事专为高校普通在校学生非高水平运动员打造，采用分组主客场制，利用周三、周六下午时间进行比赛，营造足球校园文化。

（4）各类青少年邀请赛。该类赛事邀请国外青少年运动队进行交流，取长补短。

2. 专业性赛事

锦标赛和省运会是选拔全运会后备梯队的主要形式。

（1）锦标赛。锦标赛由各市市队参加，有严格的注册和资格审查系统，参赛运动员代表了所在市的最高水平。2016年，全省共36支队伍参赛，参赛人数1181人。

（2）省运会。省运会由省体育局主办，四年一次，是全省青少年足球运动的最高舞台。

（二）江苏苏宁梯队

2017年，中超联赛江苏苏宁队的U19、U20年龄段梯队由苏宁体育集团与江苏省足协共同联办。

六、交流与合作

（一）与当地学校的合作

（1）江苏省青训中心男足队伍的合作学校为江苏省江阴高级中学，合作大学为江苏省师范大学、苏州大学等。

（3）《江苏省青少年校园足球振兴行动计划纲要（2015—2020年）》中提到，至2020年，实现江苏省青少年校园足球"百千万"普及工程，其中包括创建1000所校园足球特色学校。

（二）与当地媒体的合作

江苏省青训中心与媒体的合作主要以建立媒体新闻的专项委员会来推

进，在足协中有专门的媒体背景的执委通过委员会来推进相应的媒体关系与宣传工作。

七、教育

市级青训中心运动员在原学籍所在学校继续接受教育，省级青训中心18岁以下运动员由青训中心与当地教育部门协调联系，每年划拨经费给学校（省校联办），青训中心负责运动员训练，学校负责运动员食宿与教学。

18岁以上运动员若没有进入职业俱乐部，可安排他们参加高校高水平运动员考试或体育单招，确保这类运动员能够进入高校继续深造。

八、选材与招生

江苏省校园足球开展较早，教育局与体育局的合作有着长期的基础，江苏省13个地市都部署了校园足球工作，全国青少年校园足球特色校有793所，有效地保证了精英青少年队员的来源，形成了良好的青少年精英后备人才布局。

九、人才输送

江苏省青训中心现有男足1997—1998年龄组、1999—2000年龄组，女足1997—1998年龄组、1999—2000年龄组、2001—2002年龄组、2003—2004年龄组，共6支运动队，在训运动员合计180余人。6支运动队均参加过全国各级不同类别的年龄梯队比赛、2016年取得男足1999—2000年龄组联赛第一名、锦标赛第三名；女足1999—2000年龄组联赛第一名、锦标赛第四名；女足2001—2002年龄组联赛第一名、锦标赛第一名；女足2003—2004年龄组锦标赛前四名。

通过不断努力，江苏省向国家各级运动队输送了大批优秀运动员，如中国男子足球国家队的孙可、李昂、张晓彬、吉翔、周云等。中国女子足球国家队的张艳茹、宋晓丽、周高萍、马君、许燕露、杨丽、王丽思等。

十、经济状况

（一）经费支出情况

江苏省足协主要经费以政府财政经费为主，2016年用于组织各类活动的经费为1118万元，用于扶持学校笼式足球场地建设的经费1750万元。

（二）其他经费来源

（1）江苏省教育厅 1500 万元，主要用于组织校园足球普及性的师资培训活动。

（2）安踏集团与省体育局签约 5 年，每年赞助 500 万用于校园足球系列活动。

（3）苏宁体育集团赞助大学生城市足球联赛。

评语：地方足协拥有来自地方政府、中国足协大量的彩票公益金投入，但是对于足协的工作人员无法给予正常的工作补贴。对于青训工作而言，大量的工作又往往集中在周末和假期期间，工作人员几乎长期处于无薪加班的状态。在调研过程中，相关负责人建议是否可以从中国足协出具的资金使用文件上进行突破，有效保障相关工作人员的加班酬劳，提高一线工作人员的工作积极性。

第七节　武汉塔子湖青少年足球训练中心调研报告

一、发展目标与规划

（一）中心发展总体目标

武汉塔子湖青少年足球训练中心，即中国足球协会（武汉）青训中心或武汉青训中心，其发展总目标是打造全国最好的青训中心。

（二）场地建设规划

武汉塔子湖青少年足球训练中心场地建设规划如下：

（1）6 块 11 人制足球场（1 块比赛场地、5 块训练场地）。

（2）2 块 7 人制足球场（训练场地）。

（3）9 块 5 人制足球场（训练场地）。

（4）基地二期将增加科研中心、健身房、学术交流中心和 3 块足球场。

（三）训练队伍建设

武汉青训中心 2002、2003、2004 年龄段已组队，每个年龄段分为 A、B 两队。此外，2002 年龄段 A 队已赴西班牙集训两年，B 队仍在国内。

（四）宣传规划

武汉青训中心与当地报纸、电台进行合作，青训中心官方公众号正在建设中。

（五）训练规划

武汉青训中心球员训练由拉玛体育聘请的西班牙外教团队负责，青训总监持有欧足联职业级教练员证书。

评语：

（1）武汉青训中心场地设备良好，功能也将进一步完善，但主要用于全国与国际性竞赛，缺少对本地高水平精英训练的支撑。它打造的是全国最好的训练基地而不是全国最好的青训中心。

（2）精英梯队数量较小，也没有扩大精英队员建设的相关计划。

（3）没有发现网络上有武汉青训中心的宣传，青训中心没有独立的实体。

（4）训练全部由外教负责，虽然外教有较高的水平，但是还是应该发挥外教对中国教练员的培训作用。

二、管理

（一）各种规章制度以及符合法律规范的合同管理制度

由于武汉青训中心依附武汉足球管理中心，各种制度（包括行政、财务、后勤、经营、开发、场馆、设备、器材的管理保养等）和人员都是由武汉足球管理中心负责的。

（二）机构设置、人员聘任及岗位责任落实情况

青训中心的管理及活动由武汉市足协下属青少部主抓。青训中心包括 4 个市级青训中心，即塔子湖基地、六角亭体育场、二桥基地、武汉体院以及 10 个区级青训中心，即东西湖区区级训练中心、蔡甸区区级训练中心、硚口区区级训练中心、江汉区区级训练中心、汉阳区区级训练中心、黄陂区区级训练中心、江岸区区级训练中心、青山区区级训练中心、武昌区区级训练中心、洪山区区级训练中心。

（三）训练管理措施及相关的资料档案

青训中心训练管理措施及相关资料档案管理主要由西班牙团队负责。

（四）教练员培训计划、培训活动组织实施以及培训结果评定

武汉市教育局委托武汉市足协对教师进行培训，武汉市足协对各区教练进行分批培训。武汉市足协每年开展 E 级 12 期、D 级 8 期、C 级 1～2 期教

练员培训。

（五）中心各项设施设备状况及养护维修情况

塔子湖基地各项设施状况优秀，场地充分，辅助设施齐全，是国字号球队训练经常到的地方，还承担着承接大型赛事、大众健身的任务。

（六）提供专家讲课、学术研讨、培训所需场地器材，娱乐影视的生活服务，理疗、按摩、水浴、药浴等康复服务

塔子湖基地建有运动员公寓、理疗中心与室内足球场。

评语：武汉青训中心实际上就是武汉足球管理中心的青训职能部门，在武汉建立了完整的小学训练与竞赛体系，覆盖面大，校、区、市分级合理，管理制度完善，并协助教育部门建立了含小、初、高 189 所学校参与的校园足球训练体系。但这种青训体系只停留在小学层面，初中年龄段还需要覆盖。

三、训练

（一）各年龄段的队伍建设，教练配置、聘任

2002、2003、2004 年龄段已组队；每个年龄段分为 A、B 两队。此外，2002 年龄段 A 队已赴西班牙集训两年，B 队仍在国内。2005、2006、2007、2008 年龄段经过校、区、市选拔后进行集中训练。市级青训中心由西班牙团队负责训练，各区有各自的青训总监（持 C 级证及以上），包括 3～5 名 B 级教练员、1～2 名 A 级教练员。每名学校的教练员由武汉市足协推荐，且要有证书。

（二）每周训练时间

武汉市区级训练营每月不少于 3 次、市级训练营每月不少于 2 次。

（三）教练员的训练计划

市级青训中心由西班牙外教负责，未提供相关资料。区级青训中心交给各区青训主管负责，并无系统的课程体系。

（四）教练员的来源及等级情况

除了西班牙团队，教练员聘任由教育局牵头，委托给武汉市足协进行推荐。此外，体卫艺处会定期组织区级培训，教练员拿到证书后方可进行足球教学工作。

评语：外教没有提供训练大纲、计划与教案，课程质量也没有考查。训练时间偏少，球员数量也不足，初中阶段就早早完成了选材，不利于人才的

发展。今后，中心需要增加训练时数，加强区级教练员培训，使区级与市级的训练形成统一训练思路。外教需要提供相关材料，并对训练实施监控，以保障训练的长期稳定。另外，高水平球队以国外"三集中"的方式进行训练是否有利于人才培养还需要时间来检验。

四、场地与设施

（一）室外场地

武汉青训中心有 6 块 11 人制足球场（1 块比赛场地、5 块训练场地），2 块 7 人制足球场（训练场地），9 块 5 人制足球场（训练场地）；配套设施有运动员公寓 1 座（配备食堂、洗浴设施）。

（二）室内场地

青训中心建有 1 座钢结构室内场。

（三）运动员公寓、餐厅、浴室（桑拿）配套情况

青训中心运动员公寓配备餐厅、浴室。

（四）现代办公、通讯、车辆和文化教学、娱乐的设施、设备等

青训中心运动员公寓配有有线电视、无线网络（Wi-Fi）。

评语： 武汉青训中心场地数量、设施都非常先进，在国内也处于领先水平。但场地用于精英训练方面还偏少，应采取周末和假期集中的方式，以提高训练的质量、延长训练的时间。

五、竞赛

青训中心不同年龄段球队在场地、人数和时间上的比赛训练要求包括以下几点：

（1）10 个区级训练中心主要负责 2006、2007、2008 年龄段的训练，每月组织不少于 3 次的集训，每次不少于 100 人次。

（2）市级训练中心每月组织 1～2 次的集训，由区推选的 50 人左右组成精英训练营，每周 4 次集训。

（3）不同年龄段的比赛层次：小学组主要参加武汉市举办的"希望杯""萌芽杯""幼苗杯"系列赛。

（4）不同年龄段年比赛场次：2002 年龄段的球员在西班牙培训时被打散后分散到各个俱乐部进行训练，保证一周一赛，每年不低于 45 场高质量比赛。

评语： 竞赛主要集中在小学，初中参加校园比赛的有 10～12 所，没有建

立足协的精英赛事。初中精英赛事只有国外训练的队员具有高水平的赛事保证，但也基本以友谊赛为主。

六、交流与合作

（一）与国外的合作

青训中心选派 2002—2003 年龄段优秀球员赴西班牙进行为期 5 年的培训。

（二）与当地媒体的合作关系

青训中心与当地报纸、电台等媒体保持合作。

评语：武汉青训中心建立了与西班牙俱乐部的合作关系，这种合作还应该进一步深化，如 18 岁以上球员进入国外青训体系、教练员培训的合作和建立西班牙教练组等，以扩大指导范围，建立多支多年龄段的精英球队。

七、教育

青训中心在解决队员的学习问题上，小学阶段球员进行走训制，平时在学校接受正常训练，放学后进行足球训练；进入中学阶段后，将优秀苗子集中在一所中学进行集中学习培训。

评语：走训制适用于小学，中学阶段在不影响学生正常学习的情况下，还应该实行部分时间集中。建议高中设立高水平足球重点学校，选拔高水平教练员，以保证训练质量。

八、选材与招生

（一）队员的来源

青训中心的球员来源于各区训练营的推荐。

（二）选材标准

西班牙团队负责青训中心球员的选材。

（三）注册情况

武汉青训中心按学生学籍注册，与家长签订培训协议，协议在足协备案。

评语：武汉青训中心建立了培训协议制度，解决了青少年队员的流动问题，可以向全国推广。

九、人才输送

青训中心选派 2002—2003 年龄段优秀球员赴西班牙进行为期 5 年的培训。

评语：由于初中阶段高水平培训的数量与时间不足，没有建立高中阶段的精英训练体系，因此，目前阶段难以培养出高水平球员。

十、经济状况

（一）中国足协拨款

武汉青训中心获中国足协拨款 200 万元/年。

（二）当地财政拨款

武汉青训中心获当地拨款 600 万元/年。

（三）经费支出情况

武汉青训中心每年经费支出为 1500 万/年。

评语：武汉青训中心经费充足。

总评：武汉青训中心开展的是以校园足球为主体的训练与竞赛，它与校园足球的特色一样，普及面广，但精英训练较为薄弱。作为中国足协的国家级青训中心，武汉青训中心还应在精英训练上加强力量。

本章小结

本章根据初步设计的青少年足球训练基地评估模型和指标，按照中国足协青少年训练中心调研的基本程序，分别对湖北省青训中心、大连市青训中心、上海市青训中心、江苏省青训中心和武汉塔子湖青训中心展开实地调研。通过对调研结果的进一步归纳整理发现，各青训中心在足球后备人才的培养方面特色鲜明，值得借鉴学习，但也存在需要解决的问题，具体如下：

湖北省青训中心针对现阶段场地建设问题制订了明确合理的改良计划，各训练中心充分利用现有的场地资源，完善训练队伍建设，但缺少可行的发展目标与训练指导思想，在青训工作方面仍按照旧体校体系开展培训，此集中训练体制的优点和缺点较为鲜明。在未来的工作中应该兼顾球员的全面发展，争取在初中阶段与学校建立合作关系，建立学校与中心的学生联合训练机制。教练水平是制约训练水平的瓶颈，还要加强高水平教练员的引进与国内教练员新的训练理论与方法的培养，只有提高教练员水平才能推进精英队员培养工作的进一步发展。

大连市青训中心依托良好的足球基础，在 12 岁以下年龄段建立了由普及到提高的多种训练机制。中心基地以周末训练与寒暑假集中训练的模式开展了服务性的训练工作，由于与各方面协调良好，中心工作得到了各方面的大力支持。中心的教练员整体水平较高，训练取得了良好的效果。青训工作得到了社会的认可，该模式也可为其他中心提供参考。目前中心的问题是训练体系只覆盖了 12 岁以下年龄段，12～15 年龄段的青训工作尚没有开展，在新的基地建成以及各方面条件达到以后，中心还应该建立这个年龄段的高水平训练体系。

上海市青训中心虽然具备良好的发展环境与专业人才资源，也汇聚了大量中国足球名宿与功勋教练员，但是除了其原有"精英基地"的建设，上海市的省级青训中心工作职能并未得到有效的体现与实质性的推动，需要在后续的建设发展中，重点调整其组织架构，明确人员分工，提升效率，为我国足球后备人才的发展打下坚实的基础。

江苏省青训中心在场地建设方面多数采用天然草场，为青少年提供了优质的训练环境，但天然草场的草皮养护问题一直以来是办训单位的重点和难点，如何能有效根据区域气候环境条件进行具有针对性、高质高效并且节约成本的养护是当下众多地方足协面临的现实问题。青训中心在教练员的教学质量和工作人员薪酬激励方面有待加强，需要中国足协、地方足协以及相关部门的共同合作，寻找解决这一问题的突破口，保障教练员质量，提高一线教练团队的工作积极性。

武汉塔子湖青训中心的开展模式是以校园足球为主体进行训练和竞赛，采用"体教结合"的青少年足球后备人才培养方式，但精英训练方面较为薄弱，作为中国足协的国家级青训中心，还应在精英训练上加强力量。

第九章

我国青少年足球培训机构
全面质量管理与绩效评估研究

第一节　青少年足球训练的
国外经验与我国路径

一、精英球员培养计划的发展概况

2001 年开启的"天才培养计划"让德国足球队在 2014 年成为第 20 届世界杯冠军，2012 年，英国推出了"精英球员培养计划（elite player performance plan，EPPP）"，实施 12 年后，收获了青少年球队在欧洲与世界赛场上的一系列辉煌成绩。国外成功的案例证明，科学的青训计划在培养精英球员方面卓有成效，虽然计划从开始实施到转化为国家队的竞争力至少要 10 年以上的时间，但在此之前高水平青少年球员的不断涌现和青少年国家队在国际比赛中成绩的提升，都预示了国家队后备人才"井喷"时期即将到来。中国足协长期以来都重视青训工作，在 2002 年秦皇岛青少年足球工作会议上就规定了甲级俱乐部必须建立后备梯队。2003 年，中国足协颁布的《中国青少年足球训练大纲（试行）》提出我国青少年球员的选材标准及各年龄段的训练目标，2016 年，《中国足球青训体系建设"165"行动计划》提出要加强青少年足球训练竞赛体系建设，2017 年，中国足协和教育部联合推出了中国青超联赛。但是多年以来我们采取的标准、规定、计划并没有取得明显实效，青少年精英人才仍然难得一见，U 系列球队和国奥队（全称为中国国家奥林匹克足球队）在亚洲区还在为出线名额苦苦挣扎，即使大量使用归化球员也难以遏制国家队竞技能力的逐年下降。这迫使我们重新审视我国青训的问题，认真归纳和借鉴国外青训成功的模式，客观分析我国青训现实困境的成因，重新打造青训体系，从而解决青少年足球人才培养效率与质量低下的问题。

精英球员的培训路径具有多样性，评估青训体系的视角也不尽相同。我国学者研究了英国、法国、德国、西班牙的青训体系，也分析了管理、选材、赛制、教育、训练等多个领域的青训工作，这些研究加深了对一些足球发达国家青训的了解，增加了对青训体系局部的认知，但是对足球发达国家设计青训体系的原理是什么，如何监控青训的质量还缺少全面深入的了解。因此，系统性认识足球青训特征是科学建设我国青训体系的前提。

近年来，国外学者也在探索足球青训成功的规律，马克·内斯蒂（Mark

Nesti）和克里斯·苏利（Chris Sulley）从政府支持与选材、教育、训练哲学、体育科学、各阶段训练方法和心理支持等 6 个方面来归纳高水平青少年足球学院的整体特征。欧洲足球俱乐部联合会对欧洲 41 个国家、96 个职业俱乐部的青少年足球学院的工作进行了调查，调查内容包括训练中心的场地设施、成材率、俱乐部的历史与文化、俱乐部青少年发展的经费和青少年竞赛成绩的定量分析，以及俱乐部愿景与哲学、技术发展途径、教育等内容的定性研究。诺思（North）等人建立了青训原则的分析框架，并分析了比利时、英格兰、法国、德国、意大利、荷兰和西班牙等 7 个欧洲国家青训原则的普遍性特征。比利时的 Double Pass 公司从关键绩效的视角建立了青训质量评估体系，并为比利时、德国、英国足协及俱乐部提供了评估服务。在国外青训培养体系中，职业俱乐部的足球学院处于核心地位，是精英球员向职业球员发展的必经路径，这些研究也主要是以职业俱乐部的青少年足球学院为评估对象。建立以职业俱乐部青少年足球学院为核心覆盖精英球员发展全过程的高质量、可持续发展的青训体系是国外足球协会与职业联盟的共同目标。

在青训工作的内容分析上，研究人员试图从理念、人才识别、人才发展、训练质量、支持与保障等因素来描绘青训的整体特征。Foot Pass 基于 TQM 的关键绩效评估的理论框架得到广泛的采用，这个框架包括战略和财务规划、组织结构与决策、天才识别与培养、运动与社会支持、学院工作人员、沟通与合作、设施与器材、效果等 8 个方面内容。比利时、德国、英国等国家的足协根据国内的实际情况制定了自己的青训工作标准，并建立了各自的绩效评估指标体系，实现了对青训工作的全面监督，结合评估结果对学院进行分类并按类别提供经费支持。实践证明，基于 TQM 理论的绩效分析框架在归纳足球青训系统整体特征、分析系统内存在的问题、控制与提升人才培养质量上有明显的作用。本研究以全面质量管理理论为依据，采用青训体系的关键绩效分析框架，归纳国外青训的成功经验，分析我国青训的现实困境，探索我国足球青训体系重构路径。

二、足球青训理论分析框架

TQM 理论包括战略、操作两个层面。战略层面是管理系统，包括组织及成员实现更高目标的全部因素与过程，内容包括目标制订、战略规划、策略部署、组织结构、领导力、企业文化、人员管理和沟通。操作层面是实现顾客预期的所有服务，内容有检查、统计技术、程序说明、问题解决技巧、协调、信息、团队合作与交流技巧等。Foot Pass 依据全面质量管理理论建立了足球青训的基本评估模型，各个国家的青训体系根据当地的实际情况和发展需求，在基本分析模型的基础上进行了调整。详情见不同模式下的足球青训体系分析维度（表9-1）。

表9-1 不同模式下的足球青训体系分析维度

Foot Pass				瑞士认证系统
基本模式	德国模式	英国模式	匈牙利模式	瑞典模式
战略和财务规划（STRA）	战略规划	发展目标与规划	俱乐部管理：战略、组织结构和人力资源管理	愿景与任务 球员训练课程
组织结构与决策（ORG）	组织机构	领导与管理	组织：市场部、球探与招生、体育科学、社会与教育、行政与后勤	管理人员培训课程 设施
天才识别与培养（DEV）	天才发展与训练过程	训练	足球发展：团队发展、个人发展和选材	学院活动 与小俱乐部合作
运动与社会支持（SUP）	支持体系	教育	资源：员工和设施	管理人员与球员招募
学院工作人员（STAF）	内部市场	竞赛	培养力：进入俱乐部一线队人数、主力阵容人数、核心队员人数、国家队人数	
沟通与合作（COM）	外部沟通	运动科学与医学		
设施与器材（FAC）	设施	选材与招生 人才输送 设施		
效果（EFF）		经济状况		

根据以上青训评估模型和指标体系，以精英球员的培养为核心，从战略与规划、组织结构与人员、天才识别与培养、科学与支持、资金支出与来源、沟通与合作、场地与设施 7 个维度进行同类项合并，最后形成管理、培养、支持、合作 4 个方面内容，构成了足球青训体系分析模型、足球青训体系分析维度与内容（图9-1、表9-2）。

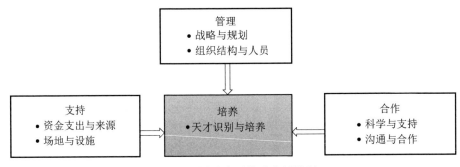

图9-1 足球青训体系分析模型

表9-2 足球青训体系分析维度与内容

维度	指标	内容
管理	战略与规划	俱乐部的青少年培养愿景、工作原则
	组织结构与人员	组织结构、人员与职责、咨询与教育
培养	天才识别与培养	选材、长期发展规划、计划、培训课程组织、比赛、教练员团队
合作	科学与支持	医学、心理、研究和社会支持
	沟通与合作	内部交流、对外沟通合作、俱乐部活动
支持	资金支出与来源	经费来源、收入
	场地与设施	比赛与训练场地、设施和器材

三、国外青训体系成功模式分析

（一）管理

1. 战略与规划

有明确的青训愿景是国外青少年人才培养文件中的一项共同特征。愿景是青少年人才培养整体工作的一系列目标，它具有指向性作用，引领相关组织和工作人员向既定的目标努力。愿景带有鲜明的国家足球文化、价值观的烙印，也反映了国家足协对现代足球特征、发展趋势以及本国足球个性化的理解，如英国的"精英球员培养计划"、德国的"天才培养计划"，荷兰的"足球大师计划"、匈牙利的"博克西奇计划"等。这些计划对愿景的描述都是以青少年发展为中心，打造世界领先水平的青训体系，不断提高青少年球员的技战术水平，为顶级职业足球联赛和国家队提供高水平人才，促进职业联赛和国家队核心竞争力的提高。

愿景中既明确了长期目标，又规定了近期需要完成的具体任务。国家足协的愿景一般都包括打造世界水平的教练员团队与高水平的保障体系、改善培训环境、科学制订和实施球员的训练计划、修建高质量的训练场地与设施、构建竞赛体系等内容。德国的"天才培养计划"围绕教练员培训、各个年龄段的竞赛体系、经费投入、球员可持续发展、信息反馈系统等5个方面的任务展开青训工作。英格兰则把提高教练员水平与增加经费投入作为工作重点，提出提高本土球员的竞技水平和联赛本土球员比例、增加球员训练和比赛时间、实施质量管理和绩效评估等工作任务。荷兰足协规划的主要内容包括提高训练质量、加强比赛组织、重视青少年团队的全面发展以及提高教练员培训水平等方面。

国家足协在规划青训的发展蓝图时，也给俱乐部表达自己愿景的空间。国外俱乐部在长期的发展过程中形成了自己独特的文化和价值观，俱乐部文化与价值观融入青少年足球学院的各个方面，是精英培养环境中不可或缺的内容。欧洲超过 75%的青训学院有着与俱乐部一脉相承的、明确的青少年球员发展愿景。俱乐部青训的愿景是为一线队培养高水平的球员，通过培养优秀人才获得稳定的收入来源；营造最佳的学习环境，促进球员潜能的充分发挥并使球员得到全面的教育，推动当地足球运动的普及和发展。俱乐部根据工作目标，确定所有部门与人员的职责、绩效评估标准，将所有任务与目标落到实处。坚持不懈地追求自己的愿景、具有可操作性计划和可评估的目标体系是在青训工作方面有成就的俱乐部的共同特征。

每个国家的青少年球员发展系统都受到该国社会、文化、制度的推动和制约，在发展过程中也在不断地融合现代的因素进行调整与改进。欧洲俱乐部的青少年球员培养秉承三个基本原则：一是发展原则。青少年精英球员发展是在多层次的互动和变化的环境中实现的，球员是高度个性化的，其发展是非线性和不可预测的。发现有天赋的球员和把有天赋的球员培训成精英球员都是复杂和个性化的工作，教练员要根据球员发展的实际情况结合自己的理论知识与实践经验制定有针对性的策略和方法，不断解决出现的问题，这样才能促进球员个体得到最优化的发展。二是系统化原则。青训要确定培养的目标，并根据目标建立一个系统化的发展模型。这个模型应基于俱乐部的足球哲学与文化、比赛风格、队员特点，内容应包括总目标，训练阶段划分方法，球员各阶段身体、心理、社会、技术目标、基本训练手段与内容以及人才识别与发展方法等。足球人才发展模型的发展途径必须是清晰的、可执行的、连贯性和一致性的、可以评估的。具有经验和掌握现代足球理论与训练方法的教练员以及支持保障团队，是长期发展模型能在实践中得到贯彻的保障。三是学习环境原则。青训要以球员为中心，营造富有挑战性的学习氛围，引入与发展阶段相适应的竞赛体系，最大限度地发挥球员的主动性和创新性。有关欧洲青少年足球训练原则图的内容详见图9－2。

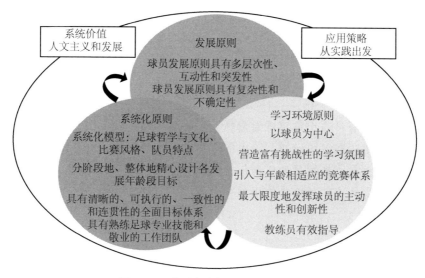

图9－2 欧洲青少年足球训练原则图

2. 组织结构与人员

战略决定组织，组织是实现战略目标的重要基础与载体。国家精英战略的实施工作由足球协会负责，它与职业联盟、俱乐部青训在战略目标达成一致的前提下，负责制订青少年发展计划，培训教练员，组织竞赛，选拔青少年国家队参加国际青少年竞赛等具体的青训工作。足球协会通过制定质量标准和绩效评估、经费支持等方法对俱乐部青训工作实施管理。国家足协把所有青训组织与机构纳入管理体系，确保青训工作有计划地按既定的目标发展。现代化网络技术的发展与普及为管理体系的建立创造了有利的条件。德国足协建立的德国足球网络管理25 450个俱乐部、165 000支球队，每年组织170万场比赛，并对青训工作各项目提供全面的服务，有效地推进了"天才培养计划"的实施。

国外职业足球俱乐部的青少年足球学院承担青训工作，这有些类似我国职业队的青少年部。近年来，随着青训工作的深入，青少年足球学院管理部门与人员的规模不断扩大。在欧洲职业足球俱乐部中，青少年足球学院与职业部是两个最重要的部门，青少年足球学院领导结构的稳定性是营造职业球员、青少年球员和工作人员之间良好工作氛围的基础，也是俱乐部能够稳定地提供高质量训练的保障。

学院教练员与学员的数量比例一般不低于 1:10，还必须配有专门的守门员教练员。俱乐部的技术总监负责监督 19 岁以下年龄段的训练，评估球员水平，选拔球员进入俱乐部的一线阵容。欧洲俱乐部要求青少年学院的教练具备 B 级以上证书和青年教练培训证书，以及协会的其他青少年教练专门培训证书。学院教练主管、教练培训人员、训练总监必须执有 A 级以上教练员证书。

教练员发展是青少年足球发展体系的核心环境之一，国家的足球协会采取教练员等级培训、研讨会、提供训练视频与文字资源，以及实施 1:1 教练员指导计划来提高教练员的执教水平。俱乐部也会定期举办教练业务研讨会，以确保俱乐部的目标与指导思想得到实施。

（二）培养

1. 天才识别

选拔出具有足球天赋的青少年球员是培养精英球员的前提条件，每个俱乐部都非常重视天才的识别与培养工作。为此，俱乐部组建了由训练学、生理学、营养学和心理学专家组成的天才识别与培养的科学团队，并建立了庞大的球探网络。

欧足联规定俱乐部 14 岁球员的选材范围只能局限于国内，15 岁以上才能扩大到全欧洲的范围，这项规定让俱乐部更重视本地人才的挖掘。每个俱乐部都建有一个结构化的球探网络，并建立大数据跟踪与球员分析体系。一些俱乐部把选材的范围扩大到欧洲以外的国家与地区，通过与其他国家与地区的足球俱乐部建立人才输送的合作关系吸纳天才球员。俱乐部与小俱乐部或学校建立青少年人才合作机制，既促进了教育与体育的融合，又扩大了选材基数。法国欧塞尔足球俱乐部（AJ Auxerre）将 16 岁的二线和三线球员引入体育学院，有效地推进了球员的全面教育，提高了球员从事相关职业的知识水平与能力。荷兰和德国的俱乐部把周边的小俱乐部纳入自己的青训体系，形成青少年训练人才金字塔的塔基，定期对他们的训练进行指导，既提高了天才识别的准确率，又提高了小俱乐部的训练水平。荷兰足协（Royal Dutch Football Association，或称 KNVB）推出学院俱乐部认证计划，鼓励业余俱乐部发展青训体系，进而与职业俱乐部建立合作关系。赔偿金制度的实施也使小俱乐部通过培养精英球员获得较高的经济回报，形成了发现、培养、输送的人才培训与发展的良性循环。

体育科学评估、医学检查与足球专项评估的多维人才识别方法在欧洲俱乐部得到了广泛应用。随着时间的推移和数据分析量的增加，优秀足球运动员的识别也越来越精确，包括传统的比赛能力分析以及速度、力量和耐力等的表现评估，近年来心理学方面的评估也被纳入天才的综合评估体系。阿贾克斯足球俱乐部（AFC Ajax）认为，球员的速度和个性受遗传影响不会有很大的改变，但是通过大量的练习在 20 岁前球员的技术和观察力可以发展到精英水平，这种人才识别的发展观已经得到了广泛的认可。

2. 天才培养

（1）青少年球员的教育途径

2004 年，欧盟发布了运动员教育的白皮书，提出青少年足球运动员必须有机会在参加俱乐部培训的同时接受基础教育和职业培训。训练中心要在足球人才未来发展中发挥教育的作用。

青少年训练中心、俱乐部与教育机构在青少年球员的教育过程中建立了良好的合作关系，如巴塞罗那附近的学校为青少年球员提供了学位，减少了训练与学习的时间成本；拜仁慕尼黑足球俱乐部（FC Bayern Munich）根据青少年球员的学习能力、家庭所在地，将球员安排在俱乐部附近的三所学校。俱乐部与学校的合作保障了青少年球员正常的社会化过程，有针对性的学业计划也使他们保持了学习的信心和兴趣。

在基础教育完成后，欧洲为职业发展阶段的球员提供了双重职业发展教育路径，重点建立了职业教育培训体系。20世纪70年代，英格兰足球总会和职业联盟就制订了职业球员再教育计划，20世纪90年代初发展为奖学金计划，给每个俱乐部一定的免费名额。球员参加一个持续3年、104周的课程学习计划，学习内容包括足球专业发展（训练和比赛）、足球职业的基础知识培训（国家足球职业资格、足球技能知识和能力认证）和专业实践/理论课程（足球教练高级标准课程），还包括英国高中课程（General Certificate of Education Advanced Level，也叫A-Level）、英国普通国家职业资格证书（General National Vocational Qualifications，也叫GNVQs）、英国国家职业资格证书（National Vocational Qualifications，也叫NVQs）等的学习与考试。

（2）训练

a. 培养目标体系

现代高水平职业球员在体能方面的特征是具有高强度间歇运动的能力和

良好的冲刺、跳跃、身体对抗与变向能力以及较高的有氧耐力水平；在心理方面具有强烈的动机、意志力、自我意识以及焦虑控制、压力应对等各项心理能力；在社会与生活方式方面能在公众面前树立良好的形象，在社区、俱乐部、球队和更衣室等各种情境中遵守规则，并能为团队做出贡献，能管理自己的生活方式与行为；在技术方面能结合自身的位置与特征发挥特长；在战术方面能对比赛有一个深刻的理解，并能快速有效地做出战术决策。这些高水平球员的特征是现代球员应具备的共同特征，是青训的发展方向和目标，是设计发展路径和确定各个阶段的培养目标与任务的依据。

球员各阶段发展目标可以归纳为技战术、身体、心理、社会 4 个方面可持续发展的指标体系。虽然许多国家提出了自己的青少年球员全面发展目标体系，但是也基本上都是基于以上因素，如英格兰提出的青少年球员生理、心理、社会、技术的"四角模型"；意大利足协强调青少年的技术、决策、处理风险、帮助队友（社会化）、对抗压力（心理上）、快速应答的整体发展目标；比利时、法国、荷兰和西班牙则强调通过比赛促进球员的整体发展，将球员的心理、社会化发展与技战术整合到比赛和训练中；法国把球员的全面发展落实到具体的战术原则中；荷兰球员青少年课程明确列出具有身体、心理、社会、技术和战术等特征的足球行为；西班牙的青训强调球员个人特征，如尊重、责任、教育、良好的生活方式；比利时青少年球员的全面发展体系基于三个关键概念，即技战术、身体和心理技能；等等。只关注球员技术和战术的传统发展观已经被现代的整体发展观取代。

b. 青少年球员发展路径

表 9-3 为欧洲国家青少年球员发展路径。

精英球员的发展模型是天才逐层选拔的金字塔形模型，具有以下特征：①培养重点是天才球员；②淘汰率较高；③建立不同年龄段的评估标准；④脱离训练体系后再难达到同龄球员水平；⑤进行早期专业化训练；⑥球员早期的能力与职业成功明显相关。俱乐部无论如何提高训练水平，最终成功的球员都是随着年龄的增长在群体经过层层选拔后留在训练体系内的少数，低成材率和高淘汰率是通往精英道路的本质特征。

表 9－3 欧洲国家青少年球员发展路径

年龄段	比利时	英国(英格兰)	法国	德国	意大利	荷兰	西班牙
U25	发展为一名优秀的职业球员	进入职业1队、2队或被租借	进入职业1队、2队或被租借	进入职业1队、2队或被租借	进入职业1队、2队或被租借	进入职业1队、2队或被租借	进入职业1队、2队或被租借
U24							
U23							
U22		职业阶段 职业行为和获胜心态		培养耐力和力量，为应对职业足球的挑战做好准备			
U21							国际竞赛与发展
U20							
U19			个人能力特点最大化	青春期末 对个人技术能力要求更加职业化；进行场上位置专业化训练；增大训练密度和强度	竞技阶段 更多的是实现身体素质的发展，学习如何成为一名职业足球运动员，更多的是战术性的工作以及特定位置的工作	青春期末 作为一个团队在比赛中取得胜利	
U18							U18竞赛 U17发展
U17	青少年身体增长峰值（PHV）前期					青春期中 场上团队合作	
U16							U16竞赛 U15发展（开始国家队训练计划）
U15	PHV周期 将大脑记忆转化为肌肉记忆		提高身体素质，以适应不同的比赛方法，如短传和长传的使用。注重战术的理解，介绍11人制比赛以及如何参与竞争，进入地方球队或国家梯队	青春初期 加强青春期变化的管理，更多地组织战术训练、养成球员体育竞技精神		青春期初 鼓励调整团队合作并开始竞争	
U14		发展阶段 逐步加入战术主题			竞技阶段 前期或发展阶段初期 通过竞争性训练提高技战术应用能力，培养配合意识		U14竞争 U13发展
U13	提升足球技能的最佳时期			少年末期 提高技术水平、享受足球乐趣，进行更多的战术学习；鼓励射门得分但不追求比赛结果，参加大场地比赛训练		少年期末 团队合作，开始学习场上位置职责	
U12	技术、技能、青少年身体增长峰值（PHV）前期		战术学习初级阶段，参加8V8比赛				足球运动学习中期 U12竞赛 U11发展
U11			足球运动训练初期 身体速度、协调性、技术训练从2V2到4V4再到SSG	少年中期 通过比赛、传接球以及小组抢圈游戏训练提升技术能力		少年期中 专注技术训练，提高控球能力，学习合作	
U10		基础阶段 身体素质和技术、技能发展初期			基础阶段 使用非结构化游戏提升技术水平		
U9	球性和球感 增强控球和带球的自信心		强调脚下基本控球能力	少年初期 乐趣、控球、技术学习初期		少年期初 专注技术训练，大量地触碰球，进行有趣味性和方向的训练	足球运动学习初期 U10竞赛 U9发展
U8							
U7			享受乐趣，参加SSG	幼儿期 培养兴趣、控球技术和灵活性		幼儿期 专注技术、球感，带着乐趣学习如何控制球	
U6							

　　球员金字塔发展模型在年龄阶段划分与各年龄段发展原则上各国有所差异。比利时、英国、法国和意大利的体系采用了"大阶段"的划分方法。例如，意大利制定了 U9—U14 和 U15—U19 的训练大纲和实践课程教案。比利时则较关注球员的年龄与成熟度，通过发育的峰值高度、身高增长高峰（peak height velocity，PHV）来划分阶段；在法国的体系中，训练计划因年龄段而异，但特别强调比赛能力的发展，法国足协提供了各年龄段的训练指导原则，俱乐部和教练可以根据实际情况灵活机动地使用；西班牙则围绕不同的发展阶段制定了战术训练原则和指导方法，并在俱乐部和国家队得到全面执行。在实践中，每个阶段都有一系列的目标与任务，各年龄围绕目标进行反复训练，达到目标后就进入更高层次的训练。在这个过程中，教练员团队将对球员的训练效果持续进行评估，以确保训练难度与队员的能力相适应，检查训练目标的达成情况，把握队员进入下个训练阶段的合适时机。

　　比利时青训建立了青少年比赛系统，通过从 2V2（5～7 岁）、5V5（7～9 岁）、8V8（9～11 岁）到 11V11（12 岁以上）比赛难度的进阶，来促进球员技术、战术、身体和心理方面的有序发展。德国和荷兰的青训体系年龄段的划分更为精细。荷兰足协设计了每个年龄段的训练课程，德国则关注个人发展的多样性，在执行训练大纲的过程中要求球员与教练和父母密切合作，以保证个性化训练的科学性。

　　青少年足球学院都有明确的训练目标和计划，并定期根据目标与计划进行训练效果的检查。每个年龄段的训练都有详细的时间规定：U12 以下年训练 41～42 周，每周 3 次，周时长为 4～5 小时；U13—U15 年训练 44 周，每周 5 次，周时长 7 小时以上；U16 以上年训练 45 周，每周 5 次，周时长约 9 小时。除了全队训练，国外球员还安排有个人训练，U12 以下基本每周 1 次，每次 30～60 分钟；U13—U15 每周 2 次，每次 90 分钟；U16 以上每周至少 2 次，每次约 2 小时。

　　比赛方面，在 U11 之前，采取小场地比赛方式；U5—U9，大多数比赛为 4V4 或 5V5，比赛时间 30～50 分钟；U10—U11，大多数比赛是 7V7，或者 8V8，比赛时间一般在 50～60 分钟。在 U12 和 U13，大多数俱乐部都采取了 11 人制的比赛，但比赛时间少于正式比赛时间。从 U14 开始，采取标准比赛规则，有少数国家（10%）在 U12 之前就开始采用正式的比赛。在比赛数量方面，U12 以下，年平均 22～26 场，每场 50～60 分钟；U13—U15，年 30 场，每场 70 分钟；U16 以上，年 30 场，采用 90 分钟的正式比赛。U12

和 U13 的比赛一般采取排名的方式，U12 以前没有升降级，U12 到 U14 比赛都是地区级和省级比赛，从 U15 开始有全国性的比赛。国家队从 U15 开始选拔与比赛，精英足球学院的学生年龄段为 U14—U18。

c. 学习的环境

目前还没有成功的足球执教范式，但还是存在一些普遍性的执教特征，如清晰的执教理念、在比赛的场景中发展技术以及感知觉和平衡能力；通过 SSG 的训练让球员在比赛压力下形成决策，提高心理的韧性。训练中要营造一个良好的学习环境，这种环境的典型特征是球员在训练中守纪律、专注、尊重同伴与对手、主动承担责任、有激情并能充分发挥想象力和创造力。

对抗性练习和比赛是最好的学习环境，球员可以体验不同的比赛情境，并在竞争中发展和强化技能。特定对抗训练主题是有计划发展球员专门技能的最佳方法。通过比赛还可以评估球员的学习效果，发展球员的心理、社会适应等能力。在欧洲，一般竞赛体系包括俱乐部区域锦标赛、区域冠军赛、国际青年比赛和锦标赛。赛事体系是各国青训系统的核心内容，比赛系统的设计紧紧围绕球员发展这一目标，而不是现阶段比赛的"锦标"。

（三）支持

1. 资金支出与来源

欧洲职业足球俱乐部的青少年足球学院 50% 是盈利的，俱乐部青少年足球学院已经发展成了一种商业模式，在市场吸收投资，通过租借和转会球员获得经济回报，青训的收入逐渐成为俱乐部稳定的经济支柱。因此，俱乐部为培养出更多身价更高的运动员，不断加大投资。2019 年，欧洲有一半以上的俱乐部每年在青训上的花费接近总预算的 6%，至少 125 万欧元（约 976.18 万元）；有三分之一的俱乐部青训预算超过 250 万欧元（约 1952.35 万元）；只有不到四分之一的俱乐部预算低于 50 万欧元（约 390.47 万元）。根据国际足联的分类，1 类俱乐部中三分之二的俱乐部青训预算超过 300 万欧元（约 2342.82 万元）。法国俱乐部平均青少年发展经费在 200 万～700 万欧元（1561.18 万元～5464.13 万元），荷兰俱乐部的青训经费在 100 万～700 万欧元（780.66 万元～5464.62 万元）。自 2008 年以来，每家德甲俱乐部青训经费投入都超过 250 万英镑（约 2279.58 万元）。员工（26%）、设施（15%）和球员合同（15%）是青少年训练最主要的成本。

各国足协也为本国的青训机构提供了资金支持。英格兰足球总会为 1 类青年足球学院提供的资金为每年 77.50 万英镑（约 706.67 万元），4 类足球学院为 67 万英镑（约 610.93 万元）。英格兰足球总会的投资与青少年足球学院的评级与投入挂钩，1 类足球学院俱乐部要求每年至少投资 230 万英镑（约 2097.21 万元），以满足青少年球员训练、竞赛以及教育等发展的需要。2、3、4 类青少年足球学院投入经费要求和工作标准会逐级降低，与此相对应，其获得的英格兰足球总会的资助也逐级减少。充足的资金支持和完善的规章制度保障了青训质量的持续提升。

2. 场地与设施

青少年足球学院的场地与设施有数量要求和质量规定，大部分俱乐部青年足球学院可以和一线队共同使用综合训练设施。平均每个青少年足球学院有 4 个球场，并为球员提供交通工具；50%以上的青少年足球学院有球员宿舍。足协规定了不同级别的青少年足球学院的场地与设施标准，包括球场、室内比赛与训练场地、会议室、休息室、技术分析室、办公室、宿舍、教室等的数量及要求，这些场地与设施只给青年足球学院专用或可以按它们的时间表优先安排才纳入统计。此外，俱乐部还与当地的学校合作，可以优先利用学校的室内外训练场地及设施，当地政府也为学院提供了场地支持。

（四）合作

1. 沟通与合作

20 世纪 90 年代，为了推进新的青训计划和改革教练员培训体制，德国足球协会（German Football Association）、德国足球联盟（German Football League），NLZ（Nachwuchsleistungszentren，青少年运动表现中心）。三方面审定通过了新的青训和教练员培训，最终协同推进了的实施。比利时的"顶级运动计划（Top Sport）"计划是比利时足球协会通过提案的方式得到了政府支持，才得以有效开展。该计划涉及全国各地的 5 所学校，每所学校都大约接收 50 名球员，每周在学校训练 12 小时，其他时间在俱乐部训练。这一体系被认为有效推进了青少年国家队球员的全面发展和训练质量的提高，其实施还基于比利时足协与职业俱乐部之间的信任和有效沟通。

国家与俱乐部在青训哲学、原则、绩效以及发展指导思想上，不仅需要教练、学院、体育科学领域的专家们达成一致，还需要和球员、训练中的相关人员及时沟通。通过常规化教育研讨会、会议等，国家与俱乐部的理念得到相互理解和贯彻。

欧洲俱乐部的青少年足球学院中每个部门职能、任务和工作都有详细的规定，学院管理层每周举行 1 次会议，这是学院内所有专职人员进行业务交流的主要方式。在每周的学院管理层会议后，运动科学与医学、人事和教育等部门都会单独召开内部人员会议，教练组每周也有一次内部会议。学院通过这些会议形成良好的沟通环境，保障了青少年发展计划的实施和训练问题的及时解决。

2. 科学与支持

在过去的三十年中，职业队采用的体育科学技术与手段已经快速地被引入到青训系统中，如运动表现分析系统分析的对象已经从顶级联赛扩展到青少年训练领域。供应运动视频分析系统（SportScode）、智能分析（Prozone）、焦点X2（Focus X2）以及艾米斯科 Pro（Amisco Pro）等计算机分析系统已经成为青训教练员的常用工具，运动表现分析技术在评估球员和球队现实水平、分析训练效果、提高训练质量方面起到越来越重要的作用。越来越多的青少年足球学院聘请了专门的技术分析师，并建立运动表现大数据库。德国与英国等足协还制订了国家的青少年身体与技术测试方案，定期对各年龄段的青少年球员进行评估。

近年来，有更多的学科介入青少年训练与发展的过程中，现在的俱乐部为青少年球员提供了理疗师、营养师，聘有医学、心理学与社会学专家来提供心理与社会支持。解决的问题包括如何更好地识别天才球员、如何更好地分析球员的发展潜力和解决球员发展中身体、心理、社会、技术和战术等方面的问题、如何更精确地进行训练的评估、如何预防以及处理运动损伤等多个科学领域。

四、我国青训困境分析

（一）国内外青训的比较分析

国内外青训特征对比分析见表 9−4。

表 9−4　国内外青训特征对比分析表

维度	国外	国内
管理	清晰的目标和可操作的规划，以及绩效标准、第三方绩效评估程序。成立专门的管理组织机构并设有专职人员	目标不清晰、规划操作性差、缺少质量监管
培养	有天才识别与发展体系，制订精英发展计划，形成人才长期发展模型和统一竞赛体系，进行高质量的训练，有高水平教练员团队	选材局限，趋向功利、培养非系统化
合作	青训体系内部各部门协同工作，青训体系与外部保持良好的沟通，形成共同的认识，并制订一致的目标	利益壁垒、零和博弈。青训体系内部人才竞争激烈，青训体系与各个相关利益部门没有形成共识，学生、家长、学校等各个方面功利思想严重
支持	充足的资源支持，良好的场地及设施	经费不足、场地设施短缺，缺少统筹，资源利用率低下

通过管理、培养、合作、支持 4 个方面的分析，可以归纳出国外青训成功的关键因素具体如下：

首先，青训必须有清晰的发展目标和规划，发展目标和规划的制定不仅要结合现代足球的发展趋势，还要与国家的青训实际以及文化充分结合。

其次，成功的选材是青训的根本出发点。把有发展潜力的青少年培养成未来的人才是青训体系的基本模式。青训的管理组织是执行天才发展计划的关键，要建立运动员的发展和赢得比赛之间的平衡。比赛结果是评估青少年培养成功的关键因素，但个人的发展才是青少年培养中最有价值的部分。青训的质量比数量更为重要，普及性足球人数与高水平青少年球员的数量没有必然的联系。

最后，俱乐部梯队是国外精英培养与发展的最有效方式，加强青训机构内部以及外部与管理部门、教育部门的合作，才能构筑从学校、俱乐部到国家队的精英球员发展路径。在支持方面，国外形成了国家、俱乐部、社会等多渠道的投资体系，高质量的青训体系自身也为俱乐部创造了巨大的经费利益。联盟、足协制定和执行青少年训练场地与设施的标准，精英梯队与职业队一起分享俱乐部的良好训练环境。

与国外相比，我国青训体系存在的主要问题有：目标不清晰、规划操作性差、缺少质量监管；选材局限，趋向功利、培养非系统化；利益壁垒、零和博弈，青训体系内部人才竞争激烈，青训体系与各个相关利益部门没有形成共识，学生、家长、学校等各个方面功利思想严重；经费不足、场地设施短缺，缺少统筹，资源利用率低下；等等。这些问题都需要协同解决，这样才能真正改变我国青训的困境。

（二）我国青训的现实困境分析

1. 管理困境：目标不清晰、规划操作性差、缺少质量监管

《中国足球中长期发展规划（2016—2050 年）》提出了要"树立现代足球运动理念"，但没有详细说明什么是"现代足球运动理念"，在青少年训练方面只提道，"以市场化、社会化为导向，构建多渠道、多形式人才发现和培养机制，不断增加足球人才后备力量""建立职业运动员良性发展机制。逐步增加注册球员，优化发现和选拔机制"，存在指标体系的量化和内容缺陷。中期目标提出 "国家男足跻身亚洲前列，女足重返世界一流强队行列"，但没有青少年竞技发展的目标，在时间逻辑上，只有青少年首先达到了"亚洲前列"水平，未来的成人队才有成为亚洲强队的可能。

2021 年，中国足协颁布的《中国足球协会青少年训练大纲》提出了我国

青训愿景，但对中国足球的"愿景"定义不清晰，内容上既不是目标陈述，也不是任务陈述，未来的蓝图和战略不清晰，达成未来目标的途径与方法是否有效也难以评估。

《中国足球中长期发展规划（2016—2050年）》很少提到组织建设，规划的主体飘忽不定。事实上，我国足球发展之所以萎靡不前，足协不独立、不健全是一个重要的"病因"。中国足协推出的《中国足球青训体系建设"165"行动计划》提出加强中国足协和全国校园足球办公室的沟通协调，顺畅工作机制，大力推进校园足球俱乐部建设发展、青少年足球训练中心建设、职业足球俱乐部梯队建设，实施全国区域周末主客场联赛，合力打造国外青少年足球运动员培养平台等措施，但众多工作涉及多个部门，如何协调和统一管理，目前还没有解决的办法，导致规划的众多工作难以落地。

中国足协制定了《全国社会足球品牌青训机构认定标准（试行）》《中国足球协会男足青少年训练中心管理办法》等文件，但都是准入的标准，而评估的指标过于模糊。训练机构、组织结构是什么？在运行中需要承担哪些任务？做哪些工作？绩效如何评估？这些问题没有解决，青训工作质量难以有实质性提高。

全国青少年校园足球工作领导小组办公室推出的《全国青少年校园足球"满天星"训练营基本要求（试行）》里规定了管理机制与绩效考核办法，但是训练营"由全国青少年校园足球工作领导小组办公室统一组织领导，具体由当地青少年校园足球工作领导小组及其办公室协调教育、体育、足协、学校等部门和单位统筹，整合资源，合力推进建设。训练营内设机构由训练营根据工作需要自行设置"，训练营的管理缺少专职人员，因此，"强化考核督导，夯实工作责任"不易落实。

2. 识别与培养困境：选材局限，趋向功利、培养非系统化

教育系统足球特长生的选拔采取了学习成绩结合足球竞技水平的入学考试方式，构建了从小学到大学的上升渠道，以培养学习与球技皆优的全面发展人才。这个培养体系中的"塔尖"是进入大学高水平运动队，是学业和球技两个主线共同发展的球员，而不是以高水平球员为目标而进行的选材和培养。有足球天赋而学业成绩达不到要求的球员无法进入上升渠道，而学业与球技兼优的球员少之又少，这部分球员在学习与训练发生矛盾时往往会优先选择学业，放弃足球职业道路。即使进入了校园足球体系的部分有天赋的球员在竞技能力形成的关键期由于缺少专业的学习环境、高水平的竞赛体系和

专门的教练，足球方面的潜力也难以转化为现实水平。部分高水平的专业足球学校，如恒大足校、鲁能足校等，能集中区域或全国的优秀青少年球员，但覆盖范围小，没有形成规模。加之缺少政府与足协的经费支持和球员转会的补偿金制度，使得这类足校在入不敷出中苦苦经营。

我国人才的识别还是靠教练员的实践经验，经验选材准确性和成材率都较低。教育部推出了《学生足球运动技能等级评定标准（试行）》，但夏令营的最佳阵容选拔还是采取国外专家主观打分的方法。评定都是结果性评定，还没有对青少年的发展进行过程评定，也就无法诊断现实状态与发展潜能的关系。

青少年训练的系统化一直是我国青训没有解决的问题。我国长期以来一直缺少具体的青少年训练指标思想、方法和课程体系，青少年足球训练大纲形同虚设。2021年，中国足协推出的《中国足球协会青少年训练大纲》提出了一定的先进和可操作化训练思想，但与国外的大纲来自本国青训的提炼与优化不同，我国的大纲没有实践的基础，也没有实践的检验。因此，《中国足球协会青少年训练大纲》被教练员接受并运用到实践中还需要时间。

我国青训教练员的执教能力与世界级青训教练员还有较大差距。教练员培训系统相对落后是主要原因，中国足协的各级教练员培训至今还在沿用20世纪90年代亚足联的教练员培训教材。在更换了多个教练员培训总监后，教练员培训知识体系更为混乱，与国外的教练员培训内容的差异越来越大，缺少进行继续教育的系统方法。仅仅通过一两个星期的学习，这难以支撑教练员在常年的青训工作所需要的知识、素质与能力。我国C级以上的教练员大部分是退役的队员，由于他们原有的知识体系较为落后，学习能力不足，加上足协也没有教练员训练支撑体系，所以我国青训教练水平难以有明显的提升。

3. 支持困境：经费不足、场地设施短缺

中国足协对每个青训中心每年投入不少于100万元，这远远不足以支撑中心的运营，青训中心只能依附各个地方体育局和足协才能生存。随着协会的去行政化，青训中心缺少了体育部门的支持，只能不断缩小规模，甚至成为社会收费的普及性培训机构。只有部分地方专项经费充足的青训中心才能保持长期训练机制和稳定的教练员队伍。

我国的足球俱乐部只有6%对青训的投入在1000万元以上，由于职业俱乐部青训经费有限，又无法从转会市场中获得收益，因此学费就成为运营经费的主要来源。各个足球学院在 6～8 岁的基础阶段，学费一年 1 万元～6 万元不等，俱乐部足球学校的球员进入各级梯队的正式名单才能减免学费。未能进入梯队的球员从开始学球到年满 19 岁之前，学费每年一般在 30 万元左右，多的每年达到 60 万元。高昂的学费与过低的成材率让有足球发展潜力的球员及其家长望而却步。

近年来，各地的足球训练基地建设使青少年足球训练场地不足的问题有所缓解，部分青训中心拥有了自己的场地，但是很多地方足协还没有自己的基地，有基地的中心也肩负了过多的任务，并不能保证青训有专门的训练场地与设施。全国青少年校园足球工作领导小组办公室推行的"新型足球学校"并不是实体学校，训练还是依托中小学，而中小学的教练员、场地和经费等瓶颈并没有得到解决。

4. 合作困境：利益壁垒、零和博弈

从球员的发展来看，精英训练应该是一个以竞技能力发展为中心，全面发展的完整体系，精英球员培养要构建以草根足球为塔基，以精英球员为塔尖的逐层选择和淘汰的金字塔形的人才发展模型。最接近这个模式的是我国职业化前体校制度，但随着职业化改革以及校园足球的发展，体校人才培养体系没有了源头（学校足球人才的输送）和出口（省市专业队），成为"空中楼阁"，重新建立体校的足球训练体系已经不现实。在金字塔形模型中，学校处于金字塔的中下层，国家队与俱乐部处于金字塔的顶层，必须统一规划管理发展路径。但是由于缺少贯通管理教育与体育两个体系的青训工作管理机构，基层向顶层发展的渠道难以畅通，造成基层规模不断扩大，顶层人才却稀缺的局面。本来应该担负精英球员培养职责的中国足协青训中心、俱乐部、教育部的足球特色学校、"满天星"训练营等却缺少统一的设计和支持，造成在青少年精英培训中任务、职责重叠，缺少衔接，经费使用效率低下，使本不充足的足球资源没有得到有效的利用。

在青训体系内，各个相关利益方都在最大化自己的利益，形成了人员流通的壁垒，各个学校和俱乐部在保护自己优秀球员的同时，还想方设法引入其他单位或机构的好苗子，自己的球员宁可浪费也不让其流通到其他机构。俱乐部为了争夺有限的中国籍的优秀年轻球员不断地抬高工资，球员为了高收入放弃国外向更高竞技水平发展的机会。经纪人利用国内外转会制度的差异，引导球员"出口转内销"，导致本来稀缺的、能在国外高水平联赛踢球的球员又回流到中超。在各方追逐自己利益最大化的博弈过程中，青少年球员的未来发展空间被选择性忽视。

五、我国青少年精英培养路径重构

（一）发挥制度优势，建立举国精英支持体系

政府部门、中国足协、教育部门要建立协同工作机制和绩效评估体系，统筹场地、设施等资源，建立全面的支持体系，集中人、财、力共同支持精英球员的培养。政府是足球人才计划的基本支柱，应把精英培养作为政府公益工作的一部分，提供青少年足球发展基金，建设足球场地，主导建立教育部门、足协与政府相关部门合作机构，建立足球学校、精英培训中心，制定教练员培训基金等保障措施，组织教育与体育部门制定精英计划和绩效标准。

教育部门与体育部门应协同管理，共同构建精英人才培训网络，统一管理与支持区域足协、俱乐部与社会组织开展青少年培训工作；制定精英人才培训机构质量标准，建立我国青少年培训工作绩效评估体系，将评估与资金支持相结合。

各地应探索与构建青少年足球培训机构与学校的合作模式。体教融合在精英球员发展中起着至关重要的作用，足协应为学校提供技术方面的支持，教育部门应构建球员基础教育模式和球员职业教育体系。教育系统与足协要共同筹划足球场地设施建设，加强校园足球场地建设，打造地方足球精英训练中心，实现资源的合作与共享；改变场地管理机制，将场地交给学校、俱乐部或训练中心，以保障教学与训练的需要。

（二）建立精英培训质量标准，打造高质量精英培训机构

各地应建立青少年训练管理机构，设置管理组织结构，配置专门的人员，开展相关活动，协调各方面的关系，组织不同级别和年龄段的赛事。

中国足协要协调各个青训相关机构的工作，在形成共识的基础上建立青训工作质量标准和相关的规章制度；建立青少年球员管理平台，实现校园足球与足协注册制度的互通，实施球员档案制度，追踪青少年球员的成长轨迹；建立补偿金制度，让球员能在系统中的不同机构之间流动，机构根据培训球员的不同阶段以及时间，在球员的转会中获得利益；限制俱乐部外籍球员、归化球员数量，规定俱乐部一线球队中俱乐部培养的青少年球员的比例，为年轻球员创造成为职业球员的机会。

我国应建立高水平教练员培训机制，统一执教指导思想。制定青少年长期发展模型，确定各阶段的训练目标以及国家训练课程体系。在教练员等级

培训的基础上，建立不同年龄段的青少年教练员培训系统，以强化不同年龄段教练员的执教能力，规定执教内容，明确训练目标以及训练效果评估标准、考核体系。建立教练员交流制度、教练员在线资料库以及教案定制系统，提高训练的现代化水平，规范执教内容与行为。

各地应建立不同类型的足球学院的教育模式。在小学阶段，球员教育不能脱离家庭与学校，学生在完成课程的业余时间进行训练，如果有竞赛、集训可以通过补课和教师随队等形式来完成教学计划。初中阶段球员教育需要机构与学校合作，针对训练时间较长和比赛多的情况，制订相应的教育方案。

俱乐部要对已经完成基础教育的球员进行职业培训，根据运动员的特点与就业方向制订培养方案，建立课程体系，使球员以自己的足球能力为核心，掌握从事相关职业的知识，具备相应的能力和素质。职业培训相关部门要建立足球职业评估体系，可以设置足球体能训练师、康复师、技战术分析师等职位，建立教练员认证与足球教师评估体系，并在俱乐部开设相关培训课程，通过奖励与自费相结合的形式开展职业培训，为球员退役就业提供支撑。

足协与大学开展精英计划的绩效评估、人才识别与发展的多学科合作，为精英球员的发展提供理论支撑，分析和反馈精英计划实施过程的信息，发现问题，并提出修正措施。

优化青少年精英计划的管理流程，协调计划中的所有组织和机构，建立管理部门，招聘专门的管理人员，各个行政区域也要设立相关机构和具体的负责人，使整体精英培训网络能协调高效运行。

（三）打通精英发展路径，重建金字塔式人才培养机制

精英球员的培训要联合多方面的力量，形成培养目标、程序的共识，规划人才发展的路径，形成包括基础阶段、人才识别与发展阶段、精英发展阶段的精英选拔与培训体系。基础阶段（第一阶段）为3～10岁，培训的机构为幼儿园、小学以及业余俱乐部，可以依托现有特色幼儿园、足球特色学校以及现在快速发展的社会培训机构，扩大基础层面，并奠定足球技战术、体能、心理等方面的基础。

在人才识别与发展阶段（第二阶段），将11～14岁的球员普及培训放在学校，精英培训的机构分为两个层次：一是足球特色学校、中国足协区级青训中心、"满天星"区级训练营；二是省市的新的特色学校，省、国家级精英

足球训练中心，足球学校。在第一层次可以是混合训练模式，或者学校与中心合作，学生学训分离，在训练过程中对球员进行评估，选拔精英球员到第二层次。第二层次要保证有最好的训练场地和设施，并配有最佳教练员，为精英球员营造最好的学习环境。第二层次的训练应该是混合或专业模式，有条件的采用"三集中"模式。

在青少年超级联赛的基础上，青训中心根据年龄组和竞技水平的不同建立各级别赛事，包括目前的校园足球赛事、区域协会青少年赛事、"满天星"赛事、精英训练营赛事等，在竞赛发现问题与训练解决问题的过程中不断提高球员的竞技水平。

人才发展的第三阶段是精英发展阶段（U13—U19）。这个阶段要成立精英训练中心、"满天星"训练营等机构，把工作重心向精英球员培养转移，让精英球员逐渐集中在职业足球俱乐部，在俱乐部中接受系统的专业训练，参加高水平的竞赛，进入俱乐部的后备梯队，最终进入职业队、国家队。实施"U13足球天才"工程，把握精英发展的最初阶段，为以后U系列的精英培养奠定基础，并把U13的人才培养效果作为每任足协领导绩效考核的重要标准，避免青训规划期限过长、相关工作考核超出任期的现象。

政府相关部门、教育部、中国足球协会提供青训体系的资金支持，支持青训机构中的学校足球、足球特色学校、"满天星"训练营、职业足球俱乐部的足球训练活动以及青训中心与教练员培训。

政府部门管理和监督职业俱乐部的行为；教育部门为俱乐部、青训中心提供基础教育与职业教育的支持；中国足协协调联络政府部门、教育部门为青训机构以及俱乐部提供足球场地、设施与技术支持；中国足协与教育部共同建立工作质量标准和绩效评估体系，教育部门负责学校足球、足球特色学校、"满天星"训练营，承担人才的基础阶段与人才识别与发展阶段的训练，这是足球人才发展的基础工作。中国足协负责俱乐部与青训中心的青训工作、精英发展阶段的人才培养任务。第三阶段从13岁开始至成为职业球员结束，是青少年精英人才发展的最后阶段。在这个阶段，当球员15岁后，青训机构把精英球员移送至职业俱乐部，为其最后进入俱乐部一线队奠定基础。至此，足球青训的任务最终完成。我国青训体系管理与组织结构假想图如图9-3所示。

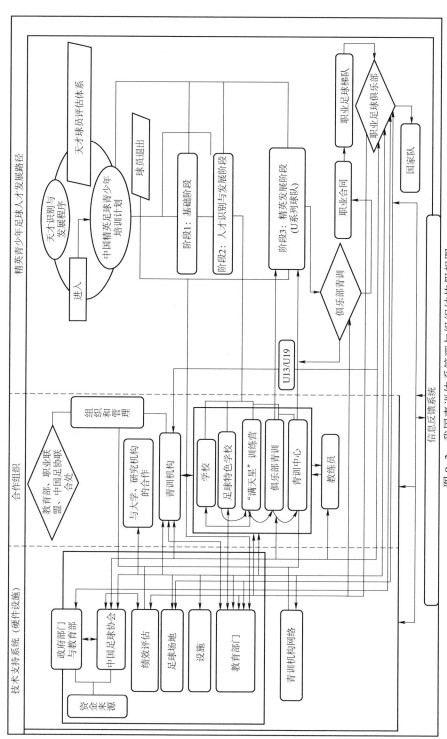

图 9-3 我国青训体系管理与组织结构假想图

注：参考 "德国人如何使用足球人才管理计划" 编制。

第二节 我国精英青少年足球训练 质量标准与绩效管理方法

我国精英青少年足球训练质量标准与绩效管理以全面质量管理为基础，实行绩效管理是全面质量管理相关行为的绩效量化过程，通过对管理过程不同环节各个层面的信息反馈，对系统实施全面管理。在体育组织领域，新西兰研发了体育组织绩效评估工具（organizational development tool，ODT），其依据马尔科姆·鲍德里奇（Malcolm Baldrige）的绩效管理标准，对价值观、战略、财务和人力资源等进行分析。

一、我国青少年训练全面质量标准与绩效管理体系探索

（一）我国青少年训练管理评估影响因素分析

制定和实施任何质量评估体系都要充分考虑到影响组织运行的各种因素，这些影响因素可以分为潜在成功因素和阻碍因素两类。罗伯特·卡尔森（Robert Carlsson）和埃米尔·林格（Emil Ring）认为青少年足球培训组织实施认证的潜在成功因素和阻碍因素包括经济因素、足球专项因素和其他影响因素三个方面内容。根据罗伯特·卡尔森和埃米尔·林格的研究成果以及我国学者对足球后备人才培养的影响因素研究，结合 2017 年对大连、成都、武汉等地全国 10 所青少年训练中心的实地调查和访谈的结果，笔者对影响我国青少年培训体系质量管理的因素进行了分类。青少年足球培训机构认证的影响因素如表 9-5 所示。

表 9-5 青少年足球培训机构认证的影响因素

成功因素	阻碍因素
管理因素 　高层管理支持 　正确的态度 　管理质量 　员工投入 　教育 　诊断 　规划 　文献资料 　咨询服务 　交流合作 　外部压力	管理因素 　培训主体不清晰 　球员归属权问题 　态度不正确 　职责不清 　资源不足 　缺乏教育和知识 　文件资料不完整 　外部压力 　考核体系不正确

成功因素	阻碍因素
足球专项成功因素 　知识与教育 　支持政策 　激励措施 　考核体系	足球专项阻碍因素 　抗拒改变 　缺乏战略管理 　工作量过大 　外部压力 　文件资料不完整 　考核体系的缺失或不正确

（二）成功因素分析

青少年足球训练认证系统是青少年足球培训机构发展到一定规模后和青少年训练达到一定水平后的产物，是为提高青少年训练质量而对管理提出的必然要求。国外质量评估体系能得到推广并取得成功的根本原因是评估体系实现了规范化管理内容、量化管理指标和促进培训机构的管理，三者的有机结合，起到了以评估促建设的作用，因此得到了管理层的大力支持。"俱乐部的最高管理层已将工作重点放在了认证上，他们都认为评估体系的实施关系到俱乐部的未来发展，董事会将按认证任务在部门内进行明确分工，以保障各项工作顺利推进。"

文件的完整性也是高质量管理的一项重要特征。管理良好的俱乐部并不是为了应对认证工作而突击性地准备相关文件，而是大部分评估体系所需要的文件在日常的管理工作中已经分类存档，完整的资料是认证的前提条件。罗伯特·卡尔森和埃米尔·林格还认为俱乐部的管理质量，认证过程中员工的投入与配合，对员工认证工作的相关培训，通过评估体系对俱乐部工作进行诊断并规划与改进，认证过程中的咨询、交流、合作以及外部对认证工作的要求都是保证认证工作顺利实施的重要因素。此外，足球教练员的知识与教育水平、俱乐部对训练认证工作的支持、平时所建立的考核体系和激励机制等因素也是认证工作顺利进行的重要影响因素。

（三）阻碍因素分析

为应对我国青少年训练中心的快速发展，中国足协经过多次专家研讨与实地调研推出了青训中心认证标准，但认证的过程还存在诸多问题，主要表现在以下几个方面：

（1）中国足协青少年训练中心组织主体不清晰。从训练的过程来看，足协青少年足球训练中心的培训对象入口在校园，出口在俱乐部，是足球人才培养普及与发展的中间环节，不可能单独承担我国精英人才的培养任务。尽管有卡塔尔国家体育精英培训学校 ASPIRE 这样成功的先例，但 ASPIRE 集中了全国各个年龄段的精英球员，配置了世界高水平的教练组与全方位、高水平的保障服务并进行了长期集中的训练，我国的国家青少年训练中心建设显然与 ASPIRE 学校有明显的差距。中国足协将国家青少年训练中心建设下放到各市，意图以城市为中心覆盖全省，实质上成为区域级的训练中心。在国外，区域级别训练中心以及短期集中制的训练中心，属于国家培训中心和高水平俱乐部青少年培训中心的下游环节。青少年人才培养机制中各阶段培训主体分割，缺少统一的规划和协调工作，也造成了职责与任务缺少有效的衔接。

（2）各市足协人员少，很少有专业工作人员负责青少年训练管理工作，工作量过大，同时造成岗位职责不清、文件资料不完整，难以进行绩效考核等问题。地方足协虽然有场地、教室、住宿等设施，但是这些设施还要满足该地区所有的足球相关事务，有的还要承担国家级的培训、竞赛、会议等任务，难以保证青少年训练对设施的需求。现在协会的社会化也客观造成体育局所属的各种软硬件资源归属和使用权限不清晰，致使训练资源不足的问题变得越发严重。

（3）球员归属权不清晰。地方足协青少年训练中心实体化后，所招募的球员归属当地足协，将地方俱乐部同年龄段的青少年球员排除培训中心系统，难以实现全面统筹管理当地青少年精英球员，以及形成人才发展的金字塔上升的人才通路，还面临俱乐部同年龄球员归属权的冲突，作为既是"裁判员"又是"运动员"的当地足协，可能引发一系列与教育系统、地方俱乐部以及培训机构之间的矛盾。

（4）评估体系不健全。足协虽然提出了青少年训练中心的入门标准，但是没有相配套的评估方法，对各方面工作的要求也不具体，相关标准还停留在"保底线"层面，难以承载培养精英青少年足球运动员的重任，更难以实现质量发展。

教育部的"满天星"训练营由全国青少年校园足球工作领导小组办公室统一组织领导，具体由当地青少年校园足球工作领导小组及其办公室协调，教育、体育、足协、学校等部门和单位统筹推进六项建设，整合资源，合力推进。训练营内设机构由训练营根据工作需要自行设置。可见，教育部的"满天星"训练营管理也缺少一个稳定的组织体系，在管理过程中更可能出现"大家都管理却无人负责"的尴尬局面。

二、我国青少年足球培训机构质量管理模型与指标构建

我国青少年足球后备人才管理没有统一的管理模式，因此难以发挥整体效益，同时存在高收费、粗放型经营、管理混乱、基础差等一系列问题。建立全面质量管理模式，构建以俱乐部为评估对象的青少年培训机构评估体系，以精英人才培养为核心，把校园足球、足球训练中心和俱乐部青少年训练、各年龄的国家队整合起来，是全面解决以上问题的基本路径。

在深入分析全面质量管理理论的基础上，借鉴比利时、英国等国家精英青少年足球运动员全面质量管理的经验，结合我国国情，可以初步构建我国青少年足球运动员培训全面质量管理的评估框架。

（一）我国足球俱乐部青少年训练中心绩效评估模型

根据 TQM 理论框架，在战略层面的评估指标维度上笔者参考 Foot Pass，将指标简化为目标与规划、经费以及组织结构与管理，更关注对训练体系有直接影响的因素。在操作层面，参考了英格兰"精英球员培养计划"以青少年球员发展为中心的 KPI 绩效评估模式，评估训练、竞赛体系、教育三项青少年训练的主要工作。这三项工作的运行也综合反映了培训组织在操作层面的检查、统计技术、程序说明、问题解决技巧、协调、信息、团队合作、交流技巧等工作，增加了系统输出变量，即人才培养与输送，以便反映管理体系的运行效果。最后形成了包含目标与规划、组织结构与管理、训练、竞赛体系、教育、设施、人才培养与输送、经费等 8 个维度的我国足球俱乐部青少年训练中心的质量管理评估体系。评估体系的主要目标是推动青少年培养组织机构的实体化，促进训练的科学化和人才发展的全面化，发挥竞赛对青少年运动员竞技水平提高的促进作用，保障青少年训练场地与器材等训练设施以及经费投入的充足，建立长期可持续化的培养力评估体系与绩效评估标准，引导青少年培养工作走向有序化。（图 9-4、表 9-6、表 9-7）

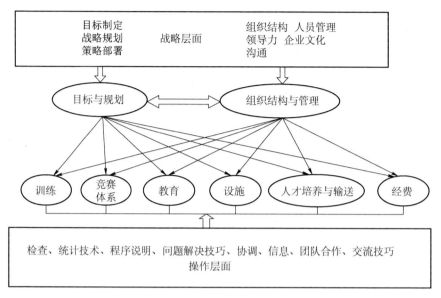

图9-4 我国足球俱乐部青少年培训评估模型

表9-6 我国青少年培训机构青少年培训质量建设标准

维度	建设标准
目标与规划	青少年培训机构的培训目标和指导思想应该是在青训部负责人的指导下，由管理人员、技术人员共同制定，每年要经过青少年培训机构董事会审查。青少年培训机构要制订青训部学院绩效计划，并且每年审查一次，有奖惩措施；要设立技术委员会，对青少年培训机构的足球发展理念和绩效计划的执行提供技术咨询和支持
组织结构与管理	每个青少年培训部门都要有人员组织结构说明，不同类别的学院配置的工作人员数量不同，但学院要有专职经理和教练员，并设有训练总监，训练总监要求有职业级教练员证书，教练员和专职经理要有 B 级教练员证书，每年要参加足协的相关培训。其他的岗位还有运动科学工作负责人、医学与康复负责人以及教育负责人。青少年训练部门可以借用青少年培训机构相关职能部门的人员完成学院的工作，但工作人员必须具有相应的工作能力和资质。学院也可以聘任兼职教练员，但固定教练员数量必须达到最低要求。每名职员应有劳动合同和书面的工作职责说明，纳入年度绩效评估。青少年培训机构有责任为职员提供发展的机会
训练	青少年培训机构要拟定足球哲学、训练和比赛指导思想、各年龄段的发展目标、训练内容及训练手段。U15 以下年龄段的训练，每年应超过 40 周，要确保每个学员都有机会获得针对其个人的教练指导，每次训练都要记入训练记录，教练与学院球员的比例不高于1:10。9 岁及以下年龄段的学员每年组织 1 次足球节，持续至少 2 天。教练员要定期开会，就目标的实现情况和问题进行探讨。教练员每训练 12 周要有一次训练效果的分析，青少年培训机构训练总监要定期监控训练课效果，每年对教练员进行培训

续表

维度	建设标准
竞赛体系	除了协会许可，青少年培训机构不得参加其他协会组织的各项赛事。只有在青少年培训机构注册的学员才能参与学院的训练和赛事体系。学院要为每个学员建立一个竞赛档案，记录他们参加的比赛以及上场时间。学院对不同发展阶段的球员及球队进行训练和比赛表现分析并向协会提交数据及分析报告
教育	青少年培训机构青少年训练部门要制订教育计划，细化具体内容，以确保球员的全面发展。教育计划要符合协会的要求，并在每个发展阶段都要进行评估，以确定目标的实现情况。学院的每个学员都会收到一份个人的教育计划，这个计划符合其所在年龄段的教育要求和相关教育方面的规定，并与其自己的学业目标一致。对与学院签约的学员的教育也要符合体育部门的相关规定和要求，并对过程进行记录。青少年培训机构还要保证儿童的权益，建立家长投诉和处理机制，以保障教育计划的实施。青少年训练部门还应制订学员的生活方式管理教育计划，确保每个学员有职业教育与专业技能培训的机会，并鼓励他们参加社会活动，履行公民义务。建立运动科学和医学程序，记录球员的伤病以及治疗与恢复状况。统一进行医学和身体检查以及运动表现与心理等方面的测量
设施	青少年培训机构所提供的青少年训练设备、场地首要任务是满足青少年足球学院的训练与竞赛的需要。天然草球场要求场地符合足球比赛的标准，场地需要有灯光，并设有观众区域和守门员训练区域。室内球场要符合室内足球正规比赛的规定。青少年培训机构要对场地拥有所有权或签有使用权的协议，学院在任何时间段都可以使用。更衣室和洗浴设施要与球员数量相匹配，并且符合比赛规定，还要建有会议室（有音频、视频投影设备和大屏幕，能访问互联网的计算机）、宾客休息室、管理人员办公室，并可以为球员提供住宿
人才培养与输送	青少年培训机构应建立球探体系，球探要有相关资质。青少年培训机构要有选材的标准，并有考查记录。球员在协会注册，并提供相关信息。青少年培训机构收到学院球员的注册申请后，向球员的父母提供标准的合同。青少年培训机构应就近招募球员，且尽量以培训本地球员为主。青少年培训机构对于试训的球员要确定其没有在其他青少年培训机构注册过
经费	青少年培训机构应向足球协会提交财务报表，协会要制定一个针对青少年足球学院的财务基本报表。财务报表要与财务预算一致，协会定期对青少年培训机构的青少年培训经费进行审核，并在法律和政策规定内公布相关信息

表9-7 我国青少年培训机构青少年培训绩效指标

一级指标	二级指标	三级指标
目标与规划	目标	青少年培训机构青少年培训总体目标、青训部的发展目标、各部门发展目标
	规划	短期与长期工作计划、年度报告、预算与执行情况
组织结构与管理	组织结构	组织架构与职责分工
	沟通	上下沟通、工作人员及教练员业务沟通
	培训	员工培训、教练员培训
	考核机制	部门、工作人员绩效评估方案与评估结果，家长、球员满意度
训练	指导文件	青少年训练的指导思想，各年龄段球员训练的阶段性目标、训练计划、训练课教案
	球队建设	各个年龄段球队数量、球员数量
	训练实践	训练指导思想的实施、训练课质量、训练次数与时间、个人训练、各年龄段的训练时间
竞赛体系	要求	比赛风格、不同阶段比赛的目标与要求
	方案	各级别竞赛的安排、高水平竞赛的次数、竞赛与训练的衔接
	效果	竞赛成绩、每个球员上场的最少时间、球队和球员的比赛分析
教育	计划	总体和个人教育计划
	合作	与教育管理部门、学校、学院的合作，与家长的沟通
	管理	教育记录、生活方式管理、社会活动、球员测试与记录
设施	场地	天然草球场、人工草球场、室内训练馆、体能训练室的数量与标准
	其他设施	青少年培训的教学设施、更衣室、住宿、办公室、资料室及视频、数据分析室、医疗及康复室、交通服务、会议室等的数量与标准
人才培养与输送	选材	选材指导思想、原则与标准、范围，球探资质与数量
	输送	青少年培训机构培训系统内进入下个阶段的球员数量、各个年龄段参与高水平竞赛的人数、与青少年培训机构签约的人数，从青少年培训机构进入一线球队的人数、进入主力阵容的人数以及进入国家队的人数等
经费	经费来源	足协下拨专项经费、球员转会费及补偿金、社会资金的投入情况及相关赞助
	支出	青少年培训机构在青少年比赛、训练时的各项支出，球员个人相关支出

（二）评估维度的内涵及测量指标

1. 目标与规划

目标与规划通常被认为是预测未来行动的前瞻性思维。有效的规划必须分析组织的客观实际及其所处的相关环境。它依据系统的信息反馈，分析资源的局限性与潜力，确定长期发展的方向，并确定明确的目标与行动。这种方向与目标的确定也是组织文化的反映。制定目标与规划时缺少时间节点和操作性是体育组织的普遍问题。在制定目标与规划以及组织结构与管理两个方面的评估指标时可以参考 IK Sport 的指标体系。结合 Foot Pass 对比利时俱乐部的评估方式，目标与规划方面的评估可以分为战略规划和绩效管理两个方面：战略规划指标包括青少年培训中心整体发展目标、青少年培训发展目标、各部门发展目标、短期与长期工作计划、年度报告、预算与执行情况，绩效管理指标包括球员的全面发展、工作人员绩效评估方法、青少年绩效评估方法以及家长、球员满意度等。

在评估前，各个被评估单位一定要依据 SMART 原则制定绩效指标，即第一，指标必须是具体的，明确说明要达到的行为标准；第二，指标必须是可以衡量的或可以量化的，相关数据或者信息是可以获得的；第三，指标必须是可以达到的；第四，指标必须和其他目标具有相关性；第五，指标的完成必须具有明确的截止期限。

2. 组织结构与管理

国外职业足球俱乐部的管理层主要由俱乐部主席、总经理、事业部主管或部门经理构成，俱乐部一般采用管理、经济、技术、医学、运动、营销等6个部分的组织结构。俱乐部的青少年足球学院可以利用俱乐部的行政与设施等资源，同时配有专门的管理人员与教练员团队。因此，对青少年足球学院的评估应集中在俱乐部对青少年培养过程的保障体系与专门人员的组织结构与管理上。

组织结构与管理可分为组织架构与职能和内部交流两个方面。组织架构与职能指标包括人员组织架构与职责分工、沟通渠道、技术总监资格与工作。内部交流指标包括工作手册、全体人员会议、教练组的沟通、员工培训、教练员培训、继续教育、员工绩效评估执行与结果。

从 TQM 理论体系框架来看，战略层面的领导力、企业文化、人员管理、沟通是采用社会动态方法进行定性评估，而目标制订、战略规划、策略部署、组织结构则采用系统技术方法进行定量评估。目标与规划、组织结构与管理两个内容的评估采用个人访谈和焦点访谈的方法，访谈对象包括俱乐部的管理人员、青少年训练部门的管理人员、教练员以及球员。在目标与规划和组织结构与管理两个部门的评估体系中所列出的只是一级指标，评估时，还要进一步确定与分析二级和三级指标。

3. 训练

青少年训练的序列化、科学的分期以及训练内容的科学化、现代化是青少年训练中的核心问题，因此也是评估体系的重点。综合国外评估指标体系分析，训练方面的评估应该分为两个方面：①训练团队评估；②教练员和球员个体评估以及选材。

训练团队评估指标包括俱乐部训练指导思想、青少年训练的指导思想、训练课整体质量、文化和比赛风格、训练原则、比赛的基本设置、任务和专业课程、团队和个人发展的想法、各年龄段球员的比例、各年龄段球员的学习过程、学习目标（战术、技术、身体、心理）、守门员个人学习目标的周期结构、训练实施、训练组织、训练的理念、训练次数与时间、个人训练、各年龄段的训练时间、培养力。

在训练活动中，教练员和球员是核心。高水平的教练员是培养高水平青少年球员的前提条件，有潜力的球员是训练的必要条件。中国的青少年精英培训教练员至少应持有亚洲足联的 B 级证书，并能熟练地使用现代化的教学工具，具备坚强的品质和良好的个人形象，能细心听取意见，果断并积极向上，具有良好的职业道德，具有得到认可的从事教练员工作的能力，具有良好的团队意识，对足球有着正确的理解。

教练员和球员评估指标包括教练员资质、教练员个性与形象、球员个人评估与测量、球员档案、职业生涯规划与管理、球员各年龄段训练效果、与其他球员的交流、退出训练体系的程序。选材方面的评估指标为选材的目标与计划、人才的理念、球探体系和个人发展评估等。

训练的评估要求评估人员具备较高的专业水平，并统一评估标准，通过数据分析，对相关指标进行评分。随机对被评估俱乐部的训练和比赛进行现场观察、评分，以保证评估的客观性。

4. 竞赛体系

竞赛体系评估的目标是保障每个青少年球员有公平的发展机会，并通过竞赛促进训练水平的提高。评估指标包括比赛的基本要求、比赛的周期化目标、各级别竞赛的安排、高水平竞赛的次数、竞赛与训练的衔接、竞赛成绩、每个球员上场的最少时间、每名球员的比赛分析等。

5. 教育

青少年足球发展是一个全面教育的过程。现代青少年足球训练越来越重视球员的全面发展，如英格兰的包括生理、心理、社会和技术的"四角模型"已经贯穿到每个训练中，成为英格兰足球的 DNA。

我国青少年足球运动员培养过程存在比较严重的学训矛盾。小学时期，由于学生升学压力小、课程密度不大，训练和学习相对协调，但初中和高中阶段这种矛盾越发尖锐，家长和学生面临着是走职业化道路还是成为高校体育特长生或是参加高考的艰难抉择。根据我国教育与训练的现实情况，青少年俱乐部的教育评估应分为混合制和专业制两个体系。

对于混合制的球员来说，他们都是在校的中小学学生，评估指标应包括球员的学习成绩、在学校的平均排名、比赛和集训期的补课、俱乐部与学校学习方面的沟通等。对专业制的球员来说，他们采用的是训练、住宿、学习"三集中"的方式，评估指标包括与学校的合作、学校课程完成情况、俱乐部的相关学科培训、专业方面的教练员和裁判员等级培养等。

6. 设施

良好的训练、教学条件及其他辅助设施是高水平训练及球员全面发展的必要保障。根据国外俱乐部的青少年足球学院的设施要求，设施评估要促进俱乐部在青少年训练中的硬件投入，保障青少年在技战术的发展期避免伤病并得到现代化的训练。设施评估指标包括用于青少年培养的教学设施、更衣室、住宿、办公室、资料室、视频和数据分析室、天然草球场、人工草球场、室内训练馆、体能训练室、医疗及康复室、交通服务、会议室等。

7. 人才培养与输送

青少年足球运动员的培养是一个长期发展的过程。天才球员的识别也有其阶段性，只有把青少年各个阶段的发展纳入一个系统，才能避免拔苗助长的短期行为。因此，培养质量的评估指标包括由本俱乐部培养系统进入下个阶段的球员数量、各个年龄段参与高水平竞赛的人数、与俱乐部签约的人数以及从俱乐部进入一线球队的人数、进入主力阵容的人数与进入国家队的人数等。

8. 经费

国外俱乐部中青少年培训机构球员转会的收入不直接归青少年培训部门所有，而是纳入俱乐部收入来统一分配，这样的做法是避免青少年培训过程直接与经济利益挂钩，出现逐利倾向。

经费方面的评估指标包括足协和教育系统的专项经费、俱乐部或机构在青少年培训方面的各项支出、社会资金的投入情况及相关赞助、球员个人相关支出情况。

三、我国青少年足球培训组织实施质量认证的环境建设

（1）我国实施质量认证要求被认证单位实体化。俱乐部要设立专门的青少年培养机构，足协的国家级青少年训练中心要设有专门的岗位，青少年培训中心的工作要与足协的常务工作分开。"满天星"训练营要在教育管理部门的指导下建立完善的组织机构，以保障各项任务的有效开展。只有明确了被认证的主体，才能确定主体开展的各项工作以及组织内部人员的职责，认证工作才能有效开展。

（2）足协和教育系统应采取购买第三方认证服务的方式，开展认证工作。认证的目标是推动青少年培训的质量建设，在认证标准制定前要广泛听取各利益相关单位的意见，在认证前就认证内容与指标形成共识，要让被认证单位清晰地了解认证工具，并有时间完善相关工作。

（3）每年由培训机构进行自我评估，每3年进行一次第三方认证，给培训中心按照标准进行建设的时间。建立分级制度，分级与奖励挂钩，同时加大奖励幅度，激发培训中心的投入力度。

（4）我国引入国外的赔偿金制度，打破青少年培训各年龄段壁垒，改变各个阶段追求利益最大化和竞赛训练成绩化的倾向，促进青少年培训以培养人才为导向，增强培养过程的系统化和可持续化。

本章小结

国外的青少年足球培训系统从组织上看以职业俱乐部的青少年足球学院为核心，形成精英球员发展的顶层建设；由此向下辐射，形成由俱乐部主导，足协支持，多种机构共同参与的足球人才培养模型的塔基和中层部分。从内容上看，足球青训体系紧紧围绕天才识别与发展、训练两个中心，在天才识别与发展方面形成了金字塔式的人才选拔和发展模式，设定了各个年龄段的可持续发展的目标与内容，并以未来的职业为导向，与国家职业认证相结合，

为球员未来的职业发展奠定了基础。

在训练上，足球青训体系紧紧围绕着训练质量与时间两个要点，通过提高青少年教练员水平，建立教练员团队与工作制度，引入高科技手段，加强训练管理来保障青少年训练的水平。另外，足球青训体系还建立了全面的训练支持体系，提供良好的训练条件制定了伤病恢复以及心理与社会服务等措施，有效地避免了精英球员的非竞技因素的退出；把训练时间纳入学院分类的标准，有效地延长了不同年龄段的训练时间。这样，青少年精英球员就在高质量和长时间的训练中，在不断地选拔集中、向更高层次的发展中逐渐形成。精英球员的质量与数量是青训体系结构合理性与运作效率的最直接反映。

我国青训体系缺少战略愿景、明确的目标和规划，没有专门的组织机构以全面管理、推进相关工作，缺少质量标准和绩效考核标准，还存在训练时间不足，经费和场地、设施短缺，选材缺少科学性，沟通机制不畅等问题。

建立协同精英球员培养计划的支持系统，设计和实施精英球员培养计划，多方面合作建立精英训练网络和构建精英人才的金字塔发展体系，打造高水平的青少年训练基地，营造良好的学习环境，增加训练时间和质量是我国足球精英人才培养体系重构的主要抓手。

足球竞技水平提高的关键是青少年训练水平的提高，TQM 与绩效评估理论的借鉴与引入从整体上为青少年足球训练提供了理论依据，IK Gym 和 IK Sport 体育组织的全面管理与绩效评估工具的出现提供了可以参考的方案，Foot Pass 的专门认证工具促进了青少年培训机构管理水平的提高。这些也是近年来德国、比利时、英格兰等青少年足球人才不断涌现的主要原因。

TQM 的核心是基于 KPI 的绩效评估的认证工具，是足球运动发展到一定时期的产物。目前虽然我国青少年足球训练机构中还存在着多重管理、组织主体不清晰和专业管理人员缺少等一系列问题，但政府对青少年足球人才培养的重视、各部门的大力支持和不断提高的经费投入为我国规范化管理和实施青少年足球培训的质量认证创造了良好的环境。只有推行青少年培养组织的实体化，从目标与规划、组织结构与管理、训练、竞赛体系、教育、设施、人才培养与输送、经费 8 个维度建立体系，通过定期认证、与管理部门经费投入挂钩、建立赔偿金制度，引导青少年培训体系科学化发展，我国高水平青少年足球后备人才才能不断涌现，我国足球在世界上的核心竞争力才能得到不断提升，足球强国梦才有可能逐步实现。

参考文献

[1] 陈颀. 基于 SEM 的体育用品制造业经营管理绩效测评模型[J]. 武汉体育学院学报，2009，43（1）：43-48.

[2] 陈卫旗. 基于核心能力的组织绩效层次模型[J]. 广州大学学报（社会科学版），2005，4（6）：72-76.

[3] 陈镇. 全面质量管理及其评价方法研究[D]. 上海：东华大学，2008.

[4] 程林林，余志萍，张永韬. 体育社团绩效评估研究——基于平衡计分卡的视角[J]. 成都体育学院学报，2012，37（2）：18-23.

[5] 戴良铁，王彤. 绩效评估中定量分析方法的应用[J]. 中国劳动，2000（3）：33-36.

[6] 邓国胜. 非营利组织"APC"评估理论[J]. 中国行政管理，2004（10）：33-37.

[7] 邓华源. 少年儿童速度素质的增长敏感期[J]. 武汉体育学院学报，1982(2)：61-65.

[8] 董众鸣，柳志刚. 上海市校园足球活动开展现状、存在的问题及建议[J]. 上海体育学院学报，2015，39（4）：90-94.

[9] 付艳萍. 走向适才教育：资优教育发展的新趋势——以美国资优教育为例[J]. 外国教育研究，2016，43（1）：39-47.

[10] 高姝，郝艳华，吴群红，等. 组织绩效评估方法的国内外研究进展[J]. 中国卫生事业管理，2008，25（12）：802-805.

[11] 关志逊，薛岚. LTAD 理论视域下的跨界跨项选材培养系统化实施路径的研究[J]. 体育与科学，2019，40（2）：37-46.

[12] 韩勇，王蒲. 我国足球后备人才培养体系的研究[J]. 天津体育学院学报，2001，16（1）：34-37.

[13] 郝宁，吴庆麟. 天赋在专长获得中有限作用述评[J]. 心理科学，2009，32（6）：1401-1404.

[14] 胡庆山，曾丽娟，朱珈萱，等. 校园足球热的审思——兼论中国青少年足球后备人才的培养[J]. 北京体育大学学报，2016，39（1）：126-131.

[15] 盖林，沙培培. 教育·体育·人文：西班牙"拉马西亚模式"的启示[J]. 首都体

育学院学报，2012，24（5）：415-421.

[16] 霍兴彦，唐立慧，肖林鹏. 我国青少年体育俱乐部管理绩效问题研究——一个理论框架的假设及诠释[J]. 西安体育学院学报，2011，28（1）：40-44.

[17] 霍兴彦，林元华. 基于组织核心胜任特征理论的青少年体育俱乐部绩效模型构建研究[J]. 河北体育学院学报，2011，25（5）：1-3.

[18] 卡普兰，诺顿. 平衡计分卡：化战略为行动[M]. 广州：广东经济出版社，2004.

[19] 李培，贾珍荣，苏家文，等. 完善我国体育组织绩效评估的思考[J]. 成都体育学院学报，2009，35（8）：1-4.

[20] 李勇，程刚. 构建我国教练员科学训练能力评估指标体系[J]. 四川体育科学，2004（1）：63-64.

[21] 梁建春，时勘，何群. 组织核心胜任特征的研究概况[J]. 西南民族大学学报（人文社科版）. 2006（4）：169-171.

[22] 刘伟山. 关键绩效指标（KPI）开发流程[J]. 学理论，2010，（24）：68-70.

[23] 刘卫民，王健. 运动员选材过程的反思与重构[J]. 北京体育大学学报，2015，38（9）：123-129.

[24] 龙勇，李军锋. 国外质量管理实证研究及其对我国企业的借鉴意义[J]. 工业技术经济，2002（6）：69-72.

[25] 卢文云，陈宁，龚文平. 英国高水平竞技体育人才培养的 LTAD 模式研究[J]. 体育与科学，2013，34（5）：62-68.

[26] 刘亮. 新公共管理视角下体育公共服务绩效评估研究——基于武汉"1+8"城市圈的调查与分析[J]. 武汉体育学院学报，2011，45（06）：24-29.

[27] 罗蓉. 对我国基层体育社团的服务绩效评价研究[D]. 东华大学，2014.

[28] 罗腾香，王兆红. 基于 KPI 浅谈我国职业足球俱乐部运动员的考核体系管理[J]. 青少年体育，2015（7）：13-14.

[29] 马作宽，王黎. 组织绩效管理[M]. 中国经济出版社，2009.

[30] 乔秀梅，张秀枝，赵焕彬，等. 敏感期小学生灵敏素质促进的干预实验研究[J]. 体育学刊，2013，20（5）：89-92.

[31] 邱诗咏. 我国体育俱乐部人力资源绩效评估的弊端及对策研究[J]. 西安体育学院学报，2006，23（5）：23-25.

[32] 苏士强. 力量素质训练敏感期的实验研究[D]. 北京：北京体育大学，2013.

[33] 苏雪云，杨广学."天才"与"专才"：英才教育基本概念辨析[J]. 中国特殊教育，2009（12）：57-59.

[34] 孙国方，霍兴彦，于浩淼. 我国青少年体育俱乐部评估制度化研究[J]. 天津体育学院学报，2008，23（4）：310-312.

[35] 谭成威，林正根. 国外体育组织绩效评价研究对我国的启示[J]. 沈阳体育学院学报，2019，38（3）：45-53.

[36] 唐立成，唐立慧，王笛. 我国公共体育场馆服务管理绩效评估模式与对策研究[J]. 北京体育大学学报，2010，33（1）：24-27.

[37] 唐晓芬，金国强. 上海企业质量管理现状的调查与分析[J]. 工业工程与管理，2001（1）：8-12.

[38] 王春婷，李帆，林志刚. 政府购买公共服务绩效结构模型建构与实证检测——基于深圳市与南京市的问卷调查与分析[J]. 江苏师范大学学报（哲学社会科学版），2013，39（1）：109-115.

[39] 王金灿. 运动选材原理与方法[M]. 北京：人民体育出版社，2004.

[40] 王珂，李妍. 加拿大冰壶后备人才培养的LTAD模式与启示[J]. 冰雪运动，2013，35（5）：22-26.

[41] 王仁鹏，胡宗武，金国强. 质量管理结构模型研究中的路径分析[J]. 工业工程与管理，2002（4）：41-45.

[42] 王锐兰. 我国非营利组织绩效评价研究[D]. 南京：南京航空航天大学，2005.

[43] 王瑞麟，高巍. 我国足球后备人才培养现状与发展对策[J]. 西安体育学院学报，2009，26（3）：290-294.

[44] 王晓芳，刘江宏，庞宇. 基于平衡计分卡的体育非营利组织绩效管理[J]. 南京体育学院学报（社会科学版），2015，29（2）：70-75.

[45] 王智慧，陈刚. 我国草根非营利组织绩效评价指标体系研究——以云南省草根NPO为例[J]. 云南行政学院学报，2011，13（6）：85-88.

[46] 韦伟，王家宏. 我国公共体育服务绩效评价体系构建及实证研究[J]. 体育科学，2015，35（7）：35-47.

[47] 隗金水. 运动员选材的选育结合理论与实证研究[D]. 北京：北京体育大学，2003.

[48] 谢松林，龚波，李丰荣，等. 中日足球发展规划比较研究——以《中国足球中长期发展规划（2016-2050年）》和《JFA中期规划（2015—2022）》为例[J]. 体育与科学，

2018, 39（5）：84-92.

[49] 徐振亭，刘佛翔. 论 KPI 绩效考核体系的构建[J]. 中国管理信息化，2010，13（17）：70-72.

[50] 许金叶，胡锋. 职业体育俱乐部绩效评价指标体系设计[J]. 经济师，2007（9）：28.

[51] 尤佳，李卫东. 青少年足球发展的顶层设计与国际经验——基于英国足球青训学院分类系统的实证研究[J]. 武汉体育学院学报，2018，52（6）：96-100.

[52] 张剑威，汤卫东. 澳大利亚游泳后备人才培养 LTAD 模式解读及其启示[J]. 山东体育学院学报，2018，34（1）：122-127.

[53] 张培莉，张爱民. 试论非营利组织在 VBM 框架下的绩效评估[J]. 生产力研究，2008（14）：130-132.

[54] 赵刚，部义峰，陈超，等. 中国职业足球俱乐部青少年足球运动员培训质量管理与绩效评估指标体系研究[J]. 首都体育学院学报，2021，33（1）：96-103.

[55] 郑明. 我国职业足球俱乐部组织执行力的评价研究[D]. 上海：上海体育学院，2010.

[56] 支二林，郭宏伟. 7~21 岁城市男学生身体素质发展敏感期的研究[J]. 现代中小学教育，1992（3）：50-52.

[57] 周建伟，陈效科. 法国足球后备人才培养研究[J]. 广州体育学院学报，2020，40（3）：74-77.

[58] 张学研，楚继军. 政府购买公共体育服务绩效评估指标体系的研究[J]. 广州体育学院学报，2015，35（05）：4-8.

[59] RAHMAN M N A, TANNOCK J D T. TQM best practices：experiences of Malaysian SMEs[J]. Total quality management & business excellence, 2005, 16（4）：491-503.

[60] ABBOTT A, COLLINS D. Eliminating the dichotomy between theory and practice in talent identification and development：considering the role of psychology[J]. Journal of sports sciences, 2004, 22（5）：395-408.

[61] KELLY A L, WILSON M R, JACKSON D T, et al. Technical testing and match analysis statistics as part of the talent development process in an English football academy[J]. International journal of performance analysis in sport, 2020, 20（6）：1035-1051.

[62] ADAM E E, CORBETT L M, FLORES B E, et al. An international study of quality

improvement approach and firm performance[J]. International journal of operations & production management, 1997, 17（9）：842－873.

[63] GAGNÉ F. A differentiated model of giftedness and talent（DMGT）[J]. Journal for the education of the gifted, 1999, 22（2）：230－234.

[64] AHMAD A, DANISH R Q, ALI S A, et al. A comparative study of banking industry based on appraisal system, rewards and employee performance[J]. Seisense journal of management, 2019, 2（1）：1－11.

[65] ALI A. Measuring soccer skill performance：a review[J]. Scandinavian journal of medicine & science in sports, 2011, 21（2）：170－183.

[66] VOTTELER A, HÖNER O. The relative age effect in the German Football TID Programme：biases in motor performance diagnostics and effects on single motor abilities and skills in groups of selected players[J]. European journal of sport science, 2014, 14（5）：433－442.

[67] MILLS A, BUTT J, MAYNARD I, et al. Examining the development environments of Elite English Football Academies：the players' perspective[J]. International journal of sports science&coaching, 2014, 9（6）：1457－1472.

[68] MISENER K, DOHERTY A. Understanding capacity through the processes and outcomes of interorganizational relationships in nonprofit community sport organizations [J]. Sport management review, 2013, 16（2）:135－147.

[69] BAKER J, COBLEY S, SCHORER J, et al. Routledge handbook of talent identification and development in sport [M]. London：Taylor & Francis, 2017.

[70] BAKER J, HORTON S. A review of primary and secondary influences on sport expertise[J]. High ability studies, 2004, 15（2）：211－228.

[71] BALYI I, ROSS G. Key coaching concerning growth and maturation of the young developing performer[J]. Coaching the young developing performer, 2009: 39 － 45.

[72] BALYI I. Sport system building and long-term athlete development in British Columbia[J]. Coaches report, 2001, 8(1): 22－28.

[73] BALYI I, WAY R, HIGGS C. Long-term athlete development[M]. Champaign: Human Kinetics, 2013.

[74] BALYI I, HAMILTON A. Long-term athlete development：train-ability in childhood

and adolescence[J]. Olympic coach, 2004, 16（1）：4-9.

[75] BANACK H R, BLOOM G A, FALCAO R W. Promoting long term athlete development in cross country skiing through competency-based coach education：a qualitative study[J]. International journal of sports science & coaching, 2012, 7（2）：301-316.

[76] BANGSBO J, IAIA F M, KRUSTRUP P. The yo-yo intermittent recovery test：a useful tool for evaluation of physical performance in intermittent sports[J]. Sports medicine, 2008, 38（1）：37-51.

[77] BENSON P G, SARAPH J V, SCHROEDER R G. The effects of organizational context on quality management: an empirical investigation[J]. Management science, 1991, 37（9）：1107-1124.

[78] BERMAN E M, WEST J P. Municipal commitment to total quality management：a survey of recent progress[J]. Public administration review, 1995, 55（1）：57.

[79] BOWMAN C, AMBROSINI V. Using single respondents in strategy research[J]. British journal of management, 1997, 8（2）：119-131.

[80] CRONIN B, MORATH R, CURTIN P, et al. Public sector use of technology in managing human resources[J]. Human resource management review, 2006, 16（3）:416-430.

[81] KITANO N, JINDO T, NAKAHARA-GONDOH Y, et al. Building grit in Japanese male high-school students：examining the role of belonging to an organized sports activity[J]. Journal of adolescent health, 2018, 62（2）：S123-S124.

[82] BURGESS D J, NAUGHTON G A. Talent development in adolescent team sports：a review[J]. International journal of sports physiology and performance, 2010, 5（1）：103-116.

[83] BUZZELL R D, GALE B T. The PIMS principles：linking strategy to performance [M]. New York：The Free Press, 1987.

[84] ROBERT C. Att certifiera en elitfotbollsförening: fallgropar och framgångsfaktorer: en fallstudie av gefle if ff [D]. Sweden：University of Gefle, 2011.

[85] CARLSSON-WALL M, KRAUS K, MESSNER M. Performance measurement systems and the enactment of different institutional logics：insights from a football organization[J]. Management accounting research, 2016（32）：45-61.

[86] CHAMARI K, HACHANA Y, AHMED Y B, et al. Field and laboratory testing in young elite soccer players [J]. British joural of sports medicine, 2004, 38（2）：191-196.

[87] PLATTS C. Education and welfare in professional football academies and centres of excellence: a sociological study[D]. Chester: University of Chester, 2012.

[88] ROE C, PARKER A. Sport, chaplaincy and holistic support: the elite player performance plan（EPPP）in English professional football[J]. Practical theology, 2016, 9（3）: 1−14.

[89] RODDIGUES M M,VALDUNCIEL L,MIGUEL-DÁVILA J Á.Quality management in sports tourism[J]. European management quarterly, 2014,14(4):345-374.

[90] HENDRY D T, HODGES N J. Pathways to expert performance in soccer[J]. Journal of expertise, 2019, 2（1）: 1−13.

[91] WAAL A D, VEER S V D , SPEK H. The applicability of the high performance organizations framework in Dutch soccer clubs[J]. Problems and perspectives in management, 2012, 10（3）: 83−94.

[92] DOWLING M, WASHINGTON M. The social construction of the long-term athlete development framework[J]. Journal of global sport management, 2019, 6（2）: 1−27.

[93] ELFERINK-GEMSER M T, HUIJGE B C H, COELHO-E-SILVA M, et al. The changing characteristics of talented soccer players-a decade of work in Groningen[J]. Journal of sports sciences, 2012, 30（15）: 1581−1591.

[94] ETNIER J L, CHANG Y K. The effect of physical activity on executive function: a brief commentary on definitions, measurement issues, and the current state of the literature[J]. Journal of sport and exercise psychology, 2009, 31（4）: 469−483.

[95] VERBURGH L, SCHERDER E J A, VAN-LANGE P A M, et al. Executive functioning in highly talented soccer players[J]. Plos one, 2014, 9（3）: e91254.

[96] FENNER J S J, IGA J, UNNITHAN V. The evaluation of small-sided games as a talent identification tool in highly trained prepubertal soccer players[J]. Journal of sports sciences, 2016, 34（20）: 1−8.

[97] FORD P, CROIX M D S, LLOYD R, et al. The long-term athlete development model: physiological evidence and application[J]. Journal of sports sciences, 2011, 29（4）: 389−402.

[98] GAGNÉ F. Giftedness and talent: reexamining a reexamination of the definitions[J]. Gifted child quarterly, 1985, 29（3）: 103−112.

[99] GARCÍA J A M,CARO L M. Understanding customer loyalty through system dynamics：the case of a public sports service in spain[J]. Management decision, 2009, 47（1）：151-172.

[100] GRANACHER U, LESINSKI M, BÜSCH D, et al. Effects of resistance training in youth athletes on muscular fitness and athletic performance：a conceptual model for long-term athlete development[J]. Frontiers in physiology, 2016（7）：164.

[101] GREEN M. Power, policy, and political priorities: elite sport development in Canada and the United Kingdom[J]. Sociology of sport journal, 2004, 21(4): 376-396.

[102] GUIDO G, AMAN S. Youth training and development at professional German football academies：a practical study of 1. FC Union, Berlin[J]. Bulletin faulty health & science university of tsukuba. 2019（42）：103-108.

[103] GÜLLICH A. Selection, de-selection and progression in German football talent promotion[J]. European journal of sport science, 2014, 14（6）：530-537.

[104] HAUGEN T, SEILER S. Physical and physiological testing of soccer players：why, what and how should we measure[J]. Sport science, 2015（19）：10-26.

[105] SCHORER J, HELSEN W F, BAKER J, et al. The relative age effect in European professional soccer：did ten years of research make any difference? [J]. Journal of sports sciences, 2012, 30（15）：1665-1671.

[106] HENDRY D T, Hodges N J. Early majority engagement pathway best defines transitions from youth to adult elite men's soccer in the UK: a three time-point retrospective and prospective study[J]. Psychology of sport and exercise, 2018（36）：81-89.

[107] HERMAN R D, RENZ D O. Theses on nonprofit organizational effectiveness[J]. Nonprofit and voluntary sector quarterly, 1999, 28（2）：107-126.

[108] HÖNER O, FEICHTINGER P. Psychological talent predictors in early adolescence and their empirical relationship with current and future performance in soccer[J]. Psychology of sport and exercise, 2016（25）：17-26.

[109] RELVAS H, LITTLEWOOD M, NESTI M,et al. Organizational structures and working practices in elite European Professional Football Clubs：understanding the relationship between youth and professional domains[J]. European sport management quarterly, 2010, 10（2）：165-187.

[110] HUIJGEN B, LEEMHUIS S, KOK N M, et al. Cognitive functions in elite and sub-elite youth soccer players aged 13 to 17 years [J]. Plos one, 2015, 10（12）: e0144580.

[111] HERAS-SAIZARBITORIA I, DICK G P M, CASADESUS M. ISO 9000 registration's impact on sales and profitability: a longitudinal analysis of performance before and after accreditation[J]. International journal of quality & reliability management, 2002, 19（6）: 774−791.

[112] O'BOYLE I. Developing a performance management framework for a national sport organisation [J]. Sport management review, 2015, 18（2）: 308−316.

[113] O'BOYLEA I, HASSAN D. Performance management and measurement in national-level non-profit sport organisations [J]. European sport management quarterly, 2014, 14（3）: 299−314.

[114] CSÁKI I, GÉCZI G, KASSAY L, et al. The new system of the talent development program in Hungarian soccer[J]. Biomedical human kinetics, 2014, 6（1）: 74−83.

[115] NORTH J, LARA-BERCIAL S, MORGAN G, et al. The identification of good practice principles to inform player development and coaching in European youth football—a literature review and expert interviews in Belgium, England, France, Germany, Italy, the Netherlands, and Spain in the performance pathway [R]. Leeds:Leeds Metropolitan University, 2014.

[116] MOTAWANI J. Critical factors and performance measures of TQM[J]. TQM Magazine, 2001, 13（4）: 292−300.

[117] SINGELS J, RUEL G, DE WATER H V, ISO 9000 series-certification and performance [J]. International journal of quality & reliability management, 2001, 18（1）: 62−75.

[118] VAN HOECKE J, DE KNOP P, SCHOUKENS H. A decade of quality and performance management in flemish organised sport [J]. International journal of sport management and marketing, 2009, 6（3）: 308−329.

[119] PERCK J, HOECKE J V. WESTERBEEK H,et al. Organisational change in local sport clubs: the case of flemish gymnastics clubs [J]. Sport business and management: an international journal, 2016, 6（2）: 158−181.

[120] JUN M, CAI S H, SHIN H J. TQM practice in maquiladora: antecedents of employee satisfaction and loyalty[J]. Journal of operations management, 2006,24（6）: 791−812.

[121] GOTZAMANI K D, TSIOTRAS G D, et al. The true motives behind ISO 9000 certification: their effect on the overall certification benefits and long term contribution towards TQM[J]. International journal of quality & reliability management, 2002, 19（2）: 151−169.

[122] LAKHAL L, PASIN F, LIMAM M. Quality management practices and their impact on performance[J]. International journal of quality & reliability management. 2006, 23（6）: 625−646.

[123] LANG M, LIGHT R. Interpreting and implementing the long term athlete development model: English swimming coaches' views on the（swimming）LTAD in practice[J]. International journal of sports science & coaching, 2010, 5（3）: 389−402.

[124] LARSEN C H, ALFERMANN D, CHRISTENSE M. Psychosocial skills in a youth soccer academy: a holistic ecological perspective [J]. Sport science review, 2012, 21（3−4）: 51−74.

[125] O'HALLORAN L F. "The Talent is out There." Talent development in Irish football: an examination of organizational structure and practice[D]. Liverpool: Liverpool John Moores University, 2020.

[126] LEITE N M C, SAMPAIO J E. Long-term athletic development across different age groups and gender from portuguese basketball players[J]. International journal of sports science & coaching, 2012, 7（2）: 285−300.

[127] LLOYD R S, OLIVER J L . The youth physical development model: a new approach to long-term athletic development[J]. Strength and conditioning journal, 2012, 34（3）: 61−72.

[128] LLOYD R S, OLIVER J L, MEYERS R W, et al. Long-term athletic development and its application to youth weightlifting[J]. Strength & conditioning journal, 2012, 34（4）: 55−66.

[129] KASALE L L, WINAND M, ROBINSON L. Performance management of National Sports Organisations: a holistic theoretical model [J]. Sport, business and management: an international journal, 2018, 8（5）: 469−491.

[130] ABRAHAM M, CRAWFORD J, CARTER D, et al. Management decisions for effective ISO 9000 accreditation[J]. Management decision, 2000, 38（3）: 182−193.

[131] LAZIM H M, RAMAYAH T, AHMAD N. Total productive maintenance and performance: a Malaysian SME experience[J]. International review of business research papers,

2008（4）：237-250.

[132] MACH M, DOLAN S L, TZAFRIR S. The differential effect of team members'trust on team performance: the mediation role of team cohesion[J]. Journal of occupational and organizational psychology, 2010, 83（3）：771-794.

[133] MADELLA A, BAYLE E, TOME J. The organizational performance of national swimming federations in Mediterranean countries: a comparative approach[J]. European journal of sport science, 2005, 5（4）：207-220.

[134] MANASA K V L, REDDY N. Role of training in improving performance[J]. IUP journal of soft skills, 2009, 3（3/4）：72.

[135] NESTI M, SULLEY C. Youth development in football: lessons from the world's best academies[M]. London: Routledge, 2014.

[136] MCADAM R, LEITCH C, HARRISON R. The links between organizational learning and total quality: a critical review[J]. Journal of european industrial training, 1998, 22（2）：47-56.

[137] POUYANDEKIA M, MEMARI Z. How the Germans are using the football talent management program[J]. New approaches in exercise physiology（NASS）, 2020, 2（1）：5-44.

[138] MILLAR P, STEVENS J. Management training and national sport organization managers: examining the impact of training on individual and organizational performances [J]. Sport management review, 2012, 15（3）：288-303.

[139] MOHR M, KRUSTRUP P, BANGSBO J. Match performance of high-standard soccer players with special reference to development of fatigue[J]. Journal of sports sciences, 2003, 21（7）：519-528.

[140] KARTAKOULLIS N L, VRONTIS D, THRASSOU A, et al. Strategic resource planning for football clubs [J]. International business and entrepreneurship development, 2013, 7（1）：1-20.

[141] NILSSON L, JOHNSON M D, GUSTAFSSON A. The impact of quality practices on customer satisfaction and business results: product versus service organizations[J]. Journal of quality management, 2001,6（1）：5-27.

[142] NORRIS R S. Long-term athlete development Canada: attempting system change and multi-agency cooperation[J]. Current sports medicine reports, 2010, 9（6）：379-382.

[143] O'BOYLE I, HASSAN D. Performance management and measurement in national-level non-profit sport organisations[J]. European sport management quarterly, 2014, 14（3）：299－314.

[144] OROSZ R, MEZO F. Psychological factors in the development of football-talent from the perspective of an integrative sport-talent model[J]. Journal of the education of gifted young scientists, 2015, 3（1）：58－76.

[145] LEE P M. Sustaining business excellence through a framework of best practices in TQM[J]. The TQM magazine, 2002, 14（3）：142－149.

[146] SINGH P J, MEI F, SMITH A. ISO 9000 series of standards：comparison of manufacturing and service organizations [J]. International journal of quality & reliability management, 2006, 23（2）：122－142.

[147] DE KNOP P, VAN HOECKE J, DE BOSSCHER V. Quality management in sports clubs [J]. Sport management review, 2004, 7（1）：57－77.

[148] FORD P R, CARLING C, GARCES M, et al. The developmental activities of elite soccer players aged under-16 years from Brazil, England, France, Ghana, Mexico, Portugal and Sweden[J]. Journal of sports sciences, 2012, 30（15）：1653－1663.

[149] PERCK J, HOECKE V. Coercive isomorphism on Belgian football clubs：structural, economical and social effects of a central implemented quality management system [D]. Brussel: Vrije Universiteit, 2011.

[150] MCADAM R. Quality models in an SME context：a critical perspective using a grounded approach[J]. International journal of quality & reliability management, 2000, 17（3）：305－323.

[151] REILLY T, DORAN D. Fitness assessment[M]. London：Routledge, 2003.

[152] REILLY T, WILLIAMS A M, NEVILL A, et al. A multidisciplinary approach to talent identification in soccer[J]. Journal of sports sciences, 2000, 18（9）：695－702.

[153] BAILEY R, COLLINS D. The standard model of talent development and its discontents[J]. Kinesiology review, 2013, 2（4）：248－259.

[154] CARLSSON R, RING E. The implementation of a football certification system [D]. Gävle：University of Gävle, 2012.

[155] HERNÁNDEZ R A. Managing sport organizations[M]. Champaign：Human Kinetics,

2001.

[156] MARWA S, ZAIRI M. Towards an integrated national quality award in Kenya[J]. The TQM journal, 2008, 20（3）: 249-264.

[157] SAMAT N, RAMAYAH T, SAAD N M. TQM practices, service quality and market orientation: some empirical evidence from a developing country[J]. Management research news, 2006, 29（11）: 713-728.

[158] SOHAIL M S, HOONG T B. TQM practices and organizational performances of SMEs in Malaysia: some empirical observations[J]. Benchmarking: an international journal, 2003, 10（1）: 37-53.

[159] SAMSON D, TERZIOVSKI M. The relationship between total quality management practices and operational performance[J]. Journal of operations management, 1999, 17（4）: 393-409.

[160] SAMUR S. Process management in football youth development program [J]. Journal of education and training studies, 2019, 7（9）: 8-21.

[161] SHEARMAN J P, GEORGE T, OLSEN P, et al. The effect of home advantage on international-level rugby union performance: 3723 board # 162 June 4, 9: 30 am-11: 00 am[J]. Medicine & science in sports & exercise, 2016, 48（5s）: 1039.

[162] SHERMAN R. Analysis of performance variables in professional football: English premier league 2006-2010[J].Science and football conference, 2010.

[163] SIMONTON D K. Talent and its development: an emergenic and epigenetic model[J]. Psychological review, 1999, 106（3）: 435-457.

[164] SMITH. D J. A framework for understanding the training process leading to elite performance[J]. Sports medicine, 2003, 33（15）: 1103-1126.

[165] SODERBERG M, KALAGNANAM S, SHEEHAN N T, et al. When is a balanced scorecard a balanced scorecard?[J]. International journal of productivity and performance management, 2011, 60（7）: 688-708.

[166] SPINKS N, WELLS B, MECHE M. Appraising appraisals : computerized performance appraisal systems[J]. Career development international, 1999, 4（2）: 94-100.

[167] SPORIS G, JUKIC I, MILANOVIC L, et al. Reliability and factorial validity of agility tests for soccer players[J]. Journal of strength and conditioning research, 2010, 24（3）:

679－686.

[168] MACINTOSH D, WHITSON D. The game planners：transforming Canada's sport system[M]. Montreal: McGill-Queen's University Press, 1990.

[169] THIAGARAGAN T, ZAIRI M, DALE B G. A proposed model of TQM implementation based on an empirical study of Malaysian industry[J]. International journal of quality & reliability management, 2001, 18（3）：289－306.

[170] TEMTIME Z T, SOLOMON G H. Total quality management and the planning behaviour of SMEs in developing economies[J]. The TQM magazine, 2002, 14（3）：181－191.

[171] TERZIOVSKI M, SAMSON D, DOW D. The business value of quality management systems certification. Evidence from Australia and New Zealand[J]. Journal of operations management, 1997, 15（1）：1－18.

[172] The Football Association. Elite player performance plan[Z]. London：The Football Association, 2011.

[173] MITCHELL T. Identity in elite youth professional football[D]. Liverpool：Liverpool John Moores University, 2015.

[174] TOOHEY K, MACMAHON C, WEISSENSTEINER J, et al. Using transdisciplinary research to examine talent identification and development in sport[J]. Sport in society, 2018, 21（2）：356－375.

[175] UNNITHAN V, WHITE J, GEORGIOU A, et al. Talent identification in youth soccer[J]. Journal of sports sciences, 2012, 30（15）：1719－1726.

[176] ARUMUGAM V, OOI K B, FONG T C. TQM practices and quality management performance：an investigation of their relationship using data from ISO 9001：2000 firms in Malaysia[J]. The TQM journal, 2008, 20（6）：636－650.

[177] VAEYENS R, SILVA M C, VISSCHER C, et al. Identifying young players[M]. Oxfordshire: Routledge, 2012.

[178] VAEYENS R, LENOIR M, WILLIAMS A M, et al. Talent identification and development programmes in sport[J]. Sports medicine, 2008, 38（9）：703－714.

[179] VAN HOECKE J, DE KNOP P, SCHOUKENS H. A decade of quality and performance management in flemish organised sport[J]. International journal of sport management and marketing, 2009, 6（3）：308－329.

[180] HOECKE J V, SCHOUKENS S, SIMM S. Refinement of the foot Pass model for a high quality certification of professional football clubs[M]. Stockholm: EASM, 2010.

[181] WESTERBEEK H, RUBINGH B. Twenty years of the European Association for sport management-the early beginnings[J]. European sport management quarterly, 2013, 13 (5): 502−510.

[182] VAN HOECKE J, SCHOUKENS H, SIMM S, et al. Measuring the performance of professional youth academies: the case of the bundesliga [D]. Brussels Belgium: Department of sports Policy and Management, 2009.

[183] VAN HOECKE J, DE KNOP P, SCHOUKENS H. A decade of quality and performance management in flemish organised sport [J]. International journal of sport management and marketing, 2009, 6 (3): 308−329.

[184] VENKATRAMAN N, RAMANUJAM V. Measurement of business performance in strategy research: a comparison of approaches[J]. Academy of management review, 1986, 11 (4): 801−814.

[185] VERBURGH L, SCHERDER E J A, VAN LANGE P A M, et al. Executive functioning in highly talented soccer players[J]. Plos one, 2014, 9 (3): e91254.

[186] VESTBERG T, REINEBO G, MAUREX L, et al. Core executive functions are associated with success in young elite soccer players[J]. Plos one, 2017, 12 (2): e0170845.

[187] VIRU A, LOKO J, HARRO M, et al. Critical periods in the development of performance capacity during childhood and adolescence [J]. European journal of physical education, 1999, 4 (1): 75−119.

[188] VISEK A J, HARRIS B S, BLOM L C. Mental training with youth sport teams: developmental considerations & best practice recommendations [J]. Journal of sport psychology in action, 2013, 4 (1): 45−55.

[189] WALDRON M, WORSFOLD P. Differences in the game specific skills of elite and sub-elite youth football players: implications for talent identification[J]. International journal of performance analysis in sports, 2010, 10 (1): 9−24.

[190] MATSUHASHI T, YOSHIKURA H. 17th European association for sport management conference 2009[J]. Japanese journal of sport management, 2010, 2(1): 69−74.

[191] WILLIAMS A M, FRANKS A. Talent identification in soccer[J]. Sports excercise

and injury, 1998, 4（4）：159－165.

[192] WILLIAMS A M, REILLY T P. Talent identification and development in soccer[J]. Journal of sports sciences, 2000, 18（9）：657－667.

[193] YOUNG W B, FARROW D, PYNE D B,et al. Validity and reliability of agility tests in junior Australian football players[J]. Journal of strength and conditioning research, 2011, 25（12）：3399－3403.

[194] YUSOF S M, ASPINWALL E. Critical success factors for total quality management implementation in small and medium enterprises[J]. Total quality management, 1999, 10（4－5）：803－809.

[195] ŠIRIĆ Ž. Organisational structure in relation to performance of the professional football clubs in the croatian first league[J]. Acta kinesiologica, 2013, 7（1）：71－74.